善教将大 編
Masahiro Zenkyo

政治意識
研究の
最前線

法律文化社

まえがき

　一般の有権者の政治行動や政治選択の背後にあるメカニズムを，どのような観点から説明することができるだろうか。そのためのアプローチとして多くの研究者が依拠しているのは，政治行動の背後にある有権者の心理に着目するというものである。政治学では一般的に，このアプローチは政治意識論や政治心理学と呼ばれている。意識調査の分析や実験を通じて，政治選択の実態などを明らかにする点が，このアプローチの特徴である。実際に本書で紹介する研究の多くも，計量的な手法によって有権者の心理傾向を論じたものである。政治学と聞くと，現実政治に対する評論や啓蒙をイメージしてしまうかもしれないが，科学的なデータ分析に基づき政治の実態解明を試みる研究もある。政治意識研究は，政治学分野におけるその代表格といっても過言ではないだろう。

　本書『政治意識研究の最前線』は，政治意識に関する12の重要トピックについて蓄積された知見を体系的にまとめたレビュー論文集である。読者として主に想定しているのは，政治学の基礎学習を終え，これから専門的な内容について学びを始めようとする学部学生や大学院生である。本書所収の論文は，いずれも当該トピックに関する最新の知見を踏まえたレビューを目指して執筆されたものである。これから本書所収のテーマについて研究しようと考えている学生にとって，本書は最適な教材となっている。学部や大学院での輪読の際に，あるいは，卒業論文や修士論文，リサーチペーパーを執筆する際の道標として，本書を大いに活用してほしい。

　政治学にあまり馴染みがない人や，これから学ぼうとする初学者の人も，本書をぜひ手に取り，読み進めて頂ければと思う。本書所収の論文は，いずれも数式や注などを極力用いず，さらに，平易な文章でわかりやすく書くことを重視したものとなっている。必ずしも政治学を専門とするわけではない人であっても，本書は問題なく読み進められる論文集だと確信している。

　もちろん，興味がある章に限定して読み進めることも可能である。本書は後述するように，あくまで独立したレビュー論文をまとめたものである。第1章

から順に読み進めていく必要はなく，特定のトピックに関心のある人は，関連する章だけ読むということでも構わない。ただ，可能な限り，すべての章に目を通してほしい。関心のないトピックについて，何が，どのように解説されているかがわからない場合は，それぞれの章の冒頭にある要約を読んでほしい。どのようなことがその章で議論されているか，すぐに理解できるだろう。

　本書のレビュー論文集としての特徴は，大きくは3点ある。第1は，章あるいはトピックによって相違はあるのだが，いずれの章についても，それぞれのテーマに関する基本概念や理論枠組みに関する詳細な説明以上に，先端の知見を踏まえた先行研究のレビューに重きをおいている点である。Webサイトなどで検索すれば容易にわかることではあるが，政治心理や政治意識に関する教科書は，既に多く出版されている。本書のターゲットはあくまで既に基礎学習を終えた学生や院生にあるため，既存の教科書やレビュー論文などで解説されている内容については必要以上に言及せず，その代わりに，ここ10年ほどの間に明らかになった新たな知見やメタ分析の結果について，積極的に紹介することにした。基礎的な概念等の解説が多くの章で省略あるいは簡略化されているため，政治意識研究に馴染みのない人からすると，物足りなさやわかりにくさを感じてしまうかもしれない。その場合は，既存の政治心理学等の教科書に目を通すことを推奨する。その上で，本書を読むことで，ここでの狙いや政治意識についての理解は深まるだろう。

　第2の特徴は，それぞれの章の執筆者は，当該テーマに関する知の生産者という点である。編者が執筆を依頼した研究者はいずれも，当該テーマに関する学術論文の執筆経験があり，かつ，今も国内・国外の査読付学術誌に論文を投稿し続けている人物である。そのテーマの中で共有すべき文献 (literature) を生み出してきた研究者だからこそ，Chat-GPTなど生成AIではなし得ることのできない，先端の知見まで含めた質の高いレビュー論文を執筆することができる。そのような思いもあり，編者の方針として，可能な限りこれまでに自身が執筆した論文を1つ以上，レビュー論文の中に含めることを執筆者には求めた。自身の研究をレビューの中で引用できることは，当該トピックに関するレビューの執筆者としての適格さを示す証左だと考えたからである。

　第3の特徴は，各章で何をどのような構成で論じるかは，当該トピックを担

当する著者に原則委ねている点である。レビュー論文集の中には，章の構成などに統一感を持たせようとするものもある。しかし，本書としてはそのような方針は採用しなかった。何をどのように伝えるべきかはトピックごとに最適解が異なること，また，そのための構成や内容は執筆担当者にしかわからないと考えたためである（ただし，レビュー内容の重複がある場合は調整するなどの編集作業は行った）。どの文献をどの文脈で引用するかも執筆者に委ねたため，同じ論文が異なる文脈で紹介されたりしている。この点も，本書の特徴である。

　本書は，政治意識の形成過程をレビューする第Ⅰ部，主要な政治意識や態度の実態などをレビューする第Ⅱ部，政治意識をめぐる諸課題をレビューする第Ⅲ部より成る。各章ともに，これまでの教科書等では十分な検討がなされてこなかった知見を紹介するなど，興味深い議論が展開されている。その中でも本書の特徴として指摘できるのは，課題をめぐる第Ⅲ部だろう。政治意識は様々な社会的課題と関わる。政治意識研究そのものが，課題を生み出すこともある。第Ⅲ部の各章は，そのような課題に関わる先行研究をレビューしている。例えば，本書では政党支持ではなく「政治的分極化」について議論している。その理由は，政党支持そのものではなく，この分極化により生じる問題や課題が，現代社会で深刻化しているからである。また，人びとの意識を明らかにするには，様々な方法論的課題に対処する必要があるが，その方法論をめぐる論争が，新たな火種を生み出してしまうこともある。第Ⅲ部は，このような様々な政治意識をめぐる課題を扱うレビュー論文によって構成されている。

　本書の企画を法律文化社の八木達也氏より打診されたのは，2022年の3月頃であったように記憶している。そこから2年以上を経ることになってしまったが，ようやく出版のはこびとなった。各章の執筆を快諾してくださった先生は当然のこととして，原稿を綿密にチェックしてくださった八木氏の助力がなければ，本書の出版は不可能であった。執筆を担当してくださった先生方と，編者の突然の要求・要望にも根気強くお付き合いくださった八木氏に，ここに改めて感謝の意を表しておきたい。

　2025年1月

善教将大

目　次

まえがき

第Ⅰ部　態度の形成過程

第1章　政治的社会化 ……………………………………………………… 2
【太田昌志】

1　はじめに　2

2　伝統的な政治的社会化研究とその限界　3

3　政治学における政治的社会化への再注目　6

4　教育研究における政治的社会化の展開　8

5　政治的社会化研究の今後の課題　12

第2章　ライフサイクル ………………………………………………… 13
【秦　正樹】

1　ライフサイクル理論とは何か　13

2　ライフサイクルを構成するライフイベント　15

3　「年齢」はライフサイクル効果を意味するのか　16

4　ライフイベントの効果　17

5　ライフサイクル研究の今後の課題　23

第3章　メディア ………………………………………………………… 25
【大森翔子】

1　メディア情報環境の変容　25

2　メディア効果論の展開　27

3　近年におけるメディアと政治意識研究の主要トピック　32

4　メディアと政治意識研究の今後の課題　37

第Ⅱ部　態度の様相

第4章　政治的疎外感 ·· 40
【岡田耿生】

　　1　政治的疎外感の多様な帰結・原因　40

　　2　政治的疎外感の第1の柱——政治不信　42

　　3　政治的疎外感の第2の柱——政治的無力感　45

　　4　政治的疎外感の規定要因　47

　　5　政治的疎外感研究の今後　49

第5章　手続き的公正 ·· 53
【中谷美穂】

　　1　公正認識の定義と研究系譜　53

　　2　社会的公正研究における公正要件　55

　　3　政治的文脈における公正要件と公正認識　58

　　4　公正認識の効果・帰結　62

　　5　手続き的公正研究の課題　65

第6章　経済評価 ··· 67
【大村華子】

　　1　はじめに　67

　　2　マクロ・レベルのデータを使った経済投票の研究　69

　　3　ミクロ・レベルの観察データを使った研究　72

　　4　日本の経済投票の研究　77

　　5　経済投票研究の今後の課題　80

第7章　イデオロギー ··· 82
【遠藤晶久】

　　1　なぜイデオロギーか　82

　　2　イデオロギーとは何か　84

　　3　イデオロギーの測定　88

4 イデオロギーはどこから来るか　92

5 イデオロギー研究の今後の課題　94

第8章　価値観 ··· 96

【日野愛郎・貫井　光】

1 はじめに　96

2 価値観の変動と世代間の対立　97

3 価値観の規定要因　102

4 価値変容の帰結　106

5 新しい研究潮流と今後の研究　107

第9章　対外政策 ··· 111

【松村尚子】

1 対外政策と世論をめぐる研究とその発展　111

2 対外政策に対する世論の形成要因　115

3 対外政策に対する世論の影響　120

4 対外政策と世論に関する研究の今後　123

第III部　課題の中の政治意識

第10章　排外主義 ··· 128

【五十嵐彰】

1 争点化する移民と排外主義政治争点としての移民　128

2 集団脅威　130

3 集団間接触　134

4 排外主義と差別　137

5 排外主義研究の今後の課題　142

第11章　政治的分極化 ··· 143

【小椋郁馬】

1 現代的課題としての政治的分極化　143

2 測定方法　145

3　分極化をもたらす要因　148

　　4　分極化の帰結　152

　　5　政治的分極化研究の今後の課題　155

第**12**章　政治意識研究の方法 ……………………………………………… 157
【三輪洋文】

　　1　サーベイ実験による因果関係の解明　157

　　2　間接質問法による機微情報の測定　164

　　3　政治意識研究方法論の今後　171

　引用文献　173

第 I 部

態度の形成過程

第1章　政治的社会化

太田昌志

伝統的な政治的社会化研究は，子ども期の学習が後の政治的態度や行動に決定的かつ安定的な影響を与え，政治システムの安定に寄与すると想定していた。初期社会化における政治イメージの変化や，社会的属性による政治的学習の差異などは分析されてきたが，子ども期の学習が成人期以降に持続するかについての実証的検討は不足していた。1970年代後半以降，政治的社会化への注目は失われていった。しかし，政治的社会化は様々な社会的，政治的変動を背景に，近年再び注目を集めている。政治学では，伝統的な政治的社会化研究の関心を引き継ぎつつ，モデルや方法を発展させた研究が進められている。教育研究には，学校教育におけるシティズンシップ教育のプログラムに注目するもの，日常的な学校の民主主義的な環境に注目するもの，教育と格差の関連に注目するものがある。データの蓄積と精緻な効果検証を進め，各国の政治的背景や教育的背景に基づいた研究の進展が期待される。

1　はじめに

本章では，子ども期における政治的態度の形成に注目し，それに関わる先行研究を概観する。子ども期の態度形成に注目した研究群の代表例は，政治的社会化研究である。政治的社会化は，1950年代後半から1960年代のアメリカにおいて発展した研究領域である。伝統的な政治的社会化研究は，子ども期の政治学習によって，個人の政治的態度や政治システムの安定性について説明できると考えてきた。それゆえに，政治的社会化研究は，政治意識研究における重要な研究としての位置を築いていた。

現在，政治的社会化は，多くの研究者の注目を集める領域となっている。たしかに伝統的な政治的社会化研究は，その内に存在する限界から，次第に行き詰まりを迎えることとなった。子ども期を対象とした政治的社会化の研究が，

第 1 章　政治的社会化

1970年代後半から80年代にかけて，注目されなくなっていったことは事実として指摘できる。しかし，1990年代以降，政治的社会化は再び多くの研究者の注目を集めるに至った。様々な社会的および政治的変動を背景に，子ども期の政治的態度形成に関する調査研究が活発に行われるようになり，実証分析の知見も蓄積されてきた。

　以上の研究の流れに基づき，本章では，伝統的な政治的社会化研究について紹介した後，近年の子ども期の政治的態度形成の研究を紹介する。さらに，政治的社会化研究の今後の課題についても論じる。

2　伝統的な政治的社会化研究とその限界

　伝統的な政治的社会化研究における主たる課題は，子ども期の政治的態度の形成過程を明らかにすることであった。政治的社会化研究では，子ども期の学習が後の政治的態度や政治行動に対して決定的かつ安定的な影響を持つと想定されてきた。政治的態度の形成期は，大きくは子ども期（初期社会化）と成人期（後期社会化，⇒第2章）の2つに区別される。特に初期社会化の重要なエージェントとして家庭，学校，メディアの三者が果たす機能について，政治的社会化研究は関心を寄せていた（Hess and Torney 1967; Dawson et al. [1969] 1977 = 1989）。より詳細に，初期社会化を前期児童期（5～9歳），後期児童期（9～13歳），青少年期（13～18歳）といった形で区別し，それぞれにおける発達の変化を主張する場合もある（Dawson et al. [1969] 1977 = 1989）。いずれにせよ，成人以前の発達過程に注目してきたのが，伝統的な政治的社会化研究であった。

　政治的社会化研究は，時期により学習する内容が異なる点に注目してきた。例えば，前期児童期には大統領などの具体的な人物に対する情緒的な意識が形成され，後期児童期に抽象的な政治に対する認識が確立されることが指摘されてきた。青少年期には哲学的，イデオロギー的認識が発達するとともに，権威に対する好意的な態度が減少していく。青少年期までの初期社会化過程で獲得された態度が基礎となって，成人期になってからの個別的な問題に対する意見，選好，見解を規定するものと考えられていた（Dawson et al. [1969] 1977 = 1989）。

3

第 I 部　態度の形成過程

　政治的社会化研究の代表業績としては，幼少期における政治イメージに関する研究がある。例えば，政府に関するイメージについて，学年が上がるほど，ジョージ・ワシントンや大統領など具体的な人物を選ぶ子どもは少なくなり，議会や投票を選ぶ子どもが多くなることが明らかにされている（Easton and Dennis 1969: 113-118）。政治家だけでなく，警察官などの権威的主体に対する態度も検討されてきた（Easton and Dennis 1969; Greenstein 1965＝1972）。これらに加えて，党派性に関する研究も行われてきた（Campbell et al. 1960）。子ども期に形成された権威や政党に対する基礎的態度は，成人期以降の投票行動の基礎になるという想定が，これらの研究にはあった。

　子ども期の政治的態度の形成過程において，どのような学習方法が用いられるかについても検討されてきた。社会化過程での学習方法には，直接的形態と間接的形態の2つがあるとされる（Dawson et al. [1969] 1977＝1989: 144-172）。直接的形態とは，政治に関する情報に接することを通じた学習である。これには，政治に関する情報を扱う教育（政治教育）や，祭りにおいて民族文化に接するなどの政治的経験，身近な人の政治に関する価値観の模倣（あるいは反抗）などが該当する。一方の間接的形態とは，政治以外の情報に接することを通じた学習である。これには，親や教師などの身近な権威的主体との接触，スポーツ等で競争する経験，政治と直接関係しない社会的価値観の習得などがあげられる。

　人々の社会的属性による政治的学習過程の相違についても検討が進められた。そこでは，社会階層や性別などの属性によって，異なる社会化パターンが確立されると想定されている（Hyman 1959）。社会階層が下層の子どもは，上層の子どもに比べて，政治に対する関心が弱く，政党に関する知識が少なく，政治的指導者に対して好意的な態度を示すなど，「政治的参加の能力が十分に発達していない」（Greenstein 1965＝1972: 156）とされてきた。また，男の子も女の子も，政治は男のものであり，投票のアドバイスは母親より父親から受けるのがよいと考え，かつ，男の子の方がその傾向が強いことも指摘されてきた（Greenstein 1965＝1972: 183）。これらは，社会的属性間の政治行動の違いを，子ども期の学習によって説明しようとするものだといえる。

　伝統的な政治的社会化研究は，個人が子ども期に政治的態度を形成することが，政治システムの安定性を説明する上で重要であると想定していた。政治的

4

社会化の概念を提唱したHymanは，「政治行動を学習した行動として扱うという定式化の重要性は政治システムの安定を理解する上で自明である。人間は政治行動を早くから習得し，それを持続する」(Hyman 1959: 17) と主張する。政治システムの安定性への関心から政治的社会化をとらえる研究は，その後も続いた (Easton and Dennis 1969; Hess and Torney 1967; Greenstein 1968)。政治的態度をテーマとするものに限らず，伝統的な社会化論は社会的秩序がどのように成り立っているのかという問いに対して，個人が子ども期に社会の規範や価値を学習することによって成り立つと考える立場にある (元森 2009)。

このように，伝統的な政治的社会化研究は，子ども期の学習が大人になって以降の政治的態度に決定的な影響を持ち，これによって政治システムの安定や維持がもたらされるとしてきた。しかし，子ども期の学習の影響が成人期以降も持続するのか，さらには個人の態度が政治システムの安定や維持に寄与するかについては，必ずしも実証的に検討されてこなかった (Marsh 1971)。また，子どもの回答が本当に自身の態度を示しているか，また，子どもの回答が本当に大人になっても継続しているかといった点が不明瞭であるという問題も指摘されるようになった (Cook 1985)。さらに，学校教育の効果に注目した研究では，その効果が極めて小さいことが明らかにされた (Langton and Jennings 1968)。これらの批判や知見によって，子ども期を対象とした政治的社会化研究は，1970年代後半から80年代にかけて注目されなくなっていった。少なくとも，政治的社会化の過程は，子ども期だけでなく，大人になってからのライフサイクルを含むものとして議論する必要性が主張されるようになった (Searing et al. 1973; Searing et al. 1976)。

日本においても政治的社会化に関する研究が1960年代から70年代にかけて行われたが，80年代以降は停滞していった。レビュー論文によってアメリカの研究が紹介され (岡村 1969; 高橋 1972, 1974; 伊東 1972)，子ども期における政治家像や政治的知識の実態などが分析された (岡村 1970; 広瀬 1972)。しかしその後は，日本でも政治的社会化の研究は行われなくなった。日本では投票先の選択が子ども期に決定されず，大人になってからの職業選択や組織加入に基づいてなされる実態があったことや (三宅 1985, 1989)，親子の支持政党の一致度が低いことが (福岡 1987)，そのような停滞を生み出す主な理由であった。日本で

第Ⅰ部　態度の形成過程

は，社会化を担うエージェントが，アメリカのように明確な政党文化を有しておらず，アメリカで議論されたような子ども期に政党への態度が形成されるメカニズムを想定できない（秦 2013）。また，学校教育の政治的中立性が強調されるなど，脱政治化が進んでいったことも（小玉ほか 2016），子ども期の政治的態度形成への注目が失われていった背景にあると考えられる。

3　政治学における政治的社会化への再注目

　子ども期における政治的態度の形成過程，あるいは政治的学習の過程は，近年，再び多くの研究者の注目を集めるテーマとなっている。その背景には，1980年代後半から90年代にかけての世界各地における民主化の動きがある。新たに民主主義体制となった国において，どのように民主主義を支える市民を育成するかが大きな課題となった。また，民主主義体制を先に採用していた西側諸国においても，同時期に若者の政治参加の停滞が問題となっていた。この結果，国際的なシティズンシップ教育への関心が広がり，政治的社会化研究が再注目されていった（Torney-Purta et al. 2001; Torney-Purta and Amadeo 2013）。社会化の影響を分析するためのデータの蓄積や，因果関係を解明するための方法論的進展も研究を後押しした。

　近年の政治学の研究では，家庭の効果，子ども期の経験の影響，世代効果といった観点から，政治的社会化に関する分析が行われている。これらはいずれも，伝統的な政治的社会化研究の関心を引き継ぎつつ，モデルや方法を発展させた研究といえる。

　まずは，家庭に注目した研究から概観する。代表的な業績としてはJennings et al.（2009）があげられる。この研究は，伝統的な政治的社会化研究の関心を引き継ぎ，データの蓄積に基づいて，政治的社会化に関する実証分析をさらに進展させている。具体的には，長期のパネルデータを構築することで，親から子への政治意識の伝達が複数世代にわたってみられることを明らかにした。くわえてこの研究では，親から子への態度の伝達は，政党帰属意識に関しては複数世代をまたいで一定程度観測されるものの，政治関心については伝達の程度が弱いことも明らかになっている（Jennings et al. 2009: 786）。

また，家庭が子どもに与える影響の捉え方についても精緻化がなされている。これを説明する代表的なモデルである知覚−採用モデルは，親の態度が子の態度へ直接継承されるのではなく，子どもは親の態度を認識した上で，その態度を学習するかどうかを選択しているものと捉える。実際にこのモデルに基づく研究では，子どもが親の政党支持を正しく認識していること，その上で，親と同様の政党支持を選択する割合は，全体の半数程度に過ぎないことを示している（Ojeda and Hatemi 2015; Hatemi and Ojeda 2021）。これらはアメリカにおける政治環境を前提としたものだが，アメリカのような二大政党制ではなく，多党制のオランダでこのモデルの妥当性を検証した研究もある（Durmuşoğlu 2023）。そこでは，多党制であっても，子どもが親の政党支持を認識する割合や，親から子どもへ政党支持が伝達される割合は大きく異ならないことが明らかにされている。

親から子に対する影響だけでなく，子どもが親に与える影響の研究も存在する。子どもの年齢の上昇とともに，親から子だけでなく，子から親への影響を想定できるようになる（McDevitt and Chaffee 2002）。実際に，親と同居している子どもが選挙権を持つことによって，親の投票率が高くなることを実証した研究がある（Dahlgaard 2018）。この研究は，選挙権年齢の引き下げは，子どもの投票行動だけでなく，その親の行動も変えうることを示すものといえる。

続いて，子ども期における経験の影響に注目した研究を概観する。伝統的な政治的社会化研究において，社会的属性による政治的社会化の相違，あるいは社会化のパターンとして議論されていたものについて，社会的属性と政治参加の媒介となる要因をさらに精緻化して捉える研究がそれに該当する。例えば，Jungkunz and Marx（2024）は，投票時の社会経済的背景をコントロールしてもなお，12歳以前の経済的困窮の経験が投票率を下げることを示した。また，子ども期の経験により培われた認知的および非認知的スキルの差が，大人になってからの投票率の差を生み出していることを明らかにする研究も，子ども期の経験の重要性を指摘するものである（Holbein 2017）。投票意欲を有する有権者が投票するには，選挙制度を理解する，アメリカの場合は有権者登録などの必要な手続きを経る，候補者に関する情報を得るなど，様々なコストを支払う必要がある。このコストの大きさが，有権者の有する認知・非認知スキルに

よって異なるのである（Holbein and Hillygus 2020）。

　子ども期の経験の効果は，世代効果の一部として解釈できる。したがって世代効果に注目する研究も，政治的社会化の研究の1つとして捉えることができる。子ども期の社会化がその後の人生でも持続するのか，それとも加齢とともに上書きされるのかについては，年齢・時代・世代の効果を識別することによって明らかになる。特定の時期の社会化がその後の人生でも持続するのであれば，世代の効果が大きくなると予測される。加齢によって上書きされるのであれば，年齢効果が大きくなると予測される。それぞれの時代におけるできごとによって広い世代の態度が変容するのであれば，時代効果が大きくなると予測される（Glenn 1977 = 1984）。

　以上の想定に基づき，世代効果を検証した研究は多くある。Grasso et al. (2019) は，イギリスにおける政治参加について，投票だけでなく，抗議活動などの様々な種類の政治参加における世代効果を示した。Kostelka and Blais (2021) は複数の国における投票率の低下について，世代交代の効果が最も大きいことを明らかにした。日本においても，内的政治的有効性感覚について世代効果から説明しようとする研究や（金 2016），投票外の政治参加の減少について世代効果と時代効果の両者から説明する研究がある（伊藤 2016）。

4　教育研究における政治的社会化の展開

　政治的社会化は，教育に関する研究領域においても扱われるテーマである。教育は教育学，心理学，社会学など広い領域において扱われているが，その関心の中心には学校教育の効果がある。ここには，特定のシティズンシップ教育プログラムに注目するものと，日常的な学校の民主主義的環境に注目するもの，そして教育と格差の関連に注目するものがある。

　第1は，特定のシティズンシップ教育プログラムに注目する研究である。Lin (2015) は，シティズンシップ教育のプログラムを，①誠実さや信頼感などの価値観養成に焦点を当てた人格教育プログラム（Character Education Program），②政治問題についての討論や演説や投票を行う選挙に参加するなど政治的プロセスを体験する模擬的な政治体験のプログラム（Political Simulations），③地域や

社会のニーズに取り組む奉仕活動に参加するサービスラーニングプログラム（Service-Learning Program）に分けて捉えている。

　人格教育とは道徳，倫理，価値観，規律などのことがらを学校で教え，善良な市民を育成するという理念の教育である（Lickona 1993）。論理実証主義，個人主義，多元主義等の背景から道徳や価値観を学校で教えるべきではないという20世紀のアメリカにおいて広がっていった考えに対抗し，1990年代以降のアメリカで普及した（Lickona 1993）。対象は日本でいう小学校段階が中心であり，直接的に投票などの政治参加への効果を期待するものではなく，問題行動を減らす，向社会的行動を増やす，学校や社会との情緒的結びつきを作るといったことがねらいである。例えば，OCP（Open Circle Program）は現実の社会問題などに関する子どもたちの話し合いの場を用いた人格教育プログラムである。小学4年生を対象としたプログラムにおいて社会的スキルを向上させ，問題行動を減らす効果が準実験的研究により報告されている（Hennessey 2007）。

　模擬的な政治体験は，教室内外において市民としての政治参加を体験するプログラムである。小学校高学年から高校生が対象となることが多い。架空の市における市民として市憲章の改正や裁判などを体験するCity Works，実際の選挙に基づき選挙の制度や情報収集について学び，選挙の争点について議論した後に模擬投票をするKids Voting，地域社会や候補者について調査し，模擬投票の他に地域住民に対する情報提供を体験するStudent Voiceなどのプログラムがある。準実験的研究に基づいてCity Worksが市民としての参加を促すことや（Kahne et al. 2006），Kids Votingがニュースへの関心を向上させ，政治問題に関する家族間の対話を多くすること（Mcdevitt and Chaffee 2002）が明らかにされている。また，無作為割り当てによる実験に基づき，Student Voiceが情報を批判的に受けとめる能力や投票が重要であるという信念などを高めることも報告されている（Syvertsen et al. 2009）。Student Voiceのどの要素が有効であるかを検討した研究では，教室での政治に関する議論が重要であることが示されている（Feldman et al. 2007）。

　サービスラーニングとは地域社会のニーズを満たすために企画されたボランティアや奉仕活動に参加することを通した学習である。その主な目的として，民主主義社会を生き，積極的に参加するための準備段階としてのシティズン

第Ⅰ部　態度の形成過程

シップ教育を進めることがあげられている (Brandell and Hinck 1997)。そこで
は，地域社会や学校における市民的参加や，投票意欲などへの効果が検証され
ている (Scales et al. 2000; Metz and Youniss 2005など)。サービスラーニングのプ
ログラムは，小学校低学年よりも高学年，中学生，高校生など比較的高い学年
の子どもを対象としたものが多い (Lin 2015)。日本においても，社会科や総合
的な学習における実践や調査研究の報告がある (唐木・寺本 2007; 加藤 2022など)。

　第2に，学校の民主主義的環境に注目した研究がある。民主的な学校風土，
教師の民主的倫理観，議論に開かれた教室風土といったそれぞれの研究の観点
から，政治関心，投票意向，政治的有効性感覚などの政治的関与や，政治知識
に与える影響について，研究が進められている。同様の研究関心は1960年代に
おいてもみられるが (Almond and Verba 1963 = 1974)，近年において，さらに注
目されるようになった (Knowles et al. 2018; 古田 2019)。

　「民主的な学校風土」は，学校に対する子どもの参加，公正なルール，教師
から子どもへの意見表明の奨励，教師が子どもを公平に扱う等によって測定さ
れる (Vieno et al. 2005)。民主的な学校風土を経験することが，市民としての責
任意識を持つことや，卒業後の市民参加への意識を促すことなどが報告されて
いる (Lenzi et al. 2014)。「教師の民主的倫理観」を扱う研究は，教師が子どもの
意見を聞くこと，教師が子どもを個人として尊重した扱いをすることなどに注
目する。教師の民主的倫理観を子どもが経験することによって，社会を公正な
ものと考え，市民としての社会参加を重要とみなすようになることが報告され
ている (Flanagan et al. 2007)。「議論に開かれた教室風土」を扱う研究は，子ど
もが自分自身の意見を持つこと，教師から意見を言うことを促されること，授
業において意見を自由に交わすことができることなどを測定している
(Campbell 2008; Godfrey and Grayman 2014; Gainous and Martens 2012; Deimel et al.
2020)。IEA (国際教育到達度評価学会) による国際比較調査で用いられている枠
組みであり，先行研究も比較的多い (Knowles et al. 2018; 古田 2019)。

　日本においては，教室風土の構造が諸外国とは異なり，教師の介入による計
画的な風土形成の側面と，子どもの行動による偶発的な風土形成の側面に分か
れることが報告されている。子どもの政治的関与に与える影響も異なってお
り，偶発的な風土形成が重要であることが指摘されている (大脇 2022)。日本の

学級における話し合いが集団としての意思決定を伴うことに注目し，多数決の多さによって話し合いの効果が異なることに注目した研究もある（太田 2022）。

　第3に，学校教育の効果に注目した研究においては，その効果が子どもの社会的属性によって異なることに注目した研究が進められている。政治参加の不平等（Verba et al. 1995）を学校教育によって解消することができるか，という問題意識が背景にある。この問題は，学校教育による包摂の問題としても位置づけられており，移民，民族，ジェンダー，言語，宗教，障がい，テクノロジーへのアクセスなどの幅広い観点による格差が議論されているが（Jerome et al. 2024），ここでは家庭の社会経済的地位に注目したものに限定して紹介する。

　学校における各要素が家庭間格差を縮小するか，維持するか，拡大するかについては，統一的な結論に達しているとは言い難い。議論に開かれた教室風土については，政治的関与の格差を部分的に縮小するという報告がある一方で（Campbell 2008; Gainous and Martens 2012），拡大も縮小もしないという報告もある（Deimel et al. 2020）。公民教育が政治知識の格差を拡大するという報告もある一方で（Gainous and Martens 2012），国によって政治的関与の格差を縮小するという研究もある（Deimel et al. 2020）。家庭の社会経済的地位が低く，家庭内での政治に関する会話が少ない子どもほど公民教育や学校の民主義的環境の影響が大きくなる効果を実証する研究もある（Neundorf et al. 2016）。学校における模擬的な政治体験が家庭における政治的コミュニケーションを増やし，親の知識や行動の格差を縮小するというトリクルアップ効果を指摘する研究もある（Mcdevitt and Chaffee 2002）。

　これらは効果の異質性について検討した研究であるが，このほかに，アクセスの平等，不平等に関する研究もある。親の社会経済的地位が高い子どもほど，よりよい学校教育を受けやすいというアクセスの不平等があるのか，それとも家庭環境によらず，よりよい学校教育を受ける機会は平等にあるのかという問題について検討する研究である。具体的には，議論に開かれた教室風土，政治教育，課外活動における参加について，親の社会経済的地位が高い子どもほど，アクセスしやすい傾向にあるという結果が報告されている（Hoskins et al. 2017; Deimel et al. 2020）。

第Ⅰ部　態度の形成過程

5　政治的社会化研究の今後の課題

今後の政治的社会化研究が抱える課題としては以下の2点がある。

第1に，さらなるデータの蓄積と精緻な効果検証である。特に，学校教育に関する研究においてこの課題は大きい。ランダム化比較実験による効果検証はこれまでにほとんどなく，準実験的な比較や横断調査にとどまっている研究が多くを占める (Geboers et al. 2013; Donbavand and Hoskins 2021)。縦断調査やランダム化比較実験なども含め，効果検証を精緻にしていくことが求められる。

第2に，各国の政治的背景，教育的背景に基づく研究の進展である。政治的社会化研究の基本的な枠組みは1950年代から60年代のアメリカにおいて組み立てられている。一方，近年の注目は，アメリカに限らない様々な国におけるものである。そのため，各国の事情に応じた視点の提起が期待されている。

具体的な例をあげよう。東欧では共産主義から民主主義への政治体制の変革を背景に，民主主義国家を支える国民形成の必要性から政治的社会化への注目が集まった (Voinea 2014)。特にラトビアでは，民主化を達成した後に，経済危機に直面しているにもかかわらず，国民が政治に無関心であることが注目された。民主化後の政治家の汚職や政府の怠慢を通じて，人々の政治信頼や政治的有効性感覚が低下し，政治参加を否定的に捉えるようになることへの問題意識が，そこでは主張されている。市民が政治参加に消極的になることが，政府による統治の質の低下をもたらし，さらなる「悪循環」が生じると指摘されるのである (Mierina 2014)。政治的社会化の過程も，このような実態政治の観点から理論化される必要がある。

政治環境や政治教育のあり方は，国によって異なる部分も多く，それぞれの国の特徴を踏まえた政治的社会化研究が必要である。日本においては，無党派層の多さ，学校教育の脱政治化などを背景に (小玉ほか 2016)，子ども期の政治的態度形成に関する議論が十分に蓄積されていない。IEAの国際調査にも不参加である。しかし，長年の研究蓄積のあるアメリカと異なる政治，家庭，学校の環境を持つことは，新しい視点や枠組みを発見する可能性を秘めている。

第 2 章　ライフサイクル

秦　正樹

　本章では，ライフサイクル理論に基づき，人生における主要なライフイベントが政治的態度や政治参加に与える効果に関する研究成果を整理した上で，今後の課題と展望を検討する。ライフサイクルは，卒業・就職・結婚・子育て・持ち家の取得といった人生の異なる段階で，多くの人が共通して経験するライフイベントの総体を指す。またライフサイクル研究では，それを構成する個別のライフイベントが，とりわけ青年から成人期における政治的関与の形成と，どの程度・どのように関連しているのかに注目して議論が展開される。そこで本章ではまず，ライフサイクル効果を支えるメカニズムとして，青年期における「成人役割」の形成に関する先行研究を整理しながら，理論的に検討する。続いて，結婚と離婚・就職と失業・持ち家の取得・子育てといった個別のライフイベントと政治参加の関連に注目した近年の研究成果をできる限り幅広く整理する。とくに，中・長期パネルデータを使った分析と，統計的因果推論の枠組みに基づく分析の 2 つのパターンに着目しつつ，ライフイベントすべてに同一の効果があるわけではないことや，国（地域）や時期などの社会的条件によってライフイベント効果が異なることも説明する。最後に，既存のライフサイクル研究が抱える課題と克服方法について議論する。

1　ライフサイクル理論とは何か

　本章では，多くの人々が共通して経験するライフイベントが，政治意識の形成や政治参加にいかなる効果を持ちうるのかに関するライフサイクル理論に焦点を当てて解説する。一般に，多くの人は，人生を歩む中で，共通して経験するイベントがいくつかある。例えば，卒業，就職，結婚，子育て，住宅の購入といったことがそれにあたる。こうした加齢に伴うライフイベントの経験パターンは，総体として「ライフサイクル (life cycle)」と呼ばれる。そして，政治意識研究では，ライフサイクルが，政治的態度の形成に与える影響につ

第 I 部　態度の形成過程

て，数多くの知見が蓄積されてきた (e.g. Converse and Niemi 1971; Erkulwater 2012; Kinder 2006; Nie et al. 1974; Wolfinger and Rosenstone 1980; Wilensky 1961)。

　ライフサイクル理論は，主として，青年から成人期において，政治参加や政治的知覚 (political awareness) がなぜ高まるのかを説明する有力なメカニズムの 1 つである (Nie et al. 1974)。多くの民主主義国家では，年齢を重ねるごとに政治への関心や行動意欲が高まる傾向を共通して観察することができる (e.g. Norris 2004; Prior 2018)。この点に関しては，伝統的に，幼少期における適応のメカニズムに焦点を当てる初期社会化 (early socialization) に注目が集まりがちであった (e.g. Easton and Dennis 1969; Campbell et al. 1960; Greenstein 1969, ⇒第 1 章)。そうした見方に対して Kinder and Sears (1985) は，政治的社会化の過程をめぐって，幼少期の経験だけが永続的に効果を持つという伝統的な見方 (persistence hypothesis) に対して，青年から成人期の「多感な時期」による影響 (impressionable years hypotheses) も無視することはできず，政治的関与の高まりは，両者の相互作用の結果だと指摘する。こうした指摘を踏まえると，ライフサイクル理論は，特に，10 代後半から 20 代頃までの「成人への移行期 (transition to adulthood)」に焦点を当てた後期社会化 (secondly/elderly socialization) と位置づけることができる (Wolfinger and Rosenstone 1980)。政治意識研究において，後期社会化研究は見逃されがちではあるが，初期社会化研究と同等に重要な研究課題である。

　さて，ライフサイクル理論の背景にある代表的な理論的基盤の 1 つは「成人役割 (adult-roles)」である (Wolfinger and Rosenstone 1980; Highton and Wolfinger 2001)。Goldscheider and Goldscheider (1994) は，その人が「大人」かどうかの最も重要な指標として「自立した生活 (independent living)」をあげている。ここでの「自立した生活」には，経済的自立のみならず，精神的な自立，すなわち，社会人としての役割を自覚し，大人として振る舞うことも含まれる。初期社会化が幼少期における適応の過程であるとするならば (Easton and Dennis 1969)，成人期への移行におけるライフイベントの経験過程は，社会人としての適格性 (social qualifiers) の学習だと捉えられる (Smets 2016)。

2 ライフサイクルを構成するライフイベント

就職や子育てといった社会経験は，税金の使い道とか公的扶助のあり方といった政治や政策との接点を形成し，党派性を経由して，政治的利益を求めさせる（Neundorf et al. 2013; 蒲島 1988; 秦 2016; 三宅 1985, 1989）。特に日本の場合，政党支持態度は，初期社会化よりも，成人を迎えて以降の職業利益との関わりが重要であることが明らかになっている（平野 2007a, 2015; 三宅 1984）。

とはいえ，「ライフサイクル」に含まれるライフイベントは多種多様である。たとえば，Highton and Wolfinger（2001）は，ライフサイクルと政治参加の関係において特に取り上げるべき重要なライフイベントとして，①安定した居住（settling down），②結婚，③コミュニティとのつながり（community ties），④就職，⑤教育期間の終了（卒業），⑥親元からの独立（leaving home）の6つをあげる。また個別の先行研究をみれば，こうした代表的なライフイベント以外にも，メンタルヘルスを含む障害の有無（e.g. Bernardi et al. 2023; Schur et al. 2002）や子どもの有無（e.g. Pacheco and Pluzer 2007）と政治行動の関係に注目するものもある。

加えて，成人役割のメカニズムとの関連では，政治参加に必要な資源（resources）とされる「時間」「金銭」「市民的スキル（civic skills）」についても触れておく必要がある（Brady et al. 1995）。これらの資源の中でも，とりわけ，市民的スキルは，初期社会化だけで獲得されるわけではなく，成人以降における非政治的組織（職場や教会など）への所属，あるいはそうした組織でのコミュニケーション経験の影響も強く受ける。特に20代中盤では，組織や団体に関与している人ほど，動員圧力が高まることによって政治的関与が高まることが明らかになっている（Strate et al. 1989）。

以上の議論をもとにライフサイクル理論のフレームワークを説明するならば，様々なライフイベントの経験を通じて，①「成人役割」認識を高めること，②政治参加に必要な資源を獲得すること，③政治的利益と関わる必要性が生じることを通じて，結果的に，政治的関与や政治参加が高まる，といったプロセスとして捉えられる。

第Ⅰ部　態度の形成過程

3　「年齢」はライフサイクル効果を意味するのか

　前述したように，ライフサイクルの効果は，成人への移行に連動する形で生じることが想定されている。そのため，ライフサイクル効果の研究では，ライフイベントを経験する世代として，主に10代後半から30代前半くらいまでの青年から成人期を分析対象とすることが多い。こうした背景もあって，ライフサイクル理論に関する初期の実証研究では，直接的に年齢をライフサイクルの代理（proxy）変数として分析に用いることが多かった（e.g. Cutler and Bengtson 1974; Converse 1976; Glenn 1974; Riley 1973, 1978; Nie et al. 1974; Verba and Nie 1972; Strate et al. 1989)。

イベントごとに注目した効果推定へ

　しかし，こうした方法に対してJennings (1979) は，加齢は必ずしもライフイベントの経験を直接的に意味するわけではないと批判し，晩婚化や離婚率の上昇といった社会の変化は年齢コーホートの構成に影響を与えるため，年齢をライフサイクルの代理変数として用いることは不適切だと主張した。Jenningsは，それに代えて，政治参加の領域ごとに差を生むであろうと仮定されるライフステージの特徴に応じた年齢グループを用いて，1968年大統領選における個票データの分析を行った。

　Highton and Wolfinger (2001) は，Jennings (1979) と同様の批判をしつつも，Jenningsの方法にも疑義を唱えた。具体的には，ライフステージの特徴を年齢グループで捉えたとしても，その年齢グループ内でも，共有されやすいライフイベントとそうでないものがある。そのため，ライフサイクル効果を明確には峻別できていないと批判する。例えば，25歳のアメリカ人を考えたとき，卒業や，親元からの独立，就業などは共有されると仮定できるが，婚姻や持ち家の有無といったライフイベントは必ずしも共有されないだろう。加えて，ライルサイクルを年齢グループで操作化する方法では，とくに若い層のサンプルサイズが小さくなってしまい，安定した推定結果が得られない。そこでHightonらは，①18歳から24歳までに限定したデータを用いて，②個別のライフイベント

16

の経験有無を直接的に尋ねた上で，③適切なコントロール変数を投入して各ライフイベントの効果を同時に推定することで，各ライフイベントが投票参加に与える純粋な因果効果の検証を試みた。

時系列データを用いた中・長期的な効果推定

さらに近年では，よりリッチなデータを用いて，晩婚化や少子化といった社会変化のノイズを除去し，ライフサイクルそのものの，より純粋な効果を推定しようとする研究もみられるようになった。例えば，Rapeli et al. (2023) は，全英家計長期調査 (the UK Household Longitudinal Study) と全英家計パネル調査 (the British Household Panel Study) を統合し，1992〜2017年の約25年間分の27波にもわたる大規模パネルデータを利用することで，社会変化を考慮してもなお，ライフイベントが習慣的投票 (habitual voting) の形成に影響するのかを厳密に検証した。またNeundorf et al. (2013) も，1984〜2007年までのドイツ社会経済パネル調査 (the German Socio-Economic Panel) を利用して，個別のライフイベントが投票参加に与える効果を推定している。

4 ライフイベントの効果

近年のライフサイクル効果研究では，個別のライフイベントと政治参加の関係に注目して，より厳密な因果効果の推定を試みたり，効果の異質性 (heterogeneity) を検証したりする研究が増加した。また，ライフサイクルの効果は，その国の社会文化や制度の影響も強く受ける。例えば，最も代表的なライフイベントの1つである「結婚」についてみても，宗教的・歴史的背景により，結婚した女性は仕事をやめて家庭に入るという規範が社会的に共有されているいるインドでは，女性の婚姻年齢が3歳7ヶ月遅くなると，政治参加の確率は25%，夫との政治的会話頻度が8％ほど高まると報告されている (Carpena and Jensenius 2021)。もっとも，こうした価値観が多くの国では共有されていない可能性が高い点に鑑みれば，特定の国・時期における効果をライフイベント一般的な効果としてみなすことは適切ではない。

以上の留意点を踏まえて，以下では，まずはライフサイクル効果の研究にお

第Ⅰ部　態度の形成過程

いて，これまでどのような形でその効果を分析してきたのかを概説する。その上で，個別のライフイベントに注目して，できる限り，国や時期を広げて，関連する先行研究を整理する。具体的には，伝統的に重視されてきたライフイベントである結婚関連と就業関連に関する研究と[1]，それに加えて，「持ち家の有無」と「子どもの誕生」に関する知見を紹介する。

婚姻・離婚の効果

　婚姻の有無，すなわち配偶者の存在が，政治意識や政治参加に影響を与えると考える背景には，「配偶者による動員 (spousal mobilization)」(Crewe et al. 1977; Glaser 1959; Pattie and Johnston 2000) や「共に話す人は，共に投票する」(Miller 1978) といった論理がある。配偶者のいる既婚者は，日常的な夫婦間の会話の中で，様々な政治的手がかり (political cues) を得る機会を有する。そのため，独身者に比べて，政治的関与が高まったり (Zuckerman and Kotler-Berkowitz 1998)，積極的に政治参加をしたり (Denver 2008; Wolfinger and Wolfinger 2008; Smets 2016)，さらには，夫婦で同じ投票先を選びやすくなる傾向がある (Johnston et al. 2005; Zuckerman et al. 2005)。

　もっとも，配偶者は無作為に配分されているわけではなく，自己選択の帰結である。したがって，そもそも夫婦間の政治的傾向は同質的である場合が多く (Huckfeldt and Sprague 1995; Iyengar et al. 2018; Johnston et al. 2005; Pattie and Johnston 2000)[2]，配偶者の影響で政治意識や政治行動が変化するかについては議論の余地がある。この点に関して，Cutts and Fieldhouse (2009) は，イギリス人有権者名簿から無作為に抽出した2万9778世帯・1594の郵便番号でネストされた5万6071人分の調査データを用いて，階層化空間モデルを適用することで，家族（世帯レベル）と社会的なネットワーク（地域集団レベル）のどちらが投票参加に影響を与えるのかを，年齢などの個人レベルの効果も加味した上で，識別して推定した。その結果，社会的ネットワーク（集団レベル）や個人の要因

---

1) 例えば，Converse and Nemi (1971) は，政治参加の資源を獲得する上で重要なライフイベントとして「配偶者を見つけること（結婚）」と「仕事を見つけること（労働市場への参入）」の2つをあげている。

2) ただし，Niemi et al. (1977) は，夫婦間での意見は政策領域や政治意識によって異なる場合も多く，完全に一致することは極めて稀であると指摘している。

に比べて，家族との同居（世帯レベル）の方が，投票参加に大きな影響を与えていることが明らかになった。とりわけ，二人暮らし世帯では，同居人が投票参加した場合は9割が自身も投票するが，そうでない場合は2割程度しか投票参加しない。また，Nickerson（2008）は，アメリカにおいて，2人世帯の家に訪問して，居住する1人の方に，投票呼びかけ（Get Out the Vote）をするか，単純な訪問販売をするかをランダムに実施するフィールド実験を行った。その結果，投票意欲の60%は，世帯内のもう1人にも伝播することを明らかにした。さらに，Dahlgaard et al.（2022）は，デンマーク人を対象としたミクロデータの分析より，選挙前後で同棲を始めたカップルの投票率を比べると，選挙後の同棲と比較して，選挙の0～30日前からの同棲は3.5%ポイント，31～60日前から同棲した場合は8.9%ポイント高いことを実証している。

　他方で，配偶者の存在は，必ずしも政治的意欲の高まりに寄与しない，むしろ低下させる効果があることを示す研究もある。例えば，Highton and Wolfiner（2001）では，婚姻の有無は，投票参加と統計的に有意な相関がみられなかった。Storker and Jennings（1995）では，1965年から1982年におけるアメリカの高校生とその親を対象とした3波のパネル調査を用いて，結婚の前後で投票参加率がどの程度変化するかを分析した。そこでは，全体として，結婚してすぐの段階（とくに若い年齢での結婚）において，短期的に投票参加のレベルが低下することが示されている。もっともこの効果は，配偶者の社会的参加（地域レベルでのワークショップ参加，集会参加，寄付活動など）の度合いにも強く依存し，それが高い場合には，中・長期的にその影響を受けて，結婚が政治参加を高める場合があることも合わせて報告されている。

　Storker and Jennings（1995）が示唆するように，結婚の効果は，政治参加の種類や選挙レベル，あるいは選挙に関わる制度によって異なることも指摘されている。例えばQuintelier（2007）では，ヨーロッパ24か国を対象としたヨーロッパ社会調査（ESS）を用いて各国の文脈を加味して分析したところ，結婚は投票参加を高める効果がみられるものの，投票外参加への意欲には影響を与えていなかった。また，Halimatusa'diyah and Prihatini（2021）は，インドネシアを対象として，イスラム圏の15から25歳を対象にした「ムスリム青年調査」を分析したところ，結婚は，大統領選や議会選の投票参加には正の効果を有する

第Ⅰ部　態度の形成過程

が，地方選ではそうした明瞭な効果はみられなかった。インドネシアでは，結婚や就労等の事情で居住地を変更すると，制度上，元の居住地での選挙に参加しにくくなるため，地方選の投票率のみ結婚の効果がみられなかったことがそこでは示唆されている。

逆に，結婚の解消，つまり離婚や配偶者の死別の効果に注目した研究では，離婚や死別によってパートナーを失うことで，投票に誘われる機会が減少するため (Bhatti et al. 2020)，投票参加率が有意に低下することが指摘されている (e.g. Kern 2010; Stoker and Jennings 1995; Wolfinger and Wolfinger 2008; Waite and Gallagher 2000；Wilensky 2002)。また，スウェーデンのように女性の投票率が高い場合，離婚による参加抑制の効果は，男性に，より顕著に現れる (Dehdari et al. 2022)。以上のように，結婚が政治的態度に与える因果効果は，制度や社会的背景・文脈によって異なるものの，離婚は，政治参加を抑制する効果がみられる点で一致している。

就職・失業の効果

学校を卒業して労働市場に参加する就業もまた，成人の役割を認識する重要なステップである (Elder 1985; Jankowski and Strate 1995)。職場は，政治的な話題に接触する機会を提供したり，市民的スキルを「練習 (practice)」したりする場として機能する (Sigel 1989; Smets 2016)。とくに労働組合への参加は，種々の政治参加に必要な資源を提供する (Brady et al. 1995) だけでなく，政治的動員 (mobilization) も促す (Rosenstone and Hansen 1993; Green and Gerber 2015)。このように，理論的には，労働市場への参入は，政治参加を促進すると考えられる。

他方で，上述した理論的想定は，実証的に必ずしも一貫して支持されているわけでない。通常，労働市場への参入は，学校を卒業したあとに迎えるライフイベントである。したがって，前述の理論に基づいていえば，学生よりも就労者の方が政治的意欲は高いはずである。しかし，非学生は，学生に比べて，相当程度，投票意欲が低いという結果も報告されている (Highton and Wolfinger 2001; Sondheimer and Green 2010; Tenn 2007)。さらに Smets (2016) は，就業には政治参加を促す正の効果がみられるものの，それは，就業そのものの効果とい

20

うよりも，労働組合への参加の効果を代替しているにすぎないと主張する。

　就業ではなく，失業の効果に注目する研究も多い。失業は，政治参加に必要な資源を奪ったり動員の機会を減少させたりすると考えられる。したがって，失業に関するミクロレベルのデータ分析の多くでは，失業によって政治参加の度合いが低下することが数多く示されている（e.g. Brody and Sniderman 1977; Jahoda et al. 2002; Rosenstone 1982; Sandell and Plutzer 2005; 伊藤 2018）。例えば，Österman and Brännlund（2024）は，スウェーデン人を対象とした1970年から2018年までのパネルデータを用いて失業が投票参加に与える効果を分析している。その結果，緩やかではあるが，失業は投票参加を抑制する効果を持ち，その効果はとりわけ若年層で顕著であった。さらに，失業前に在籍した職場が投票参加率の高い職場であった場合は，そこでの社会化が機能し，失業が政治参加に与える負の効果が小さくなることも明らかにしている。また，Aytaç et al.（2020）は，米国を対象として，1974年から2014年までの長期パネルデータ（CPS）の分析とサーベイ実験を組みわせて，失業が政治参加に与える心理的メカニズムを検証している。2016年の米国大統領選の際に行われた実験結果では，「失業は政治家のせいだ」といったメッセージを受け取った人ほど，怒りを感じて投票意欲が高まる傾向にあることを示している。

　他方で，州や群ごとの失業率といったアグリゲートレベルのパネルデータを用いた分析ではやや結果が異なる。具体的には，失業率の増加は，政府の経済政策の失敗でもあるため，「政府の失政」に目を向ける機会となること（Cebula 2008, 2017, 2019）や，失業によって時間的余裕（leisure）が増加するため，政治参加はむしろ促進されるといった知見もある（Burden and Wichowsky 2014; Cebula 2017）。伊藤（2018）は，個人レベル（失業経験）と地域レベル（失業率）の双方を同時にマルチレベル分析で推定し，個人レベルの失業経験は投票参加を低下させるが，地域レベルの要因は投票参加に有意な影響を与えていないことを明らかにしている。

　さらに失業の効果は，必ずしも一様ではないことを指摘する研究もある。例えば，Emmenegger et al.（2017）は，とくに30歳未満までに失業を経験した場合のみ，政治的関与の抑制効果があることを明らかにしている。また，失業が投票参加を抑制する効果は，選挙のレベルによっても異なることが指摘されて

いる。Azzollini (2021) は，国レベルにおける失業率の高さは投票参加を抑制するものの，州や地域の失業率の高さは，わずかに参加を促進することを示している。またCharles and Stephens (2013) によれば，失業率の高さは，地方選挙の投票率を低下させる一方で，国レベルの大統領選には有意な影響を与えていない。

持ち家を持つことの効果

　ライフサイクル効果研究において注目される重要なライフイベントの1つに，「持ち家の有無 (home ownership)」がある。自らの家を持つことは，①親元からの独立による成人役割認識の強化 (e.g. Highton and Wolfinger 2001)，②購入に際して住宅ローンや税に敏感になること (e.g. Smets 2016)，③定住に伴う地域とのつながり（ネットワーク）の強化 (e.g. Milbrath and Goel 1977; Verba and Nie 1972; Zukin et al. 2006) を伴うイベントだとみなすことができる。実際に上で示したほとんどの研究では，家を持つことと政治参加の間には正の関係があることが示されている。

　ただし，家を持つことの効果は，個人がおかれている条件などに左右される。例えばHighton and Wolfinger (2001) は，家を持つことそのものには，微弱ながら参加を促す効果はあるとしつつも，その効果は親と同居する形の場合には打ち消されてしまうことを明らかにしている。逆に，転居 (mobility) は，投票率を下げる効果がある。その理由は，元の居住地の地域コミュニティやネットワークからの離脱や，住民登録を更新する際の制度的な煩雑さが考えられるが，Highton (2000) やSquire et al. (1987) によれば，後者の制度的煩雑さによる影響の方が大きいとされ，Hansen (2016) では特に教育程度の低い層において，前者の影響が強いとされている。

子どもを持つことの効果

　最後に，「子どもの有無」と政治参加に関する研究を紹介したい。一般に，子を持ち「親」になることは，成人としての自覚を強く認識することとなり，政治参加も促進すると考えられる (Jennings 1979)。しかし，Wilensky (2002) は，子どもを持つことで私生活そのものの優先順位が高まるため，結果として

投票への参加は後回しになってしまう（逆に子どもが手から離れると再び投票参加
は高まる）ことを，またPlutzer（2002）は，子どもの有無と投票参加の間には明
確な関係がみられないことを実証的に示している。離婚や配偶者の死別などに
よるひとり親世帯の場合，子どもの存在は，投票参加をより強く低下させる
（Wolfinger and Wolfinger 2008）。

　さらに，子を持つことの条件づけ効果についてもいくつかの研究がある。例
えば，Sandell and Plutzer（2005）によれば，高校に通う白人の子どもがいる場
合，投票率が低下するようである。また，イギリスにおいては，子を持つこと
で母親の政治的関与は低下するが，父親には影響しないことが明らかにされて
いる（Grechyna 2023）。Dahlgaard and Hansen（2021）でも，デンマークを対象
として，双子が生まるかどうかはランダムであることを利用して，子が増える
ことが投票参加に与える因果効果を検証した結果，母親の投票参加率は低下す
るが，父親にはほとんど影響を与えていないことが示されている。同様に，
Kam et al.（2023）は，米国を対象とした大規模データの分析より，出産日が投
票日の周辺あるいは当日の親は，そうでない親に比べて，投票率が有意に低い
傾向にあり，さらにその効果は，父親よりも母親の方でより顕著であることを
明らかにしている。

5　ライフサイクル研究の今後の課題

　以上にみたように，ライフサイクル効果の研究には，数多くの研究知見の蓄
積がある。近年では，政治学方法論の急速な発展に伴って，より厳密に個別の
ライフイベントの因果効果の推定を試みる傾向があるように思われる。そうし
たことも踏まえつつ，今後のライフサイクルの効果の研究において，検討すべ
きと思われる点を，理論面と実証面からいくつか述べる。

　まず理論面での課題として，とくに2000年代以降，個別のライフイベントに
注目して厳密な効果推定を目指す研究が増加した一方で，ライフサイクル理論
の根本的な進展はさほどみられない点があげられる。本章冒頭でも述べたよう
に，「成人役割」のメカニズムは，近年の研究でもしばしば触れられるものの，
それ自体の妥当性を検証する研究は多くない。さらにいえば，近年，多くの先

第 I 部　態度の形成過程

進民主国では，人々のライフスタイルが多様化していることにくわえて，晩婚化や少子化，人々のつながりの希薄化 (Putnum 2000＝2006) も顕著にみられるようになってきた。こうした社会変化を踏まえると，「成人移行の遅れ (delayed transitions to adulthood)」(Flanagan et al. 2012; Smets 2016) が政治参加にいかなる影響を与えるのかについて，実証的な検討だけでなく，理論面でも，古典的なモデルの修正が必要だといえよう。

　次に実証面の課題としては，大きくは以下の 2 点があげられる。その第 1 は，ミクロレベルのライフサイクル効果の研究では，しばしば調査観察データが用いられるため，ライフサイクルと政治的態度の「純粋な因果効果」を検証することが難しいという点である。ライフイベントの効果検証のリサーチデザインでは，倫理的・現実的に，研究者側で無作為にライフイベントを処置することが難しいという事情もあり，厳密な無作為化比較試験を行うことは実質的に不可能である。そうした事情を考えると，今後は，それに適した (ランダムな) 状況を見出した上で，準実験などの手法を用いてより正確なライフイベントの効果を検証するという方向性が考えられる。

　第 2 の課題点として，様々なライフサイクル効果に関する研究蓄積を，より高度に統合する必要がある。本章でとりあげた様々な研究をみても，特定のライフイベントに効果があるという知見とないという知見が混在しており，必ずしも「通説」があるとはいえない場合も多い。こうした知見の相違は，用いるデータの種類 (ミクロデータかアグリゲートデータか)，分析時期やそのスパン (横断データか縦断データか)，分析対象とする国や地域の違いなどによって生じる。今後は，より多くの国や文脈でライフサイクル効果の検証を行うだけでなく，そこで得られた様々な知見を統合するメタ分析などを通じて，より一般的なライフサイクル効果を明らかにすることが重要となるだろう。

24

第 3 章　メディア

大森翔子

　有権者のメディア情報環境はインターネット中心のものに変容している。イン
ターネット中心の情報環境下においては，「細切れ」の情報接触や，情報のパーソ
ナライズ化，選択的接触といった傾向が強化され，人々にとって共通の情報基盤が
喪失し，メディアによる社会的リアリティの共有が困難になることが危惧される。
本章は，まず，伝統的なメディア効果論が，弾丸理論・限定効果論・新強力効果論
と発展し，近年においても新聞・テレビといった伝統メディアの効果を前提に再検
証がなされていること，2010年前後に最小効果論を唱える学説が登場し，その理
論をめぐって多方面から批判があることを整理する。次に，近年におけるメディア
と政治意識研究の主要トピックについて整理する。具体的には，インターネット情
報環境下を想定した研究を中心に，①ソーシャルメディアとエコーチェンバー，②
ソーシャルメディアとフェイクニュース，③ソーシャルメディアでのニュース閲
覧・ポータルニュースサイトの影響を取り上げる。さらに，近年注目されるメディ
ア利用に関連する意識として News Finds Me (NFM) の議論を紹介する。最後に，
今後の研究課題として，複合的なメディア情報環境を考慮した検討，長期的な効果
の検証，メディア接触から政治意識の変化，政治行動の変容までの一連のメカニズ
ムを解明する必要性について論じる。

1　メディア情報環境の変容

　本章は，有権者の政治意識に対するメディアの影響を中心に議論する。その
前提として，有権者のメディア情報環境を簡単に概観する[1]。総務省の調査に
よれば，2022年時点の日本人のインターネット利用率は，年代別にみても60歳

---

1)　有権者のメディア情報環境を知る上で，国内では総務省『通信利用動向調査』，『情報通信メディ
　アの利用時間と情報行動に関する調査』などの調査結果，諸外国についてはロイター・ジャーナ
　リズム研究所が発行する報告書 *Digital News Report* などが参考になる。

第 I 部　態度の形成過程

代までは 8 割を超えている（「令和 4 年通信利用動向調査」）。各種メディア利用についても，平日・休日ともにインターネットの利用時間はテレビの利用時間を上回る（「令和 4 年度情報通信メディアの利用時間と情報行動に関する調査」）。

　政治家の情報提供も情報環境の変容に対応している。東京大学・朝日新聞共同調査（政治家調査）によれば，2013年参院選時に候補者が「有権者や支持者への情報発信の手段」のうち最も重視するものとしてあげた項目で「ソーシャルネットワークサービス」は 3 ％であった。これに対して2022年参院選後調査の「SNS」は17％と，インターネットを通じた情報発信に重きを置く候補者が増えている。[2] 近年，政治家や政党がこぞって X（旧Twitter）や Instagram，TikTokなどのソーシャルメディアを駆使し，広報に励んでいる。情報環境の多様化を受けて，政治家や政党がインターネットを通じた情報提供に注力していることは明らかだ。

　インターネットを中心とした情報環境の多様化は，有権者の情報アクセス可能性を高め，より利便性の高いメディア情報環境を作り上げた一方，それに付随する問題も生じさせた。代表的なものとして 3 点をあげれば，第 1 に，人々が 1 つの情報を取得し，消費することに要する時間が短くなり，「細切れ」の情報接触を行う傾向が強まっている（吉藤 2020）。第 2 に，情報のパーソナライズ化が進行している。人々が目にする情報は，知らず知らずのうちに「好きなジャンルのもの」に限定され，関心のないものを目にする機会が減る。このような傾向をパーソナライズ化という。第 3 に，選択的接触である。選択的接触とは，人々が自らの先有態度に沿った情報に接触する傾向を指す。選択的接触により，偶発的な（副産物的）学習の機会は奪われ，政治知識の格差等が生じることが危惧される。

　これらの諸問題の帰結として，人々にとっての共通の情報基盤が喪失すること，またメディアによる社会的リアリティの共有が困難になることが懸念される（小林 2016）。本章の後半では，エコーチェンバーやフィルターバブル，政治的分極化（⇒第**11**章），フェイクニュースの拡散といった現象について概観する

2）　さらに2022年調査では「最も」，「2 番目」，「3 番目」に重視するものを合計すると，「SNS」は
　　7 割以上の候補者が選択しており，2013年調査において「ソーシャルネットワークサービス」が約
　　3 割であった状況から大きく変化している。

26

が，その背景にはこうした諸問題がある。

　このような情報環境において，メディアは有権者の政治意識にどのような影響を与えているのか。これを整理するため，第2節では新聞やテレビといった伝統的メディアの効果を概観する。続く第3節では，近年のインターネット情報環境，特にソーシャルメディアがもたらす影響についてレビューする。その上で，こうした情報環境の変化によって問題視されているメディア利用に関連する意識を紹介する。最後に，第4節でメディアと政治意識の関連を探る研究の課題について述べる。

2　メディア効果論の展開

伝統的メディア効果論とその見直し

　メディアが政治意識や政治行動に与える効果については，多くの先行研究が検討を積み重ねてきた。それらは，「メディア効果論」と総称される。著名な理論をあげれば，「火星からの侵略」（Cantril et al. 1940＝2017）を代表とする，メディアの効果の強力さを示唆すると位置づけられることもある弾丸（皮下注射）理論，マスメディアの持つ効果は先有的な態度の補強程度に過ぎないことを明らかにしたと位置づけられる，1950〜60年代を中心に展開された限定効果論（Klapper 1960），そして1970年代以降に登場した，メディアによる争点の報道の大きさが有権者の争点の重視度認知などに影響するという議題設定効果（McCombs and Shaw 1972），人々はメディアなどを通じて争点に対する世論の意見分布を予測する準計的感覚を備えており，自らの意見を多数派と認知すれば積極的に意見表明を行うが，少数派と認知すれば意見表明を行わないとするモデルを定立した沈黙の螺旋仮説（Noelle-Neumann 1984）を含める新強力効果論である。これらは代表的なメディア効果の理論であり，今もなお，メディアと有権者の関係を考える上での基礎理論として欠かせない。[3]

　こうした伝統的理論に対して，近年の研究は理論の構造や知見の見直しを図っている。その例として，メディアの議題設定効果については，スウェーデ

3）　これらの伝統的メディア効果論については，位置づけの再構築の論点を含めた文献としてIyengar（2014）や竹下（2019），稲増（2022），井川・木村編（2022）などを参照されたい。

第 I 部　態度の形成過程

ンにおける1992年から2014年までの新聞記事のデータと世論調査データを分析したDjerf-Pierre and Shehata (2017) があげられる。この研究では，世論は一貫して複数の新聞メディア報道の提示する争点の顕出度に反応しており，それゆえに新聞メディアによる議題設定の効果は健在だと結論付けられている。他方，新聞や放送局など伝統メディアの電子記事データとTwitter (現X) データを分析したNeuman et al. (2014) では，伝統メディアの議題設定効果は，ソーシャルメディアを媒介してより複雑になっていることが指摘されている。

　メディアによる報道量が多い争点ほど，人々が想起しやすく，政治アクターの評価の際にその争点が参照されやすくなるというメディアのプライミング効果 (Iyengar et al. 1984) については，その効果を支持するもの (Krosnick and Kinder 1990; Valentino et al. 2002) と，支持しないもの (Miller and Krosnick 2000; Lenz 2009) とに見解が分かれている。なお，オリジナルの研究に対して直接的な追試がなされていないことに注目し，日本人を対象に追試実験を行ったKobayashi et al. (2017) では，Iyengarの知見が再現されなかったことが報告されている。

ニュース情報の娯楽・ソフト化とその効果

　アメリカでは1980年代以降，ケーブルテレビの興隆を契機として娯楽化したニュースである「ソフトニュース」が人気を博した。学術的見地から，ソフトニュースに対して政治関心や知識を高めるといったポジティブな効果を認める知見 (Baum 2002a, 2003) と，政治知識の格差や内的政治的有効性感覚の低下を導くといったネガティブな効果を示唆する知見 (Prior 2003, 2005) が提出され，2000年代を中心に大きな論争を巻き起こした。日本におけるソフトニュース効果の研究においても，政治知識の低い層の政治関心を高めるとするもの(稲増・池田 2009; 登藤・稲増・小林 2016) や，政治的シニシズムや教育程度の低い層の政治不満を高める (谷口 2002; 境家 2008) など，ソフトニュースの善悪についての知見は一貫していない。

　ソフトニュース研究の知見が一貫しない理由は，ソフトニュース番組の定義が曖昧であることに求められると指摘されている (谷口 2015: 92)。この問題に対してReinemann et al. (2012) は，ソフトニュースは①政治と関連が薄い「ト

ピック」を中心的に取り上げ，②個人のエピソードに「フォーカス」しており，
③感情的な報道「スタイル」をとるという3側面に特徴が存在することを見出
した。大森 (2023) は，Reinemann et al. (2012) の定義を適用し，ソフトニュー
スの「フォーカス」・「スタイル」面の特徴が政治関心や内的・外的政治的有効
性感覚などに及ぼす影響について分析し，その結果，ソフトニュースの
「フォーカス」面の強調は政治関心や内的有効性感覚に対してポジティブな効
果があること，一方で「スタイル」面の強調は外的有効性感覚に対してネガティ
ブな効果があることを明らかにした。これらの知見は，ソフトニュースの功罪
は，ソフトニュースのどの要素が強調されるかに規定されることを含意するも
のである。近年は，「政治的風刺」の研究とソフトニュース研究を統合しよう
とする向きもある (Becker 2020; Burgers and Brugman 2022)。しかし，視聴者の
理解に一定の素養が求められる風刺においては，Reinemann et al. (2012) が指
摘するフォーカス面を考慮することは難しい。

　ソフトニュースの効果論は，基本的にはテレビニュースの1番組単位での枠
組みを前提に検討されてきた。しかし，Reinemann et al. (2012) の枠組みを適
用すれば，とりわけソーシャルメディアを中心に短い映像の政治情報が定着し
つつある現代においては，さらに研究の検討範囲を拡大できるだろう。

党派的メディア

　人々の政治的意見や価値観の分断の一因は，イデオロギー的な主張や特定の
政党の支持を表明する「党派的メディア」にあるとの見方がある。例えばアメ
リカにおける右派メディアの代表格であるFox，左派メディアの代表格である
MSNBCは広範な放送ネットワークを有し，強い影響力を持つ (Ladd 2012)。

　こうした党派的メディアへの接触が有権者に与える説得効果についても，関
心が寄せられている。例えばLevendusky (2013) は実験データを用いて，自らの
態度を強化する党派的なテレビ番組への接触が，より極端な態度を導くこと，
また，その効果は数日持続することを明らかにした。近年では，de Benedictis-
Kessner et al. (2019) が，Preference-Incorporating Choice and Assignment
(PICA) デザインというアプローチによって，党派的なニュース記事への接触
の効果を分析している。具体的には，被験者を複数のニュースの中から読むも

第 I 部　態度の形成過程

のを選ばせる自由選択グループと，無作為に１つのニュースを読むように割り当てる強制グループのいずれかに無作為に割り当て，結果変数を比較している。その結果，党派的メディアへの接触は自らの態度に沿った接触を行う人の態度を補強することに加えて，エンターテインメントを好む人が偶発的に党派的メディアに接触する場合には，態度を強化させることが判明した。一方で，自らの態度とは反対の位置にある党派的なメディアに接触した場合にも，その党派的メディアの説得効果ゆえに分極化の度合いが低減することも明らかにされている。

　党派的メディアへの接触とその後の対人コミュニケーションを考慮し，党派的メディアの伝える情報の影響範囲を検討する研究もある。Druckman et al. (2018) は，党派的なケーブルテレビ番組の視聴の有無とその後のグループディスカッションの有無のそれぞれを被験者に対して無作為に割り当てる実験室実験を行った。主要な結果として，党派的なメディアを視聴した人がグループにいる場合，メディア視聴に割り当てられなかった人も極端な意見を持つようになることが判明した。この研究は，党派的メディアの影響が，その後の対人コミュニケーションを通じて視聴者以外にも広がる可能性を示唆している。

最小効果論とその批判，研究アプローチの発展

　強力効果論−限定効果論−新強力効果論と整理されてきたメディア効果論のパラダイムに対して，2010年前後に，メディア効果論は新しい最小効果（minimal effect）の時代に突入しているという「最小効果論」が提唱された（Bennet and Iyengar 2008; Iyengar 2014; 稲増 2011; 小林・稲増 2011）。インターネットの浸透によって情報環境が複雑化し，メディア情報が市民に対して持つ効果は，極めて狭い範囲に限定されるという主張である。Shehata and Strömbäck (2013) は，①ケーブルテレビやインターネットの台頭によりメディア情報環境が多様化したこと，②それによって市民が目にするものが細分化されていること，③市民のメディア選択に個人の志向が強く作用する選択的接触がより重要になっていること，④ニュースを偶発的に目にすることが減少すること，⑤党派的なメディアが増加し，市民の党派的志向がメディア選択の予測変数として力を持つようになったことがその背景にあると整理している。

第3章 メディア

　しかし，最小効果論については，選択的接触のメカニズムの想定が厳密でないとの批判や，精緻化見込みモデルの理論を考慮すると，「プッシュ型メディア」である伝統メディアよりも，「プル型メディア」であるインターネットなどの方が中心ルートを通じた情報処理を行うと予測されるため，メディア効果が大きく表れる可能性があるとの指摘もある (Hollbert et al. 2010)。ただし，先に述べたように (p.27-28)，最小効果の検証ではなくオリジナルの効果論に対する追試研究や，最小効果論的な知見は長期的な検討が欠如していると批判するものもある (Shehata et al. 2021)。

　また，外的妥当性の問題に直面しがちな実験室やサーベイ実験研究に対して，その弱点をある程度克服した自然／準実験的アプローチによるメディア効果研究も進展している。例えば，アメリカ州知事選挙において有権者の講読新聞をランダムに割り付け，政治意識や意見表明，投票率などに対する新聞購読の効果はみられなかったと報告する研究 (Gerber et al. 2009)，欧州難民危機における声明文の内容の地域差を利用して難民問題に対する態度へのフレーミング効果を検証した研究 (Seimel 2024)，タンザニアにおけるラジオ受信地域の拡大を利用して人々の政治関心度や知識レベルの地域差を検討した研究 (Green et al. 2024)，イタリアにおける地上波デジタル放送の導入時期が地域によってずれていたことを利用し，デジタル放送の導入によってアクセスできるチャンネルが増加した地域の有権者は，犯罪報道への接触率が低まり，犯罪への懸念が減少したことを示した研究 (Mastrorocco and Minale 2018)，アメリカにおけるローカルテレビニュースの放映範囲の地理的条件を利用して，ローカルニュースへ接触する有権者ほど分割投票を行う可能性が高いことを明らかにした研究 (Moskowitz 2021) などがある。

　新聞やテレビといった伝統メディア中心の環境を前提に論じられてきたメディア効果論が，インターネットの浸透を契機に新しい最小効果論の時代に切り替わったと決定づける確たる証拠があるわけではない。現状は，追試や自然／準実験的アプローチなど多方面からメディアの効果に関する検討が重ねられている段階といえるだろう。

31

第Ⅰ部　態度の形成過程

3　近年におけるメディアと政治意識研究の主要トピック

　前節までの議論を踏まえ，近年のメディアと政治意識研究の主要トピックについて整理する。具体的には，インターネットの情報環境を前提とした研究を中心に，ソーシャルメディアとエコーチェンバー，ソーシャルメディアとフェイクニュース，ソーシャルメディアでのニュース閲覧・ポータルニュースサイトの影響を検討した研究群を概観する。

ソーシャルメディアとエコーチェンバー

　2000年代初め，アメリカの法学者Sunsteinはインターネット環境下でのコミュニケーションでは，分極化が起きやすいと主張した (Sunstein 2001)。特にソーシャルメディア上でのフォロー・フォロワー関係においては，信念や意見が類似した者同士がつながりやすく，自身の意見や信念に合致する情報や意見にのみ触れる環境が形成されやすくなる。このような現象を，一般にエコーチェンバー現象という。

　しかし，ソーシャルメディアの利用がどのような分極化と結びつくかは，はっきりとわかっていない。ソーシャルメディアの利用と政治的な意見・信念に関するエコーチェンバーについて，Himelboim et al. (2013) は，2010年米国大統領中間選挙前のTwitter (現X) ユーザーのクラスター化によるネットワーク分析とツイート内容の分析を通じて，ユーザーがイデオロギー的位置を超えたコンテンツに触れる可能性が低いことを示した。同様にBakshy et al. (2015) も，Facebookユーザーの共有行動に関するデータを用いて，ユーザーは自らのイデオロギー位置と対立する情報に接する機会が少ないことを示している。日本を対象とした研究でも，Twitter (現X) 空間での政治的議論でユーザーが，イデオロギー的方向性の同じ人と交流することが明らかになっている (Lyu 2020)。これら以外にも，エコーチェンバー現象を示唆する研究は存在する (Conover et al. 2021; Cinelli et al. 2021)。

　その一方で，エコーチェンバー現象を支持しない研究もある。例えば，大統領選挙などの政治争点ではイデオロギー位置の近いもの同士でのやり取りが活

発になるが，その他の時事ニュースではそのような現象はみられないことや（Barberá et al. 2015），政治関心度の高い人や複合的なメディア情報接触を行う人はエコーチェンバーを避けることを明らかにした研究がある（Dubois and Blank 2018）。また，Facebookでのニュース閲覧を題材とするフィールド実験でも，イデオロギー位置と近いニュース閲覧を繰り返すことによって感情の分極化は確認されるものの，政治的意見の分極化はみられないとする知見がある（Levy 2021）。そもそも，人々が政治ニュースを目にすることは「まれ」であり，党派的な情報源に接触する人は極めて少ないという知見（Guess 2021）など，エコーチェンバー現象は過大に問題視されている可能性も示唆されている。

ソーシャルメディアとフェイクニュース

　ソーシャルメディアに関する近年の重要トピックとして，フェイクニュースの問題がある。フェイクニュースは「事実として提示される，完全に捏造された，しばしば党派的なコンテンツ」（Pennycook et al. 2018: 1865）と定義されることもあるが，虚偽情報や政治的プロパガンダを含めれば，その起源は紀元前にまで遡るという見方もあるなど（笹原 2021），共通了解のある明確な定義が存在しているわけではない。[4] このことを前提に以下では，フェイクニュースの伝播，拡散する人々の特徴，諸意識に与える影響に関する研究を概観する。

　虚偽情報・フェイクニュースの伝播に関しては，旧Twitter（現X）上では政治的カテゴリーの偽ニュースが，科学やビジネス，テロなどよりも多く，さらに偽ニュースは真実のニュースと比較してより早く，広範囲に広まりやすいことが明らかになっている（Vosoughi et al. 2018）。フェイクニュースがインターネット，特にソーシャルメディア上で爆発的に増えた理由については，情報発信は参入障壁が低く，再投稿や共有が簡単に行えること，伝統メディアが持つ取材から記事の公表に至るまでの一貫した情報フローを持たないこと，ファクトチェックの基準が甘いことが指摘されている（Zhuravskaya et al. 2020）。

　フェイクニュースを広める人々の特徴として，Guess et al.（2019）は，2016年大統領選中に実施したオンライン調査と，当該調査回答者のFacebookの共

　4）　フェイクニュースの定義の整理については，Tandoc（2019）が参考になる。

有履歴データを組み合わせた分析から，右派寄りのユーザーがフェイクニュースを共有しやすいことを明らかにした。また，この研究では，高年齢層ほどフェイクニュースを共有しやすいことも指摘されている。同様にオンライン調査と調査回答者のツイート情報のデータとを組み合わせ分析を行ったOsmundsen et al.(2021) も，年齢が高い人や党派性の強い人がフェイクニュースを広める傾向にあると指摘している。ただし，これらの特徴を持つ人々は，真実のニュースも広める傾向にあるとされる。

フェイクニュースが有権者に及ぼす影響についてVan Duyn and Collier (2019) は，有権者が政治的エリートが発するフェイクニュースに関する言説に接すると，メディアに対する信頼が低下することを示している。こうしたフェイクニュースへの処方箋として，流布する情報が真実であるか，また正確であるかについて調査した上で，誤っていれば積極的に公表し，社会に共有する「ファクトチェック」の重要性が語られるが(立石・楊井 2018)，Nyhan et al(2019) は，人々が政治的なフェイクニュースに接した後にジャーナリスティックなファクトチェック情報に接しても，効果は事実情報の認識にとどまり，登場する政治アクターに対する態度を変化させないことを，2016年アメリカ大統領選を題材にした実験から明らかにしている。Barrera et al.(2020) も，2017年フランス大統領選中の実験で同様の結果を示している。直近では，Coppock et al.(2023) が2020年アメリカ大統領選挙期間中における複数のパネル調査データのメタ分析を行い，誤情報に対するファクトチェックの正確な認知の効果は，ある程度の期間持続することを示している。一方で，誤情報に登場したアクターに対する評価といった態度の変化については，ファクトチェックに接することでポジティブな効果がみられたものの，その効果量は小さいことを報告している。

ソーシャルメディアでのニュース閲覧・ポータルニュースサイトの影響

ソーシャルメディアにおいては，人々の日常生活の「つぶやき」だけでなく，政治的なニュースが流通し，それを目にすることによる偶発的な学習が期待さ

れる (Yoo and Gil de Zúñiga 2014)[5)]。ソーシャルメディアへの接触と政治知識の関係については，ソーシャルメディアへの接触度と政治知識の程度は正相関するというポジティブな知見が存在する (Boulianne 2016; Gottfried et al. 2017)。しかし，Shehata and Strömbäck (2018) のように，伝統的メディアでの政治ニュース接触は，一貫して政治知識の獲得にプラスの効果をもたらす一方で，ソーシャルメディアでの政治ニュース接触はそうではなく，政治ニュースをソーシャルメディアで得ることは，伝統メディア利用の補完や置き換えにはなりえないという立場の知見もある[6)]。そこでは，伝統メディアとソーシャルメディアで得られる政治知識とでは質が異なることも示唆されている。

　日本のオンラインニュース環境の大きな特徴は，ニュースポータルサイトへの接触率が非常に高いことである (総務省情報通信政策研究所 2023)。その意味でも，ポータルサイト利用の効果について触れておく必要があろう。Kobayashi and Inamasu (2015) は，Yahoo! ポータルのニューストピックス (ニュース一覧) の特徴として，政治的なニュースとエンタメニュースが混在していることを指摘し，エンタメ志向度の高い人々でも偶発的に政治情報を得て学習が期待できるとする。郵送調査データを用いた分析と，別調査の回答者の属性や志向に関する回答データとWeb閲覧履歴とを紐づけたデータ分析を通して，ポータルサイトへの接触がニュース志向の人々とエンタメ志向が高い人々の政治知識の格差を縮小させることを示した。また，Kobayashi et al. (2020) は，Yahoo! ニュースのトップページのニュース見出し構成，ニュースとエンターテインメント情報の割合を変化させた実験を行い，ニュース割合の多い構成のトップページであってもエンタメ志向度の強い被験者の訪問が減少せず，また，ニュース割合の多い構成のトップページが表示されるとき，ニュース志向度の高い被験者とエンタメ志向度の高い被験者の政治知識格差が縮小することを明らかにしている。これらの知見は，ポータルサイトのポジティブな効果を主張

---

5) なお，ソーシャルメディアにおけるニュースの共有については，ニュースの「再文脈化」がなされ，場合によってはヘイトスピーチやレイシズムにつながることを示す研究もある (Ekman 2019)。

6) ただし，伝統メディアへの接触と政治知識との関連についても，伝統メディア接触がポジティブな効果を持つのは，最近の，政府の制度や人々／プレーヤーに対する一般的な知識に対してのみいう知見も存在する (Barabas 2014)。

第Ⅰ部　態度の形成過程

するものといえる。

　加えて，ポータルサイトのニュースページを模した実験を行った大森（2023）は，ニュースの配信元が大手伝統メディアである場合と，新興メディアなどである場合とで，当該ニュースへの信頼度は変わらないことを明らかにしている。この結果は，有名プラットフォームに掲載されていること自体が，有権者にとっては，そのニュースの信頼の源泉になっていることを意味する。人々の共通の情報基盤となる水準の巨大ニュースプラットフォームが存在する情報環境では，当該ニュースプラットフォームの社会的責任も大きくなる。

メディア利用に関する意識と政治意識——近年問題視されるNFM

　近年では，選択的接触を高めるような情報環境が，人々のニュースを求める行動にどのような影響を与えているのかに関する研究が進められている。この議論の中核にあるのは，News Finds Me（NFM）という概念である。NFMは，簡単に説明すれば「ニュースは探さなくても，（ニュースが自分を）見つけてくれるという人々の認識」（Gil de Zúñiga et al. 2017: 107）である。

　情報接触の選択肢が激増した状況におけるメディア利用に関する意識は，処理する情報の過剰な負荷を避けるために（Song et al. 2017），娯楽的志向によりニュースよりもドラマや映画，音楽といったコンテンツを好む（Skovsgaard and Andersen 2020）といった理由から，ニュース情報への接触を避けるニュース回避（News Avoidance）行動が問題だと主張されることもある（Bos et al. 2016: Mosca and Quaranta 2016）[7]。他方，NFM傾向は，ニュースを回避する行動傾向とは異なり，世の中で起こることに関心がないわけではなく，むしろ，情報を得るために必要なニュースは他のメディア行動やソーシャルネットワークが十分に提供してくれるので，積極的にニュースを探す必要はないと考えていることを示している。NFM傾向は，「何か重要なニュースがあるときには，友達が教えてくれることをあてにしている」「自分から積極的にニュースを追わなくても，十分な情報が得られる」といった項目で測定され，これらに同意するほどNFM知覚・傾向が強いとされる。

7）　ニュース回避の研究においては，回避が意図的であるのか，非意図的であるのかについての議論もある（Skovsgaard and Andersen 2020）。

NFM傾向と社会的属性，政治知識との関係については，NFM傾向が強い人はそうでない人と比較して，低年齢層，低学歴層であり（Strauß et al. 2021），政治知識レベルが低い（Gil de Zúñiga et al. 2017）ことが指摘されている。

NFM傾向とメディア接触との関係については，そもそもNFM傾向が強い人はニュース回避傾向が強いこと（Goyanes et al. 2023），伝統的メディアへの接触率が低く，ソーシャルメディアへの接触率が高いこと（Gil de Zúñiga et al. 2017）が明らかにされている。一方で，オンラインニュース接触の予測要因として有力であるのはNFM傾向の強さよりも政治関心や政治知識であることを指摘する研究もある（Haim et al. 2021）。しかし，現状のいくつかのNFM尺度を用いて次元縮約を行うと，モデルの適合度が低いことを指摘する研究もある（Haim et al. 2021）。NFM傾向は複雑化したメディア環境おける重要な心理変数として注目されつつあるものの，未だ発展途上にある。

4　メディアと政治意識研究の今後の課題

本章では，メディアと政治意識との関連を分析する研究について，特に2010年以降の業績，インターネット中心のメディア情報環境を想定する研究を軸にレビューした。インターネットの発展とともに有権者のメディア情報環境は複雑化しており，それゆえにメディアと政治意識との関連を論じる研究結果も複雑化している。

メディアと政治意識に関する研究の今後の課題としては，以下の3点を指摘できる。第1に，複合的なメディア情報環境を考慮した検討である。有権者のメディア接触状況をみたときに，少なくとも現時点では「伝統メディアのみに接触する」「インターネットメディアのみに接触する」層は少なく，多くの有権者は伝統メディアとインターネットメディアに複合的に接触している（大森 2023）。したがって，外的妥当性を考慮した複合的なメディア接触を想定した検討が必要である。しかし，とりわけ実験的研究においては，複合的な接触条件を考慮した設計は困難である。それぞれの有権者がどのようなメディア接触パターンを行っているのかを分析した上で，そのパターンが政治意識とどのように関連するかといった研究が，観察データと実験データ両面の分析から進め

第Ⅰ部　態度の形成過程

られるべきだろう。

　第2に，長期的な効果検証である。Shehata et al. (2021) は，コミュニケーション研究の著名なジャーナルに掲載されたメディア効果研究の論文を整理した結果，長期的なメディア効果の検証が進んでおらず，それが「最小効果の発見」にとどまっている原因であることを主張した。特に実験研究では，短期的な効果を検討するものが多い。長期的な効果の検証が進むことで，メディアの短期的な効果と長期的な効果の差異が明確になるだろう。

　第3に，メディア接触から政治意識の変化，政治行動の変容までの一連のメカニズムを解明する必要性である。現状，メディア効果研究は政治意識に対する効果を検討するものに集中しており，結果変数としての政治行動までをモデルに組み込む研究は少ない。散発的な議論を避けるためにも，一連のフローを検討し，議論の射程を拡大する必要がある。

第**II**部
態度の様相

第 4 章　政治的疎外感

岡田葦生

政治的疎外感は伝統的に，民主主義に対する有権者の失望を表し，代議制民主主義の危機を招くものとして位置づけられてきた。しかし，一口に「政治的疎外感が招く民主主義の危機」といっても，具体的に危機となりうる帰結は様々である。本章では，政治的疎外感の代表的な下位概念である政治不信と政治的無力感がどのような行動レベルの概念と関連するのかを中心に，政治的疎外感に関する既存研究について概観する。まず，政治的疎外感の第 1 の柱である政治不信は，伝統的に民主主義的価値観の否定という形で表出するとされてきたこと，また，民主主義的価値観の否定にも非制度的手段を通じたものと制度的手段を通じたものが存在することを述べる。次に，政治的疎外感の第 2 の柱である政治的無力感を考慮した場合，民主主義が直面する危機は，その価値観の直接的な否定ではなく，むしろ有権者による参加の減少という間接的なものとして立ち現れることを述べる。そして，政治的疎外感の規定要因に関する知見を紹介したのち，疎外感研究が抱える今後の課題について述べる。

1　政治的疎外感の多様な帰結・原因

民主主義が適切に機能しているかどうかを判断する基準は多々あるが，ミクロレベルでの重要な基準の 1 つが政治的疎外感である。政治的疎外感は個々の市民の民主主義に対する慢性的な不満・失望のことであり，その高まりは民主主義の機能不全や正統性の低下を表すと捉えられるためである。

まず，政治的疎外感の定義を述べておこう。政治的疎外感とは，「政治体制・政治家・政治的価値観・政治体制と市民の価値観が乖離している，という人々の感情ないし心理状態」(Chen 1992: 56) を指し，しばしば市民の民主主義に対する失望・愛着の低下を表しているとされる。個々の市民が，選挙におけ

る敗北の受容や異なる価値観の受容といった民主主義的価値観を支持しなければ，その国の民主主義体制の正統性は脆弱なものになってしまうだろう。そのため，政治的疎外の蔓延は単なる個別の選挙結果や政策的帰結に対する不満よりも遥かに深刻なものである。

政治的疎外感がより具体的にどのような心理状態を指すかについては古くから多くの知見が蓄積されている（e.g. 武重 1982a, 1982b）。例えば，疎外感を「疎外／非疎外」として一次元的に捉える立場（Schwartz 1973）も存在する一方で，多次元的なものとしてみなすものも存在する（Chen 1992; Finifter 1970; Fox 2015）。近年では，自由記述回答を用いた分析から，これまで以上に詳細な形で政治的疎外の下位次元の解明が進められている（Bertsou 2019a; 岡田 2023）。本章では複数ある疎外感の下位次元のうち，その中核を成す政治不信と政治的無力感に焦点を当てる。

政治的疎外へのアプローチは多様であるが，本章で主に検討するのは，政治的疎外感の多様な帰結である。政治的疎外については，その概念の抽象さや不明瞭さなどを背景に，その測定方法に関する研究が多数積み重ねられている。具体的には，多様な次元の項目同士の関係を包括的に検証したもの（Craig et al. 1990; Niemi et al. 1991），国家間比較における尺度の等価性を検証したもの（Marien 2017; Scotto et al. 2021）などがあげられる。日本においても，これらの知見を踏まえた実証研究はある（金 2014; 西澤 2008; 善教 2013, 2015）。しかし，疎外感の影響を体系的に整理するレビューは多くない。上述したように疎外感には複数の次元が存在する。同じ「政治的疎外感」という概念であっても，それぞれの次元がもたらす帰結は次元ごとに大きく異なる。

下位次元ごとに，疎外感が蔓延することの帰結について考察する必要性は，以下のように考えると理解しやすいだろう。例えば，現状の政治に失望した有権者がその不満を表明することと，声を上げることなく退出することには大きな差がある。不満の表明は，それが暴力行為につながる場合は民主主義の否定という形での危機につながる一方で，退出は参加の減少による正統性の低下という意味での政府の機能不全，ひいては代議制の危機をもたらす要因となる。さらに，不満の表明の中にも，制度化されたルールの中で抗議するという選択肢もあれば，デモなど非制度的な手段によってこれを達成しようとする選択肢

第Ⅱ部　態度の様相

もある。

　以上を踏まえ，本章では政治的疎外感の下位次元とそれらの帰結について紹介したのち，疎外感の規定要因と今後の研究課題を述べる。

2　政治的疎外感の第1の柱——政治不信

　政治不信（political distrust）は政治的疎外感を表す代表的な指標の1つである。政治不信は政治的無規範性（political normlessness）とも呼ばれ，政治エリートが法遵守的ではない，有権者の声に応答的ではない，期待されている政策的帰結を達成することができていないなどの感覚を指す（Bertsou 2019b）。さらには彼らの行動を規定する政治制度も評価対象となりうる（善教 2013）。

　政治不信が政治的疎外感の重要な側面として捉えられてきたのは，この心理が民主主義体制そのものに対する不信感になりうるためである。政治不信が注目を集めるきっかけとなったのが，1960年代のアメリカにおける政治不信指標の大幅な悪化であった。Citrin（1974）は，この現象は個別の政治家に対する不満を表す一時的なものとして捉えたが，Miller（1974）のように，政治不信を民主主義そのものに対する不満として捉える立場も存在した。前者の見方のように政治不信が個別のアクターに向けられるものであれば政治家や政権の交代によって解消されるであろうが，後者のように根源的なものであった場合，体制変更のような根本的な変革以外に不信の解消は困難なものとなる。このことから，政治不信は疎外感の多様な側面の中でも特に重要視されてきた。

　これらの疎外感を有権者が表明する手段には，大きくわけると，非制度的な手段と制度的手段の二つがある。例えば，暴力や抗議活動のような非制度的な手段を用いて，民主主義的価値観への抗議することもあれば，自身にとって好ましい代議士や政党へ投票するだけの場合もある。後者の意見表明は投票という制度化された中での抗議といえる。

非制度的手段を通じた政治不信の表明

　制度化されていない手段を通じた政治不信の表明の代表例として伝統的に位置づけられてきたのが，市民的規範の軽視や抗議活動である。

第4章　政治的疎外感

　まず，政治不信と市民的規範の関係について扱った研究を紹介しよう。例えば，Marien and Hooghe（2011）は政治不信と有権者自身による脱税などの違法行為に対する受容度の関連を分析しており，政治不信が強いほど違法行為に対する受容度が高いことを示している。さらに，van Deth（2017）はパネルデータを用いて政治不信と政治的規範（投票への義務感など）・社会的規範（弱者の支援など）・法遵守的規範（犯罪の通報など）の関係を分析している。その結果，政治不信はいずれのカテゴリの規範とも相互強化の関係を有することが示されている。

　近年，規範の遵守という点で注目され，研究が急速に蓄積されたのは，COVID-19の文脈において政治不信と市民的規範との関係を取り扱った研究である。そこでは，政治不信の高さは外出制限の要請に対する違反や，ワクチンの未接種，COVID-19に関する陰謀論の信奉などと関連することがメタ分析の結果などから明らかにされている（Devine 2024; Devine et al. 2024; Jennings et al. 2021）。

　続いて，政治不信と抗議活動に関する知見を紹介する。世界価値観調査をはじめとする複数か国にまたがる大規模データの整備によって，近年では政治不信の強度と政治参加の関連を多国間で比較する研究が蓄積されている。その結果，政治不信が強いほど請願・デモ参加・ボイコットといった抗議活動を経験する確率が高まることが明らかとなっている（Christensen 2016; Hooghe and Marien 2013; Kaase 1999; Norris 1999）。また，Ouattara and Steenvoorden（2023）は，政治不信は抗議活動を促すが投票参加や選挙運動の手伝いといった制度化された政治参加を低減させるわけではない，つまり政治信頼があるからといって制度的政治参加に積極的とはならないという非対称性を明らかにしている。

　政治不信と抗議活動の関連はさほど頑健なわけではなく，Devine（2024）のメタ分析によると，政治不信が抗議活動に与える影響は，他の政治行動・社会行動へのそれに比べて小さいことが分かっている。ただし，この結果は即座に政治不信の影響を否定するものではない。政治不信が抗議活動のような積極的な参加行動を通じて表明されるには，市民自身が「自分には政治を変えることができる」という自身に対する期待を抱いているかどうかも影響するためである。この点については第3節で詳述する。

第Ⅱ部　態度の様相

制度的手段を通じた政治不信の表明

次に，制度化された手段を通じた政治不信の表明について述べる。有権者の抱く疎外感は，非制度的な形態の行為によってのみ表明されるとは限らない。制度的手段と政治不信の関連を論じる研究は大きく，投票参加・投票選択の二つに分けられる。

まず，政治不信と投票参加の関連について述べよう。政治不信を抱く市民は，政治家や政治制度は市民の声に対して応答的ではないと考えているため，投票に行くことは無駄だと考えても不思議ではない。実際，政治不信が投票参加を低下させることを実証する研究も存在する (Dalton 2004; Hooghe and Marien 2013)。また，棄権は政治不信の「表明」というには消極的に思えるかもしれないが，棄権を積極的な疎外感の表明手段として捉える有権者も存在することが指摘されている[1] (e.g. 木村 2003; 山田 2002)。

次に，政治不信と投票選択の関連について述べる。近年では，ヨーロッパを中心に旧来の政党間システムの変容を背景とする，過激な主張を行う極右・極左政党の参入が指摘されており (Kitschelt and McGann 1997)，これらの政党が政治不信を抱く有権者の新たな受け皿となっている可能性がある[2]。そのため政治不信は，投票選択のような通常の制度的参加を通じても表出しうる。

Schumacher and Rooduijn (2013) はオランダのデータを用いて，現状の政治に対する不満がポピュリスト政党への投票を予測することを示している。この結果は，一見政治システムの枠組み内にとどまっているようにみえる有権者も疎外感を抱いている可能性があり，それを投票行動という制度的な参加を通じても表明しうることを示しているといえよう。さらに，このような政治不信とポピュリスト政党への投票は互いに互いを強め合うことを指摘する研究も存在

1）　政治不信と投票参加の関係については，関連がみられないという知見も存在し (e.g. Wang 2016)，既存研究同士の知見は一貫していない。しかし，メタ分析の結果からは，効果量は小さいものの，政治不信と棄権の間に正の関連が観察されている (Devine 2024)。また，一時点の不信の程度ではなく，前時点からの変化を考慮することで研究間の矛盾の解決を試みるものも存在する (善教 2010)。

2）　このような，既存政党への信頼の低下とそれに伴ったポピュリスト政党の参入という構図は多分にヨーロッパの状況に基づいており，必ずしも普遍的に妥当するわけではない。日本はその一例であり，ポピュリスト態度やポピュリスト政党の概念の整理，日本国内における傾向をまとめたものとして善教 (2018) があげられる。

44

する。Hooghe and Dassonneville (2018a) は 2 波のパネルデータを用いて，ある時点の政治不信の高さが非主流政党への投票意図を高め，非主流政党への投票が次時点での政治不信を高めることを示している。また，Rooduijn et al. (2016) は大規模なパネルデータを用いて，政治不信とポピュリスト政党への投票意図を交差遅延効果モデルで検証している。彼らの知見においても，政治不信が高い有権者は不満の表明としてポピュリスト政党に票を投じ，今度は政治不信をたきつけるようなポピュリズム的メッセージへの接触機会が増えることでさらに政治不信が強化されるという，「不信の螺旋」の存在が指摘されている。

3　政治的疎外感の第 2 の柱──政治的無力感

　第 2 節で述べたように，政治不信を抱く有権者は政治状況に対する不満を制度的，あるいは非制度的手段を用いて表明することがある。しかし，これはあくまで有権者が「自分は何らかの意見表明をすることで政府に影響を与えることができる」という政治的有効性感覚を抱いている場合であり，この前提が必ずしも成立しているとは限らない。日本のように，政治的有効性感覚が抗議活動への積極性をあまり予測しない（金 2014）例も存在するが，欧米を対象とした研究では政治不信を抱いている市民にも政治的無力感を抱いている人々とそうでない人々では，志向する行為が異なることが頑健に確認されている。

　市民は出力過程，つまり政治的な決定の過程・帰結に対してのみ疎外感を抱くわけではなく，政治的無力感（political powerlessness），すなわち自分自身に政治過程に影響するだけの十分な能力がない，という自己認知に基づく疎外感を感じる場合もある。代議制民主主義は，有権者による政治過程に対する入力があってこそ成立する。以上を踏まえると，そのための十分な影響力が自身に備わっていないという認識は，「理想の政治像と現状の乖離」となりうる。

参加 – 不参加の分水嶺としての政治的無力感
　同じ政治不信を抱く有権者であっても，政治的無力感を抱いているかによって大きく異なった帰結に結びつく。政治的無力感を感じていなければ積極的に

第Ⅱ部　態度の様相

行動を起こそうとするであろうが，強い無力感を抱いている場合，意見表明ではなく政治アリーナからの退出を選択する可能性があるのである。

政治的無力感は制度的政治参加・非制度的政治参加のいずれについても，それらに対する消極性を頑健に予測することが知られている。第2節で紹介した非制度的政治参加を従属変数としたいずれの研究でも，政治的無力感は非制度的参加への消極性を予測することが指摘されている（Christensen 2016; Hooghe and Marien 2013; Ouattara and Steenvoorden 2023）。このことは，無力感の強さは，不満の表明よりも退出につながることを示している。

そして，政治的無力感を抱いているかどうかによる帰結の違いは，政治不信を抱いている有権者にも2つの異なる類型が存在しうることを示している。政治的疎外感の初期の研究においては，政治不信は抱いているが政治的無力感は抱いていない有権者と，その双方を抱いている有権者は異なる類型の市民として扱われることもあった（Finifter 1970）。

こうした「2種類の政治不信」という捉え方は現代にも妥当することが確認されている。Christensen（2016）では，政治不信と政治的無力感を連続値として扱うのではなく，これらの高低によってサンプルを類型化した上で，この類型が非制度的参加を予測するかを検証している。その結果，非制度的参加については，政治不信は抱いているが政治的有効性感覚は高い「不支持型（unsupportive）」の有権者は積極的である一方，政治不信も政治的無力感も強い「幻滅型（disenchanted）」の有権者は消極的であることが示されている。

ポピュリズム - テクノクラシーの分水嶺としての政治的無力感

第2節では，有権者は制度的手段によっても民主主義的価値観に抗議しようとする場合があることを示した（p.44-45）。しかし，このような有権者についてもやはり十分な政治的有効性感覚を感じていることを前提としている。そもそも政治的無力感を抱いている有権者は投票選択以前に棄権を選択する可能性が高い。また，特にポピュリズムを志向する有権者については人民自身による統治を重視する（Akkerman et al. 2014）ことから，自身が政治に関わることには積極的であることが予想される。実際，ポピュリスト政党の支持者は，政治不信は強いが政治的有効性感覚は高い傾向にあることが指摘されている（Rico et al.

2020)。

　一方で，政治不信・政治的無力感が共に強い有権者が志向する可能性がある
のがテクノクラシーである。テクノクラシーとは，専門的・第三者的技術官僚
による統治形態のことを指す (Caramani 2017)。テクノクラシーの希求は，ポ
ピュリズムを求める有権者と同じく現状の政党政治への深い失望に由来してい
る一方で，テクノクラシー志向の有権者は人民自身による政治過程への関与を
重要視しておらず，むしろ一般市民は政治過程に関わらない方がいいとさえ捉
えている場合がある (Bertsou and Caramani 2022; Hibbing and Theiss-Morse
2002)。Webb (2013) はイギリスのデータを用いて，イギリスにおいてはテクノ
クラシーを志向する有権者のクラスターが少数ながら存在するということ，そ
してテクノクラシー志向は政治的無力感と正の関連を持つことを示している。
こうした傾向は，実際にテクノクラシーを経験したことがあるかどうかにかか
わらず観察されており，政治的無力感とテクノクラシー志向の有意な相関はア
ルゼンチンやハンガリーといった，実際にテクノクラシーを経験した国のサン
プルも含めた場合であっても確認されている (Chiru and Enyedi 2021)。また，
Coffé and Michels (2014) は，無力感を抱く有権者がテクノクラシーを求める
のは，教育程度の低さに由来する可能性を指摘している。

4　政治的疎外感の規定要因

　前節までに概観した政治的疎外感は，どのような過程で形成されるのだろう
か。疎外感の形成要因，およびそれらの整理方法に関する観点には様々なもの
が存在するが[3]，本章では，短期的，長期的要因の観点から疎外感の規定要因
について概観する。

　まず，短期的要因について述べる。短期的に疎外感を形成する代表的な要素

3）　政治的疎外感の規定要因については，人格特性や遺伝的要因といった個人差変数からの説明を
　試みるものも存在する (e.g. Bromme et al. 2022; Ojeda 2016) が，本章では紙幅の都合上，詳細
　には言及しない。疎外感の規定要因について，個人差も含めて体系的なレビューを行なっている
　ものとして Citrin and Stoker (2018) があるので，詳細はそちらを参照のこと。また，疎外感の規
　定要因に関する他の観点として，Mishler and Rose (2001) は「ミクロ－マクロ」「内生性－外生性」
　の二軸から捉えることを提案している。

第Ⅱ部　態度の様相

がスキャンダルである。そもそも1970年代のアメリカで政治的疎外感に注目が集まった理由の1つがウォーターゲート事件であり，この事件をきっかけに政治不信が大きく高まったことが示されている（Keele 2007）ほか，日本においてもリクルート事件や佐川急便事件の直後には短期的かつ大幅に政治不信が増加している（善教 2009）。

　ほかの短期的な要因としては，選挙運動におけるネガティブ・キャンペーンがあげられる。対立候補の攻撃・批判はその攻撃対象だけでなく，政治家全般への信頼を削ぐ可能性がある（Fridkin and Kenney 2011）。また，Lauらによるメタ分析では，ネガティブ・キャンペーンは政治不信・政治的無力感の双方を高めることが示されており（Lau et al. 2007），その効果は政治家や制度に対する評価だけでなく有権者自身の評価にさえ及ぶ。

　次に長期的要因について述べる。政治的疎外感は，個別の選挙やイベントによってのみ形成されるわけではなく，市民を取り巻く環境によって長期的に蓄積されていく場合がある。例えば，経済的パフォーマンスの悪さや政策的失敗は，それらが積み重なる中で疎外感を生み出す（Chanley et al. 2000；Hetherington and Rudolph 2008；Keele 2007；Mishler and Rose 2001；Rudolph 2002）。また，政策過程の公正さ（Grimes 2017；Mishler and Rose 2001，⇒第5章），さらには犯罪率（Hetherington and Rudolph 2008；Keele 2007）など広義の「政府の失敗」も疎外感を形成することが指摘されている。

　政治的疎外感は人々が投票権を獲得する以前から形成が始まっている可能性がある。人々は学校教育や親とのコミュニケーションといった要素を通じて政治的な素養を身につけていくとされているが（太田 2022，⇒第1章），政治的社会化が不十分であった場合，それは疎外感の形成につながりうる。

　メディアも政治的社会化を担う要素の1つであるが，メディアは社会化の不足によってではなく，より直接的に疎外感を形成しうる。例えば，政治アクター同士の勝敗や選挙戦略に焦点を当てる「戦略型フレーム」は，有権者の政治的無力感を増加させ（Cappella and Jamieson 1997＝2005），この傾向は特に政治知識が高い人々の間で顕著であることが示されている（大森・平野 2017）。

　また，政治的疎外感は，複数世代に跨る長期的な社会環境の変動によっても形成されうる。市民同士の結びつき（ソーシャル・キャピタル）の弱体化も疎外

第4章　政治的疎外感

感形成の一因とされている。ソーシャル・キャピタルが豊富であり，他者に対する信頼が高ければ，ボランティアやNPO活動といったコミュニティレベルでの活動への参画が促されるだろう。これらの活動の中には政治参加に結びつくものもあり，政治エリートの応答性や自分自身の影響力を実感する場として機能する（平野 2002; Newton 2001）。しかし，アメリカではソーシャル・キャピタルは衰退しつつあることが指摘されており（Putnam 2000 = 2006），それに伴う市民活動の停滞によって疎外感が拡大している可能性がある（Keele 2007）。

5　政治的疎外感研究の今後

疎外概念の複雑化

　本章では，政治的疎外感の帰結や規定要因を通じて，その特質について紹介してきたが，最後に疎外感の研究が抱える課題について述べる。政治的疎外感については古くから数多の知見が蓄積されてきた一方で，その概念定義・測定については研究者間で合意が取れているとはいえない。さらに以下で示すように，近年の研究では，政治的疎外感が表す人々の心の状態は非常に複雑なものであることが明らかになっている。

　まず，近年の知見で示されていることの1つとして政治的疎外の不均質性があげられる。本章では，政治的疎外感の主な下位次元として政治不信と政治的無力感を取り上げたが，これらがあらゆる国において普遍的に疎外感を構成しているとは限らない。政治的疎外感が「理想の政治像と現状の乖離」に基づくものであることに鑑みると，入力・出力過程に何らかの理想を抱いていなければ，そもそも失望しようがないためである（Schwartz 1973）。例えば，政治的無力感の次元が重視されていなければ，「高い政治信頼・低い政治的有効性感覚」という組み合わせは，政治的有効性感覚を欠いているにもかかわらず疎外感を表さないことになる。

　善教（2013）は日本の市民は政治的無力感よりも政治不信，特に政治不信の中でも政治家ではなく，政治制度を対象とした不信をもって疎外感を感じやすく，欧米型の「入力（参加）の停滞＝疎外の表れ」という構図が日本には妥当しないとしている。実際，岡田・淺野（2023）では日米の時系列データを用い，

49

第Ⅱ部　態度の様相

日本の市民はアメリカの市民に比べて政治的無力感・政治家不信よりも制度不信をもって疎外感を感じやすく，疎外感の中心となっている要素が日米で大きく異なっていることを示している。他にも下記で触れる脱物質主義的価値観は政治的疎外感をむしろ高める一因であることが指摘されており，日本では疎外感とその規定要因の関係においても特殊性が観測されている（伊藤 2017; 善教 2013）。これらの研究に示されるような疎外感の多様性について，さらに検討を進める必要がある。

　疎外概念の特徴は時代と共に変化する。近年では，政治的疎外感の下位次元，特に政治不信が真に民主主義への失望を表すかについて疑義が呈されている。その代表例が脱物質主義的価値観に関する研究であり（⇒第8章），Dalton and Welzel（2014）は非合法なデモや座り込み，ストライキやボイコットのような非制度的参加はもはや民主主義的価値観の否定ではなく，むしろ政府の監視を通じた民主主義達成のための行為となりつつあると主張している。実際，Borbáth（2024）は，非制度的政治参加を選択する有権者の中にも政治不信を抱いている「アウトサイダー」だけでなく，そうでない「インサイダー」も存在することを実証している。

　このような疎外概念の変化は，そのパターンも速さも国ごとに異なる可能性がある。岡田・淺野（2023）では，政治的疎外感の中心的要素が日米で異なるだけでなく，アメリカではさほど変化がみられないのに対し，日本では制度不信だけでなく政治的無力感も中心的要素となりつつあるという非対称性があることも明らかにしている。

　こうした疎外感の概念の変化や不均質性は，ポピュリズムに対する捉え方にも影響する。第2節で紹介したように，政治不信とポピュリスト支持には頑健な相関関係がみられるが，その一方でポピュリスト政党の支持者が反民主的価値観に基づいて投票選択を行っているとは限らない（p.44-45）。彼らは民主主義体制自体をむしろ積極的に支持しており（Kaltwasser and Hauwaert 2020），現状を「矯正」するためにポピュリスト政党に票を投じている疎外とは逆の可能性（Corrective for democracy, cf. Kaltwasser 2012）も存在するためである。

政治的疎外感研究の今後の課題

以上を踏まえ，今後の政治的疎外感研究においては，疎外感の概念自体を再整理し，それに対応した形で測定の精緻化を行う必要がある。その上では，政治的疎外感を単一の次元の「高低」だけではなく，複数次元から成る「カテゴリ」として測定することが重要であろう。本章でみてきたように，疎外感はその下位次元同士の組み合わせで志向する行為や統治形態が大きく異なるだけでなく，国ごとの疎外感の不均質性も考慮すると，「疎外／非疎外」すらも異なる場合がある。こうした問題に対処するためには，政治不信や政治的無力感といった個々の次元が常に政治的疎外感の下位次元であることを自明視するのではなく，それぞれの次元を組み合わせたものを1つの疎外感の類型として扱う必要がある。政治不信が疎外感の中心的要素である日本を例に取るなら，「高不信・高無力感」「高不信・低無力感」はそれぞれ異なる種類の疎外感である一方で，「低不信・高無力感」は疎外感とはいえないということになる。

本章では簡略化のため，政治的疎外感の下位次元を「政治不信」「政治的無力感」という単純な2次元として紹介したが，実際はより詳細な概念の細分化が進められており，上述のような疎外感の複雑さを捉えるための概念ツール自体は豊富に存在する。例えば，Bertsou (2019a) は政治不信の質を「評価の対象（政治家・政党・政治制度など）」と，それらの「評価基準（政策を実行する能力・国民の声を反映させようという意図・利益分配の公平性など）」から分類している。また，測定レベルにおいても，これらに対応した質問項目がいくつも存在している。

しかし，近年の研究では特定の次元に関する質問項目のみが考慮される場合や，これを多次元的なものとして扱っている研究でも，用いられる項目の組み合わせが恣意的である場合も少なくない。もちろんこうした問題は，調査設計上・データ上の制約に由来するところも大きいが，今後は，各国の文脈や時勢を踏まえ，どのような心理状態が民主主義への愛着の喪失に該当するかを理論的に吟味した上で，使用する項目の取捨選択と組み合わせを行う必要がある。

そして，政治的疎外感を「カテゴリ」として扱う上では，潜在クラス分析のような通常とは異なる次元縮約の手法も有用となろう。潜在クラス分析 (Latent Class Analysis 〔LCA〕, cf. Hagenaars and Halman 1989) では，回答者間の差異は質的なカテゴリの差異によって表現される。LCAは政治的疎外感の尺度

への適用例は意外にも少ない（Marien 2017）が，類似した目的意識を持つものとしては，この手法によって志向する政治参加の類型から市民をいくつかの類型に分類しているAlveraz et al.(2017) が存在する。このような特徴を持つLCAは，政治的疎外感の多様性を表現するための一助となるであろう。

　政治とは縁遠い日常生活を送る一般市民にとって，政治の世界に肯定的な態度を抱くことは稀であろう。かといって我々が政治に対して抱く態度は単なる無関心や忌避にとどまるものではないことは本章が示してきた通りである。近年の日本においては，安倍晋三元首相の暗殺や岸田文雄元首相の襲撃といった，初期の政治的疎外感研究において，まさに疎外の象徴とされていた事例が頻発しており，巷間では日本における政治的疎外感の拡大と「民主制の危機」を危惧する声も少なくない。日本の代議制民主主義に対する愛着は本当に失われつつあるのだろうか。かような混迷の時代にあってこそ，市民の政治に対する複雑かつ繊細な視点を明らかにする必要がある。

謝　辞

　本章の執筆にあたり，稲増一憲先生（東京大学），中越みずき先生（関西学院大学），齋藤僚介先生（大阪大学），井上心太氏（本章執筆当時関西学院大学所属）から有益なご助言をいただきました。この場を借りて，深く御礼申し上げます。

第5章 手続き的公正

中谷美穂

本章では，政治的な意思決定過程に向けられた人々の公正認識，すなわち手続き的公正認識に関する研究を概観する。当初は社会心理学で研究されていたが，代議制に対する危機の議論の勃興，経済成長の鈍化に伴う政策決定における敗者の同意の重要性が増す中で，統治の正統性認知を高め政治への支持を促す要因として政治学でも注目されるようになった。手続き的公正認識を高める要件として，プロセスへの参加や代表性，中立性，代表の信頼性などがあげられており，その効果は個人の態度や所属集団，対象となる争点によって異なる傾向がみられている。また手続き的公正認識が意思決定の受容や政治信頼に与える影響には概ね正の関係が見出されている。そのほか公正認識が結果の好ましさの影響を緩和するとの研究もある。これらの知見からは，手続き的公正認識が統治において一定の役割を果たすことが示唆されるが，他方で政治家が有権者を操作できる可能性も秘めており，手続き的公正の負の側面にも目を向ける研究が必要である。また政治領域ならではの要件の検討のほか，近接領域の知見や規範的研究にも目配せしながら公正要件を理論的に整理することも求められる。

1 公正認識の定義と研究系譜

本章では，主に政治的な場面における公正さ（Fairness/Justice）に関する主観的アプローチを扱う。ここで扱う「公正さ」，すなわち公正認識とは規範的なものではなく主観的な認識であり，「何が正しく何が間違っているかに関する主観的判断」（Tyler et al. 1997＝2000：4）と定義される。なお社会的公正に関する心理学的研究では，FairnessとJusticeは区別せず同義で用いられることが多く，Justiceにも「公正」という訳を当てることが多い（田中編 1998：215；Tyler et al. 1997＝2000：354）。本章もこれらの慣習に従い，Fairness，Justiceいずれに対しても「公正」の訳語を当てている。

53

第Ⅱ部　態度の様相

　公正認識は「分配的公正」（Distributive fairness）と「手続き的公正」（Procedural fairness）とに分かれる。前者は，結果や決定が適切であるとの判断を指す。対する後者は，決定に至る過程や手続きが公正だとする判断を指す。本章でレビューするのは，近年，政治学で関心が寄せられている手続き的公正に関する研究である。政治的な決定プロセス（代表構成）と決定ルールは配分に関わる。そのため分配的公正と手続き的公正の関係は検討されるべき対象の1つだが，両者を同時に扱う研究はわずかであり，本章では手続き的公正を議論の対象としている。公共政策を対象とした分配的公正研究については，Tyler and van der Toorn（2013）や柳（2022）などを参照されたい。

　手続き的公正認識の体系的な検討は，心理学者と法学者のコンビであるThibautとWalkerの研究を嚆矢とする（Thibaut and Walker 1975; Walker et al. 1974）。彼らは司法領域での紛争解決への人々の反応を検討する中で，評決への満足感は結果だけでなくプロセスにもよることを見出した。当初，社会心理学では分配的公正が主たる研究対象とされていたが，これにより，手続きに注目した公正感の研究が進められていくことになる。

　手続き的公正の心理学的研究は，1980年代に入ると司法領域から組織内や政治領域における手続きへと広がりをみせていく。企業組織では，人事異動・昇任・給与等の決定プロセスが対象となる（Bobocel and Gosse 2015; Colquitt et al. 2005）。政治領域では，警察や裁判官の対応と公正認識との関係（Tyler 1989）や，市議会や委員会での予算配分ないし政策決定と公正認識や議員への満足感，議会評価との関係（Tyler and Caine 1981; Tyler 1994），公正認識と政治的リーダーへの評価の関係（Tyler et al. 1985a）などについて，研究がなされていく。

　一連の研究からは，公正認識があることで，自分に不利な決定であっても権威者への信頼を損なわなかったり，決定を受容したりする傾向が見出されている（Lind and Tyler 1988＝1995; Tyler et al. 1997＝2000）。

　その後，政治学でも手続き的公正の概念を用いた研究が行われるようになる。統治において重要な正統性認識や政治への支持を高める要因としての注目が理由の一つである（Grimes 2017）。[1]また民主主義が機能する上で政治的敗者

1）　背後には代議制民主主義の危機や懸念を扱った議論の勃興もある。この議論は，先進民主主義諸国を中心に1970年代から現代にいたるまで継続的になされてきた。直近では90年代以降，政治

の同意が重要とされる中，経済成長が鈍化している環境下でいかにそれが可能かが，問われている状況もある（Anderson et al. 2005; de Blok and Kumlin 2022）[2]。

社会的公正研究では，以下の5つの問題が扱われている（Tyler et al. 1997＝2000: 14-15）。すなわち，①公正／不公正の判断が人々の感情や態度にどう影響を与えるか，②公正かどうかを判断する上での基準は何か，③公正／不公正に対して行動面でどのような反応をするか，④なぜ人々は公正に対して関心を持つのか，⑤いつ公正に関心を持つのかである。

このうち，政治学での手続き的公正研究では，主に①と②について検討がなされてきた。具体的には，政治的文脈でどのような意思決定過程があれば人々の公正認識が高まるのか，また公正認識があることの効果として，正統性認識の表れである決定の受容や正統性認識の代理指標としての政治信頼，正統性を支える選挙改革への支持等がみられるか，といった点についての検討が行われてきた。なお，社会心理学における公正研究では，警察官とのやり取りなど，人々が権威者と直接接点がある対人的な政策実施での決定場面が主に扱われているが（Leung et al. 2007），政治学では，集団的な政策決定が扱われる傾向にある。

以下では，政治学における公正研究を上述した2つの論点に整理した上で，先行研究を概観していく。

2　社会的公正研究における公正要件

政治学で手続き的公正認識を高める要件（以下，公正要件）を検討する際，社会心理学の公正研究で提示された要件を参照することが多い。そこで，まずはここで見出された要件を，道具的視点と関係性的視点に分けた上で確認する。その上で，これら2つの要件が，政治学でどのように検証されてきたかを説明

　　信頼の低下，投票率の低下が指摘される中で再燃した。議論の推移や危機の検証についてはvan Ham et al eds. (2017)，Zmerli and van der Meer eds. (2017: ch.29)，善教（2013）などを参照のこと。

2 ）　Tyler and Lind (1992: 136) は，Thibaut and Walker (1975: 1) の一節を引用し，手続き的公正に関する心理学者の関心も資源をめぐる対立への懸念から生まれたことを指摘している。

第Ⅱ部　態度の様相

する。[3]

道具的視点による説明

　Thibaut and Walker (1975, 1978) は，司法領域での紛争解決の手続きを検討する上で，決定への関与を「決定コントロール」と「過程コントロール」とに区別した。そして，結果に影響力を持つ「決定コントロール」だけでなく，決定過程に影響を持つ「過程コントロール」があると，手続きの公正認知が高まることや評決の満足感が高いことを示した。過程コントロールとは，後の研究で「発言」や「参加」(Voice) と称されるものである (Folger 1977; Folger et al. 1979; Tyler et al. 1985b; Wu and Wang 2013)。Thibaut と Walker は手続きが結果に影響を及ぼすがゆえに公正認識を高めるという解釈を行ったが，これは道具的視点による公正要件の説明といえる (Lind and Tyler 1988 = 1995: ch.10)。

　Leventhal (1980) は，より広範なルールとして，手続きが公正だと認識されるために満たさなければならない6つの基準を示した。具体的には，人や時にかかわらず手続きに「一貫性」があること，個人的な私利私欲や先入観への盲目的忠誠によらない，すなわち「偏見の抑制」があること，できる限り多くの優れた情報に基づく判断の「正確さ」があること，配分過程の様々な時点で決定を修正あるいは翻す「修正可能性」の機会があること，配分過程によって影響を受ける住民のうち重要な下位集団の基本的な関心や価値観，見方が反映されていること，それとともに意思決定機関にはその重要な下位集団の代表者を大きさに比例して含める「代表性」があること，基本的な道徳的，倫理的価値観に反していないという「倫理性」があること，である。

　これらの要件は集団や組織の観察，他の研究者の組織に関する記述を元に考

3）　組織を対象とした公正研究では，Lind and Tyler (1988 = 1995) や Tyler and Lind (1992) が示した関係性的視点による要因を「相互作用的公正」とし，「手続き的公正」には参加などの構造的要素のみを含め，「相互作用的公正」と区別して扱うことが多い (Bies 2015; Colquitt et al. 2005)。この「相互作用的公正」を捉える指標としては，Colquitt (2001) が Bies and Moag (1986) の基準を発展させて提示した「対人的側面の公正」(相手への敬意を持った扱い) と，「情報的側面の公正」(十分な説明) の両側面から捉えるものが用いられるようになっている (Bobocel and Gosse 2015)。「相互作用的公正」を手続き的公正の下位概念とみなす研究者もいるが，他方で区別する研究者もおり，どう区分するかについては議論が続いている (Bies 2005; 唐沢・村本編 2011: 第4章)。

えられたものであったが (Leventhal 1980: 39)，実際の法や組織領域でも，公正認識を高めるという結果が見出された (Lind and Tyler 1988 = 1995: ch.6; Tyler et al. 1997 = 2000: ch.4)。ただし，一貫してすべての基準の効果が見出されたわけではなく，状況によって公正さを認識する際に重視する基準が変わることも指摘されている。例えばTyler (1988) は，紛争の程度や自身にとっての結果の好ましさが，何を公正基準とするかに影響を与えるという結果を示している。

関係性的視点による説明

Lind and Tyler (1988 = 1995: ch.10) は，公正への関心は道具的動機からだけではなく異なる側面からもありうるとして，集団価値モデルを提示した。集団価値モデルとは，人々は集団の中で，肯定的な地位を得ていることを示す手続き的指標を重視するという見方である。社会的アイデンティティ理論がグループ間の関係に焦点を当てているのに対して，集団価値モデルは，グループ内の個々のメンバーと意思決定機関との関係に焦点を当て，アイデンティティに基づく説明を提供する (Tyler et al. 1996: 914)。

この見方を用いてLind and Tyler (1988 = 1995) は，公正認識を高める「参加」（過程コントロール）は，関係性的視点からも捉えられるとした。すなわち，「発言権は集団過程への参加機会を与えるし，発言権を行使する機会は集団成員であることの目に見える指標となるので，それを認める手続きは公正なものとみられる」(Lind and Tyler 1988 = 1995: 254) とし，参加の「価値表出効果」を主張した。実際に，自分の意見が意思決定にほとんど影響を与えないと思われる状況でも，人々が参加の機会を重視する場合があることが示された (Lind et al. 1990; Tyler et al. 1985b)。集団価値モデルには，結果が自身に不利であっても人々が公正認識を維持する理由を説明できるという利点もある (Lind and Tyler 1988 = 1995: ch.10)。

集団価値モデルをコントロールの要素以外も含めて検討したのがTyler (1989) である。この研究では，シカゴ市民を対象とした意識調査を用いて，警察官や裁判官に対する手続きの公正さや肯定的感情は，結果の望ましさや決定やプロセスのコントロール認識を統制しても，中立性，信頼性，地位 (敬意を払った対応) の認識と関係していることが示された。さらにTyler and Lind

第Ⅱ部　態度の様相

(1992) は，集団価値モデルを拡張した「権威の関係性モデル」を提示した。具体的には，権威者の中立性，信頼性，敬意を払った行動からプロセスの公正さの情報を得て，集団からの評価を感じ，これが正統性の判断や権威者への服従などさまざまな態度や行動の規定要因になるとした。

　その後の研究でも，権威者との関係性が重要であることが指摘されている。例えばTyler (2000) では，司法領域を中心とした実証研究を踏まえて，権威者との関係性において人々が公正と判断するのに貢献する主要な要素として，「参加の機会」，「中立性」，「権威者の信頼性」，「人々への敬意を払った対応」があげられている。[4]

3　政治的文脈における公正要件と公正認識

　政治学では，[5]手続き的公正認識を促す要因として「参加」あるいは「代表性」，次いで「中立性」あるいは「偏りのなさ」が扱われることが多い。これに加えて，Tyler and Lind (1992) やTyler (2000) で整理された関係性的要素としての「信頼性」や「配慮」を検討しているものもある。

　例えば，Gangl (2003) ではアメリカ上院の審議過程に関する架空の記事を用いた実験で，「代表性」，「中立性」，「信頼性」の公正要件が含まれている議会の審議過程ほど，プロセスを公正と認識するという結果が得られている。また，日本を対象としたNakatani (2023) は，地方議会の意思決定に関するシナリオ実験で，誰でも参加できる議員との意見交換の場（「参加」）が用意された場合，

---

4 ）　Blader and Tyler (2003) は，手続き的要素を理論的に整理する中で，「参加」と「中立性」は意思決定の質を指し，「信頼」と「敬意を払った扱い」は待遇の質に分けられるとした。また公式的なプロセスか非公式かと，意思決定と待遇の質を掛け合わせた4つの類型を提示している。

5 ）　政府機関の決定プロセスを対象とした研究は行政学にもあるが，ここでは「参加」のほか「透明性」や「説明責任」を公正要件とする研究もみられる。例えば，パンデミック時における日本の緊急事態宣言を対象に実験調査をしたYanagi et al. (2023) は，政府の決定で十分な「説明」がなかった場合，人々の公正認識を媒介して決定の受容が低くなること，また疫学専門家への信頼は不公正なプロセス認識の決定受容への影響を緩和する効果があることを見出している。またRuder and Woods (2020) は，アメリカ連邦政府機関による規則制定過程を対象に，農業政策分野においては，「参加」と「透明性」があると手続き的公正認識が高くなるものの決定の受容には直接影響を持たず，その措置が取られなかったとする情報提示が決定の受容に弱いマイナスの影響を持つことを見出している。

また，「参加」があり，かつ議会で「会派を越えた合意」があった場合に，自分に不利な結果であっても公正認識が高まるとの結果を見出している。そのほかDoherty and Wolak（2012）は，アメリカの地方議会での不法移民に関する条例制定過程のシナリオ実験を用いて，市民が懸念を表明する機会がある「参加」，専門家が議会の立場に同意している「正確性」，利害関係者との密接な関係がなく，議員が地域社会で尊敬されている「偏りのなさ」を公正条件として，これらがあると，結果の好ましさにかかわらず公正プロセスを評価する結果を見出している。ただし，公正さが曖昧な条件の場合には，事前に有していた態度が手がかりとして用いられることも指摘されている。

制度としての「参加」要件の効果

「参加」要件の効果を検証する研究の中には，人々の参加や意見を聞く機会（Doherty and Wolak 2012; Nakatani 2023），あるいは代表性（Arnesen and Peters 2018; Gangl 2003）だけでなく，制度としての参加を扱うものもある。その中でも選挙は，代表者の正統性を生み出す手段であり，かつ，その後の政策決定につながる点で重要である。Wilking（2011）は，参加，平等な扱い，候補者選択の余地があると，結果が不利であっても選挙の公正さの認識は高くなることを，アメリカと中国を対象とした実験研究から見出している。

どのような決定主体が公正認識を高めるかについて，民主主義論に関連させた研究も行われている。例えばEsaiasson et al.（2012）は，スウェーデンを対象に，代議制民主主義，参加民主主義，ステルス民主主義（Hibbing and Theiss-Morse 2002）の議論と関連づけながら，直接投票の方が代表者や専門家による決定より手続き的公正認識を高めるとする結果を見出している。また，Werner and Marien（2022）は，オランダとスウェーデンで行った実験から，直接投票や熟議フォーラムのような参加型が加味された決定方法の方が，公正認識が高まることを見出している。

熟議民主主義論に関しては，ミニ・パブリックスを含めた意思決定過程を対象とした研究がある。Germann et al.（2024）は，ミニ・パブリックスと国民投票の経験が多いアイルランドで行ったシナリオ実験から，自分にとって好ましくない決定であっても，ミニ・パブリックスが議会決定や国民投票前に行わ

第Ⅱ部　態度の様相

れ，その勧告が議会決定や国民投票の結果で尊重された場合，人々の手続き的な公正認識や決定の受容が高まることを見出した。また，勧告が尊重されるか否かにかかわらず，最終決定が議会ではなく国民投票で行われる場合に，より効果があることも示されている。さらにPersson et al.（2013）でも，スウェーデンの高校におけるフィールド実験から，直接投票が公正認識を変えるという結果が見出されている。

「参加」要件をめぐる議論

　組織における公正研究では，参加が結果に何も影響を持たなかった場合はフラストレーションを感じ，公正感や結果への満足感，権威者への評価にマイナスの影響を持つとする「フラストレーション効果」が指摘されている（Folger 1977; Folger et al. 1979）。政治領域でもこのフラストレーション効果に関連した検証が進められている。Van Dijk and Lefevere（2023）では，人々は，政府が人々をどのように扱うかの情報を得て公正判断を行うとする関係性的視点に基づき，ベルギーでのシナリオ実験から，政府がミニ・パブリックスの勧告を却下すると，最初から市民意見を求めなかった場合（政府内部で議論）に比べて，手続き的公正認識や決定の受容が低く，また，政府への一般的な信頼も低くなること，逆に勧告を採択するとそれらが高くなる傾向があることを見出した。しかし，上述したGermann et al.（2024）の実験では，ミニ・パブリックスの勧告が議会や国民投票の決定で尊重されなくとも手続き的公正認識や決定の受容が低くなるという結果は得られていない。

　Lind and Tyler（1988＝1995: 193）は，フラストレーション効果は強い期待への失望が繰り返しある場合や，結果の不公平性の知覚が社会的に支持される場合，手続き的利点の弱さが組み合わさって稀に生じるとしている。こうした文脈の有無のほか，意思決定者が自分の意見を考慮していると決定前に人々が信じているかが効果発現の前提条件との指摘もあり（Tyler 1987: 342），これらが上記の結果を分ける要因になっている可能性がある。

個人・集団・争点による調整効果

　公正要件が公正認識に与える影響に個人の属性や態度が違いをもたらすかを

検証する研究もある。Germann et al.（2024）は，政治家への信頼との関係を分析している。結果として，決定前にミニ・パブリックスが行われることの手続き的公正認識への効果は，低信頼グループで主にみられることや，国民投票の効果は低信頼グループでより大きくなることが見出されている。なお，政治知識との関係を検証したDoherty and Wolak（2012）もあるが，そこでは，政治知識の高低が公正なプロセスの評価に有意な影響を与えていない。

　また，国の体制（民主主義国家か否か）の違いについても分析が行われている。Wilking（2011）は，非民主主義国の中国でも平等な扱いが選挙の公正さの認識に与える傾向はあるが，民主主義国のアメリカの方が，その傾向が顕著であることを明らかにしている。

　多数派・少数派の所属認知との関連では，議会の構成が公正認識に与える影響が検討されている。これはPitkin（1967 = 2017）の代表概念のうち，記述的代表を通じた象徴的代表の認識に関係すると考えられており，この象徴的代表の認識は「公正かつ効果的に代表されているという被代表者の感情」（Schwindt-Bayer and Mishler 2005: 407）と解釈されている。これを踏まえてHayes and Hibbing（2017）は，アメリカでの地域の意思決定機関の人種（黒人と白人）構成比を変化させたシナリオ実験を用いて，黒人にとって好ましくない決定であっても，同じ属性の割合が増えることで，黒人の公正さ認識（決定の公正さ，プロセスの公正さ，意思決定機関への満足度の統合指標）が高まること，白人の公正さ認識は，黒人の割合が現実の社会構成以上の割合を含んでも損なわれないことを見出した。

　また，Clayton et al.（2019）は，性別に関する記述的代表の効果を，アメリカでの実験で確認している。職場におけるセクハラへの罰則の争点を対象に，州議会の委員会決定が女性にとって不利であっても，女性が委員会メンバーにいることで，男女共に手続き的公正認識が高まるという結果を見出した。このほか，ジェンダーに関係しない争点についても，男女構成比のバランスが取れている場合は，手続き的公正認識が高まる傾向があった。日本を対象とした研究でも同様の結果が得られている（中谷 2025〔近刊〕）。

　政党支持との関係について分析したNakatani（2023）では，選挙の勝者（自民党支持者）よりも敗者（自民党支持者以外）において，参加と議会内での合意など

の公正要件が手続き的公正認識に与える効果がより強く現れることを見出している。これは，集団内の地位が不安定な者ほど手続き的公正に敏感になると予測するLind and Tyler（1988＝1995: 256）の見解と一致する。

争点の違いでは，Gangl（2003）が，妊娠中絶を扱った倫理的側面が重視されるシナリオと現実的な予算シナリオの両者を用いた実験で，信頼性で評価された公正要件が決定プロセスの正当性評価に与える影響は後者において大きいという結果を示している。これは，倫理的問題の方が公正要件の効果が小さくなる結果として解釈できる。社会心理学における公正研究でも，何かが根本的に正しい／間違っているとする道徳的信念（moral conviction）が手続き的公正認識に影響を与えること（Skitka 2002; Skitka and Mullen 2002），結果が自分の道徳的信念と一致していると公正認識や結果を受容する程度が高くなること，道徳的信念が低い人で公正要件の効果が強くなる（Bauman and Skitka 2009）などの結果が見出されている。

4　公正認識の効果・帰結

van den Bos（2005）は，いくつかの研究において公正要件が手続き的公正認識に与える効果（voice effect）と，手続き的公正認識が人々の評価，態度，行動に与える効果（fair process effect）の区別が曖昧になっており，これを分けることの重要性を指摘している。そして，公正手続き効果（fair process effect）の前提条件として，Voice Effectが扱われるべきとした。以下では，手続き的公正認識の規定要因ではなく，その効果ないし変動の帰結を扱う研究を概観する。効果を与える対象となる主な変数は，正統性指標としての決定の受容，その代理指標とされる政治信頼のほか，正統性を生み出す選挙への支持などである。

第1に手続き的な公正認識が高まると，政治システムへの態度が全体として肯定的となる。Gulevich et al.（2024）は，手続き的公正認識と政治システムへの態度との関係を扱う論文のメタ分析から，これらに正の関係があることを見出している。具体的には，①手続き的公正認識は，規則や計画，法律，決定等への態度よりも政治制度や政治システム全体への態度と関連がある，②手続き的公正認識の測定方法については，直接的に公正さを尋ねるよりも，一連の規範

の遵守として手続き上の公正さを尋ねた方が，影響が大きくなる，③分析対象が成人か学生／生徒か，国か地方か，民主主義体制か否か，仮想的状況か実際の状況かによって効果の違いが生じるわけではない，との結果が見出されている。

　手続き的公正認識と，政治信頼や決定の受容との関係についても，概ね正の関係性が見出されている。Grimes（2006）はスウェーデンでのパネルデータを用いて，土地利用政策を対象に，決定から受ける利益を考慮しても，住民の「声」に耳を傾け，有益な「情報提供」があり，地元への「配慮」を行い，計画への「住民自身の影響力」があるなどの手続き上の公正さへの評価が，決定機関への信頼や決定の受容を促すことを見出した。同様にde Blok and Kumlin（2022）も，ノルウェーでのパネルデータを用いて，市民が自分の経験について「意見を述べられた」とする手続きの公正さへの評価が政治信頼を高めるとした。ただしUlbig（2008）は，参加が影響を持たないと認識している人の場合は，その機会の多寡にかかわらず政治信頼が低くなるため，参加の機会確保だけでなくそれがどのように扱われるかも重要だと指摘している。

　手続き的公正認識が政治信頼に与える影響について，国レベルの公正さの状況も踏まえて検討したものとしてはSchnaudt et al.（2021）がある。この研究では，手続き的公正認識と分配的公正認識が政治信頼に与える影響が，国レベルの手続的公正さ，分配的公正さにどの程度依存するかを検証している。その結果，汚職が蔓延している国では，代表機関（政治家，政党，国会）への信頼に対する手続き的公正認識の影響が小さくなることや，分配的公正認識の影響が小さくなることなどが見出されている。ただし，個人レベルの公正認識と国レベルの公正さとの交互作用の効果を検討する論文は少なく，今後の課題といえる。

　また手続き的公正認識の効果について，集団への帰属意識が関係していることが，社会心理学の研究で示されている。例えばLeung et al.（2007）は，香港市民を対象とした調査で，集団への帰属意識が強い場合，集団としての結果の好ましさが政府の政策支持に与える影響が大きくなることや，手続き的公正認識の政策支持に対する効果が小さくなることを見出している。

公正要件から結果の受容に至る過程

　公正要件は公正認識をもたらすものであることを前提に，公正要件が直接結

果に影響を持つかを検討した研究もある。特に制度に関連した「参加」要件でこの問題が検討されており，両者には有意な関係があるとはいえない結果が示されている。例えば，ノルウェーでの実験では，無作為抽出の市民や市民から選ばれた代表が決定するよりも，政府から指名された専門家が決定する方が人々は決定を受容するという結果が得られている (Arnesen and Peters 2018)。またベルギーで諮問的に行われた住民投票を対象にした研究では，勝者にしか政治的支持を高める効果がみられなかった (Marien and Kern 2018)。これらの一方で，先述したアイルランドを対象とした実験では，「好ましくない」決定について，議会より国民投票で行われる方が受容される傾向にあった (Germann et al. 2024)。公正要件を人々がどのように認識するかによって，効果が変わることを考えれば (van den Bos 2005)，国によって異なる「参加」制度の位置づけや文脈を含めて，結果を解釈する必要がある。

　Esaiasson et al. (2019) は，上述したvan den Bos (2005) の議論に基づき，客観的な決定の手続きが意思決定の受容に結びつくためには，人々が意思決定方法の公正さを主観的に認識し，それが自分の意思決定への反応にとって重要だと考える必要があることを指摘している。また，結果の好ましさは直接決定の受容に影響を与えるだけでなく，手続き的公正認識に影響を与えることで間接的に意思決定の受容にも影響を与える可能性があるため，客観，主観の区別に加えて，結果の好ましさも含めた分析の必要性を主張した。実際に彼らは，この枠組みのもとでスウェーデンで行った28の実験結果に基づき，客観的公正要件が結果の好ましさほどには決定の受容に影響を持たないことを見出しており，手続きの効果を楽観視することに警鐘を鳴らした。他方で，同じ枠組みで検討したNakatani (2023) は，結果の好ましさが決定の受容に最も影響を持つものの，客観的公正要件も小さくない影響があることを示している。こうした結果の違いを検討するには，効果を持つ／持たない場合の公正要件や場面設定の違いの精査が必要だろう。

手続き的公正認識と結果の好ましさの交互作用

　組織を対象とした公正研究では，手続き的公正認識が結果の好ましさの影響を緩和するといった効果も見出されている (Brockner and Wiesenfeld 2005)。同

様に政治学の領域でも，手続き的公正認識が高い場合，結果の好ましさが政治信頼や政府の仕事への満足感に影響する度合いが小さくなる傾向が見出されている（de Blok and Kumlin 2022; Magalhães and Aguiar-Conraria 2019）。Biggers and Bowler（2023）の実験でも，公正さがプライミングされることにより，党派的自己利益に基づく選挙改革への支持度合いが減るという結果が示されている。

　ただし，公正認識を従属変数とする研究では，手続き的公正要件が結果の好ましさの影響を緩和する効果がわずかにみられたとするものと（Werner and Marien 2022），そのような効果がみられないとする研究もある（Nakatani 2023）。このように交互作用については結果が混在しており，さらなる研究の蓄積が必要である。

5　手続き的公正研究の課題

　手続き的公正研究の課題と今後の可能性を述べる。まず1点目として，何が公正認識をもたらすかについて，政治学では主としてTylerの4要素を参照するにとどまっている。言い換えれば，政治学だからこそ追加すべき要因についての検討が十分ではない。具体例としては，議会における討議の質や，より詳細な決定ルールの違いがあげられる（Clayton et al. 2019）。その際，各国における制度上の位置づけ，慣習，決定における過少代表がどの程度か等によって，効果が異なると予想される。市民が抱く民主主義の理想のあり方は一様ではないとの指摘に鑑みれば（Bengtsson and Christensen 2016），人々の意思決定プロセスへの選好も視野にいれつつ，それぞれの国の政治的文脈の中で研究が蓄積されることと，それらが国を越えて比較されることの両者が必要である。

　なお，近接領域での知見を参照して，公正要件を検討することも考えられる。例えば，環境管理や公衆衛生，生態系維持などの公共政策研究や，リスクコミュニケーションの研究領域では，人々の合意や決定の受容に向けた条件について，公正研究に基づく検討がなされている（広瀬編 2014: ch10,11）。こうした知見も集約し，公正要件の基準に関する規範的研究にも目配せした上で，公正要件を理論的に整理する必要があろう。

　2点目として，代表構成と公正認識との研究は蓄積が十分でなく，今後の進

展が期待される領域であることを指摘したい。決定は勝者と敗者を生み出す。それは代表構成の分布とも関係する。代表構成が政党や会派，性別等で大きく分かれるとき，選挙の敗者や少数派集団における公正認識が代表構成や議論のあり方で変わることが予測される。道徳的価値観に関わる争点だと手続き的公正認識が影響を持たないとする結果もあるが (Skitka 2002; Skitka and Mullen 2002)，争点内容による結果の相違を踏まえつつ，どのような場合に公正要件が公正認識を高め，また結果の受容をもたらすかを明らかにする必要がある。

　3点目として，手続き的公正は政治家が有権者を操作できる可能性を秘めるにもかかわらず (Lind and Tyler 1988 = 1995: 180)，これまで肯定的側面ばかりに焦点が当てられてきた点がある。言い換えると，積極的に負の側面に注目した研究がなされているとは言い難い (MacCoun 2005)。人々が権威者のふるまいや決定プロセスに関する情報を得る手段は主としてメディアとなる。そこでの報じられ方によって認識が異なる傾向は，Gangl (2003) や Licht (2014) の実験結果からも観察されている。負の側面に注目する，メッセージの伝えられ方と公正認識との関係に関する研究も今後は重要である。

　また，地方政治など情報がほとんどない場合に，どのような手がかりで人々がプロセスの公正さを推測するかについても，さらなる知見の積み重ねが必要である。組織的公正研究では，結果の公正さを判断する情報を持っていない場合，それを判断するためのヒューリスティックとして手続き的公正さを使用することや，不確実性の高い状況において，それが活性化することが指摘されている (Proudfoot and Lind 2015)。この点については政治領域でも検討の余地があり，一部検討するものとしては Rhodes-Purdy (2021) がある。いずれにせよ，公正要件が，どのような条件で効果を持つのか，あるいは持たないのか，また公正要件として何を取り上げることができるかなど，さらなる検討が必要である (Grimes 2017)。

　付　記
　本章は，JSPS科研費 (19K01486; 23K20584) の助成を受けた研究成果の一部である。

第6章　経済評価

大村華子

本章は経済評価をめぐる国内外の研究を整理する。したがってレビューの中心は，経済投票の研究となる。マクロ・データとミクロ・データという区分に応じて文献的背景を整理することで，海外では党派性の影響が一貫して研究の対象となり，近年では党派性に動機づけられた推論のもとでの経済投票に関心が集まっていることを示す。そして経済投票における否定性バイアス，不平の非対称性といった概念との融合も進んでいると論じる。そして日本における経済投票の研究の系譜も振り返りながら，今後の研究課題をまとめる。

1　はじめに

　本章では，経済評価をめぐる研究を整理する。よって紹介する研究の中心は，経済投票に関わるものとなる。経済投票は選挙をめぐるアカウンタビリティの過程に位置する (Anderson 2007; Ashworth 2012; Singer and Carlin 2013)。アカウンタビリティとは，良い現職であれば再び選び，悪い現職であれば下野させるというメカニズムが保たれている状態である (Manin et al. 1999; Kayser and Peres 2012)。「悪漢を放逐する (kick the rascals out)」メカニズムが (Mueller 1970)，経済パフォーマンスをめぐっていかに働くかは，有権者個人の投票選択上の問題にとどまらず，アカウンタビリティ，そして代議制民主主義がいかに機能しているかという政体レベルの問題にかかわる。よって経済投票は，投票行動研究の中でも重視されてきた領域の1つである。

　経済投票は，有権者が政府のパフォーマンスを評価し，投票する政党や候補者を選ぶ業績投票と同義のように扱われることが多い (Key 1966)。政府の業績の1つとして，有権者はとりわけ経済に関心を持つ。経済への評価とは「前の

67

第Ⅱ部　態度の様相

選挙の時に比べて景気は良くなったか？　暮らしやすくなったか？」への答え
である。政党や候補者が将来に向けて公約する政策は不確実性を伴い，有権者
にとって，必ずしも利用しやすい情報ではない。そうした政策に比べて，経済
評価は国や社会レベルの景気を問う社会志向 (sociotropic)，あるいは各々の暮
らし向きを問う個人志向 (egotropic) のいずれであっても (Kinder and Kiewiet
1981)，有権者にとってはるかに扱いやすく，意思決定に用いやすい情報であ
る (Fiorina 1981)。経済投票や業績投票の研究者たちは，「前方視の政策」に比
べて「後方視の経済業績」が，情報のショートカットとして，有権者の意思決
定を支えていると考えた。そして，有権者個人が政治知識をほとんどもたず政
治に無関心であったとしても (Downs 1957)，有権者全体が政策決定者に対して
アカウンタビリティを果たさせるために，経済投票，業績投票は基盤的なメカ
ニズムであると理解してきた (Page and Shapiro 1992)。

　現在でも，これらの経済投票の基本的理解は変わらない。しかし，各国の社
会経済条件，制度的文脈，そして個人の諸態度の作用によって，経済投票は各
国によっても，時期によっても多様であることがわかってきた。そして世界的
にみると，経済投票が十分に働いていないのではないかとも危惧されている。
それはなぜだろうか。

　経済投票の実態を調べるために，研究者たちはマクロ・レベルのデータとミ
クロ・レベルのデータを駆使して，経済状況，経済情報を政治的な態度形成や
意思決定につなげる有権者の姿を明らかにしている (Lewis-Beck and Stegmaier
2018; 平野 1998; 遠藤 2009; 大村 2021)。マクロ・データでは主に時系列データ
が，ミクロ・レベルのデータでは観察データと実験データが活用された。経済
投票研究のレビューも，そうしたデータの区分に応じて，文献的背景を整理す
ることが多かった (Lewis-Beck and Paldam 2000; Lewis-Beck and Stegmaier 2018;
平野 1998)。本章もマクロ・レベル，ミクロ・レベルのデータという区分に
従って，関連研究をまとめる。

　本章では，海外での研究動向を整理した後に，日本での研究動向をまとめ
る。そして，マクロ・レベルのデータを使った分析が経済投票の見取り図を示
すために必要なこと，ミクロ・レベルのレベルの観察データを使えば，その見
取り図を個人レベルで確かめられること，実験データを使えば，経済情報の探

索, 受容, 推論, 表明をめぐる因果性に迫れることを示す。また日本の経済投票が, 世界的にも特徴的な傾向を示しつつあることを論じる。

2 マクロ・レベルのデータを使った経済投票の研究

個人の異質性をどう考えるか

経済投票の研究において,「有権者の経済評価はどこからくるのか？ 何によって形づくられるのか？」は, 初期からの大問であった。経済投票の根底は人々の経済への評価なので (MacKuen et al. 1992), 有権者が合理的に経済を評価できているかを多くの研究が問うた (e.g. Gomez and Wilson 2001 ; Duch and Stevenson 2008)。そして1980年代以降のいくつかの研究は, マクロ・レベルの集計データ (aggregate data) こそが, 有権者の経済評価の合理性を解き明かすのに適したデータであると考えた。

研究者たちは, マクロ・レベルのデータならたとえ逸れた性質, 信条, 価値観を持つ個人がいたとしても, その「ノイズ」を相殺できる (cancel out) と考えるようになった (Kramer 1983)。もし有権者が経済情報にのみ基づいて意思決定するなら, この主張はもっともかもしれない。しかし, 個人レベルで体系的なゆがみやバイアスが働くとき, 個人の異質性は相殺されずに残る[1]。そして, 推定はバイアスを免れない (Bartels 1996)。

こうして1990年代以降の研究は, 個人の異質性がもととなって生まれる体系的なバイアスを注視するようになった。具体的には, 相殺されないノイズとしての政党帰属意識, それを集計しても残る党派性バイアスを精査し始めた (Duch et al. 2000 ; Bartels 2002)。個人の党派性が経済評価に先行し, 党派的識別 (partisan identification) のもとに経済評価が作られる。党派的識別は経済業績評価, 大統領支持や内閣支持といった政治的支持にあらかじめ影響し, そのもとで政治的な意思決定へと連なる (Bullock and Lenz 2019)。党派性バイアスの概

---

1) なお初期の研究において, 社会志向の経済評価に影響を与えると考えられた「他の態度」は個人志向の経済評価である。初期の研究は, 社会志向の経済評価に自己利益型の個人志向の経済評価が影響し, そのために個人単位のデータでは, うまく社会志向の経済評価から投票選択への効果が測れていないのではないかと考えられた (Kramer 1983)。その後の海外での関連研究に, 後述するHealy et al. (2017), 邦語の研究に後述する池田 (2000) がある。

第Ⅱ部　態度の様相

念が現れる以前の1960年代にも、「知覚のスクリーン（perceptual screen）」としての党派性という見方はあった（Campbell et al. 1960; Fiorina 1981）。しかし、党派性バイアスという理解が通例になったことで、経済投票が党派性によって偏るメカニズムを、いっそう概念化できるようになった。

　党派性バイアスとともに、経済評価に関わるバイアスとして、否定性バイアス（negativity bias）にも注目が集まった。経済情報は、肯定的なものと否定的なものとに分けられる。私たちが、肯定または否定的情報のいずれにも同程度反応するなら、偏りは生じない。しかし往々にして、人々は否定的情報に強く反応する。経済投票の研究においても、有権者が経済情報の否定性に傾きやすい、否定性バイアスが確かめられるようになった。経済評価を表すマクロ指標として、消費者心理指数（consumer sentiment index: CSI）が政治学の分析に適用されるようになったのと軌を一にして、不況を報じるヘッドラインの影響（Blood and Phillips 1995）、否定的政治報道や政治的出来事がCSIに与える影響の分析を通じて、経済投票における否定性バイアスの解明が進んだ（De Boef and Kellstedt 2004; Duch and Kellstedt 2011; Soroka 2014）。

　そこから、人々の経済に対する不平を重視する研究が生まれた（Lau 1985; Nannestad and Paldam 1997）。経済評価に否定性バイアスが働くならば、経済投票が否定的側面に重心を持つことになる。そして、経済投票において不平が中心をなす様子を「不平の非対称性（grievance asymmetry）」と呼び、研究の大きな流れができた。イギリスのように経済状況に対する感度の高い国、ギリシャのように経済危機を経験した国では不平の非対称性が生じやすい（Nezi 2012; Park 2019）。またヨーロッパ諸国や北米のように、政党から政党への権限移譲が生じやすい環境では、否定性、ひいては不平の非対称がより強く働いているという（cf. Dassonneville and Lewis-Beck 2014）。

党派性に動機づけされた推論への注目と他概念との融合

　党派性バイアスと否定性バイアス、ひいては経済投票における不平の非対称性は、次にみるように、新しい党派性をめぐる概念と融合して分析されていった。近年の研究は、党派性の影響をただ党派性バイアスという概念でのみ処理しない。党派性差異（partisan difference）をもとにした「党派性に動機づけられ

た推論（partisan motivated reasoning: PMR）」の概念をもとに，経済投票における病理ともいわれる党派性の特異な作用を探っている（Leeper and Slothuus 2014; Flynn et al. 2017）[2]。マクロ・データを使ってPMRを扱う研究は，経済投票を分析するために党派性差異を重視した。与党派（in-party）と野党派（out-party）間での大統領支持率の差をPMRとして定義し，その推移や規定要因を探る研究が，とりわけアメリカで進んだ。

　これらの研究は，経済投票をめぐるPMRの実態を次々に明らかにしている。共和党の大統領期に共和党派の大統領支持率は高まり，民主党の大統領期に民主党派の大統領支持率は高まる（Donovan et al. 2020）。両者の変化・入れ替わりは大統領選挙期に大規模に生じ，政権交代期にごく短期間のみ党派性差異が縮小する。しかし差異は再び拡がり，各政権期間を通じて大きいままとなる。アメリカの党派的分極化，ひいては感情的分極化を象徴するにように（⇒第**11**章），党派性差異は近年に至って拡大している。党派的分極化のもとで党派性の影響が経済評価のそれを凌ぎ，もはや経済投票は認め難くなっているのではないか，という懸念が高まっている。

　2020年代現在，PMR，否定性バイアス，不平の非対称性といった経済投票をめぐる複数の概念は，不可分なものとして融合している。単に選挙民全体に否定性が働くのではなく，党派の違いによって否定性，不平の非対称性のメカニズムが異なるメカニズムを，研究者たちは解こうとしている（Enns et al. 2012）。PMRが働いているとき，客観的な経済状況，主観的な経済評価が政府への支持に与える効果は，有権者全体で均質なものとならない。有権者の党派性，そしてその動機づけの程度に応じて，経済状況に対する評価の効果は異質なものとなる。与党派の大統領支持率が野党派のそれに比べて，悪い情報にあまり反応しないというPMRのエビデンスを示す研究が増えた（Lebo and Cassino 2007; Donovan et al. 2020; Mian et al. 2023）。

　Donovan et al.（2023）は，1978年から2000年，2002年から2020年までのデータを分けて，CSIが大統領支持率に与える影響の違いを測った。そして古い時期に，CSIは大統領支持率に影響を与えていたのに対して，近年CSIの影響は

2）　動機づけられた推論に関する邦語での投票行動に関する説明に，秦（2022），大村（2024）がある。

第Ⅱ部　態度の様相

認められなくなっていることを示した。またオバマ政権では，野党派である共和党支持者がCSIに反応しているのに対して，トランプ政権では与党派，野党派に関しても，CSIの影響が認められなかった。ここから，Donovan et al.(2023: 321-322)は「アメリカは過剰な党派性(hyper-partisanship)の時代にあって，経済評価が現実社会から切り離され，大統領が選挙での成功するための最善策は党派性の力とそれによる動機づけとなっている。それこそがトランプが追求した戦略でもある」と論じている。PMRのもとでの大統領支持率が不可逆的なものになり，経済と大統領支持率の結びつきは「Weakened Ties(同論考のタイトル)」になっていると，Donovan et al.(2023: 305)はいう。

3　ミクロ・レベルの観察データを使った研究

観察データを使った分析

第2節でもみたようにマクロ・データを使った分析は，各国の長期間のデータを使って，固有の経済投票の実態を明らかにしていった。それらは，各国の経済投票の見取り図となった。そして経済投票が，各国の政治制度の文脈，経済状況の異質性，そして個人レベルの党派性の特異性のもとに不安定になっていることが明らかになった。しかし支持率，経済評価といった世論において，そのひとつひとつのピースとなる個人の情報は，マクロ・レベルのデータではそぎ落とされる。

集計データ(aggregate data)の問題点は，この「そぎ落とし」にあることが早い段階からいわれた。異質性は党派性，知識，それらの背景をなす成育歴といった個々の属性を含む。それらはランダムに起こり，集計すれば相殺できるわけではない。そしてバイアスをもたらすことについては，前節でも述べた通りである。個人レベルの異質性の中でも注視すべき党派性バイアスをとらえるために，ミクロ・データは不可欠なものとなった。

そして2000年代に至って，党派性バイアスはミクロ・データを使う経済投票研究の中核的な課題となった。[3]党派性バイアスを調べる研究者たちは，パネ

---

3)　党派性バイアスへの関心は，意識調査の方法論上の問題とも関連していた。調査時に党派性と経済評価の質問が近いところに配置されていると，調査内での質問順のために党派性が経済評価

ル・データを好んで使った。パネル・データは，個人に関するデータを複数期間にわたって集める。期間内での個人間の平均値を各観察から差し引くことで個人に固有の効果（unit specific effect）を取り除く。これにより，個人に固有の効果をコントロールし，関心のある要因の（時間）変動分を利用した分析が可能になる。パネル・データを使って，アメリカ（Evans and Pickup 2010; Pickup and Evans 2013），イギリス（Anderson et al. 2004），カナダ（Matthews and Pickup 2019）において，経済投票に介在する党派性バイアスが次々と明らかになった。

　これらの研究は，投票選択に情報のショートカットとしての経済業績評価が単純に関わるという，従来の経済投票の理解に修正を迫るものになった。「積み重なる態度の記録」（beyond running tally; Bartels 1996）としての機能を超えて，党派性はあらかじめ経済評価を規定する。そのとき，投票選択は党派性と経済業績，2つ情報のショートカットを経る。情報の手がかりが複層的に働く経済投票のメカニズムを，党派性バイアスの研究は詳らかにしていった。

　さらに近年，ミクロ・レベルの観察データを使った分析は，2つの研究によって新しい局面を迎えている。第1の研究は，個人志向の経済評価が与える影響に注目したHealy et al.（2017）である。Healy et al.（2017）は，社会志向と個人志向の経済評価の影響の違い，経済投票における党派性バイアス，近視眼性（myopia）という3つの分析課題に，スウェーデンの意識調査データと個人の所得データを統合して取り組んだ。Healyらは，推定モデルの「残差（residuals）」をうまく使った。まず1段階目の推定において，従属変数に個人志向の経済評価を定め，独立変数として所得を投入した。その推定モデルから算出される残差を，「所得が同じ2人の間での個人志向の経済評価の違い」とみなしたのである（Healy et al. 2017: 777）。これにより所得の効果を除いた個人志向の経済評価値を得て，2段階目の推定モデルに投入した。この2段階最小二乗法（two-stage least square: 2SLS）推定によって，観察データでは難しいと考えられた変数間の内生性を，簡便な推定上の工夫によって処理した。Healy et al.（2017）は，

　に影響を与える場合がある。それが党派性バイアスの起因ではないかと考える研究もあった（Palmer and Duch 2001）。しかし党派性バイアスは，調査内での質問順に左右され短期間のうちに生じるものではない。より深く，個人の態度形成に根差したものであることが，ミクロ・データを使って明らかにされていった（Duch et al. 2000）。

第Ⅱ部　態度の様相

公刊されて間もなくから，後続の研究に影響を与えるものとなった（Baccini and Weymouth 2021）。

　第2に，党派性の知覚の違い（partisan perceptual difference）が業績評価に与える影響を分析したJones（2020）がある。Jones（2020）はAmerican National Election Study（ANES）データを使って，党派性の知覚の差異が業績評価に与える影響の歴史的変遷を示した。Jones（2020）は，従属変数に個人志向の経済評価，社会志向の経済評価，対外政策への評価を定め，与党派と野党派間での経済評価の上昇確率の党派性差異をシミュレーションにより測った。そしてアメリカでは，党派性の知覚の差異が拡大しており，政治的洗練性が高い層において党派性の知覚の差異はより大きいと明らかにした。Jonesは，党派性差異を平易なシミュレーションによって計算し可視化することで，歴史的に貴重な観察データであるANESを生かし切った研究であった。

実験データを使った分析

　ここまでミクロ・レベルの観察データを使った分析を振り返った。これらの研究は，マクロ・レベルでの見取り図を，ミクロ・レベルの個人単位のデータによって裏づけた。しかし，ミクロ・レベルの観察データだけでは，経済情報からの因果性を厳密に測れない。意識調査の中には，情報への接触機会，政治的専門知識の程度を問う質問は整っている。しかし，情報がもたらされたときに，有権者は即時的にどう反応するのか，また反応が党派性によって体系的に異なるのかはわからない。情報の効果を測り難いという難点を，実験的手法は解決できる。

　経済投票の実験研究は，既述の調査方法上の問題を調べるために始まった。質問順によって，党派性から経済評価への浸潤が変わるかが検証された（Palmer and Duch 2001）。こうした調査方法を中心に扱う研究も，党派性が経済評価を根底からゆがませる認知バイアス（cognitive bias）の分析へと早々に関心の中心を移していった。

　認知バイアスが経済評価をゆがませるならば，被験者を認知バイアスが生じる，あるいは生じない状況へと誘導すればよい。そこで介入・処置として内容の異なるヴィネットを示し，それが経済評価，政治的支持，投票意図を変える

かを調べる実験が進んだ。ヴィネットは政治経済に関するソースを提供するものから，党派性を喚起／抑制したり，その他の認知のゆがみを誘発したりするものまで多岐に及ぶ。多様な実証戦略が試されることで，被験者の経済評価，政治的支持，投票意図が変わるのかが次々に検証されていった（cf. Healy and Malhotra 2013; Bullock and Lenz 2019）[4]。

そしてPMRの介在を裏づけるための実験が活気づいた。PMRの作用は，党派性が情報の受容，推論，表明に与える影響を測れば確かめることができる。そのための実験設計は工夫に富んだものとなった。肯定／否定の経済情報を党派性が左右することを示す基礎的なヴィネットから，党派性に駆られることで正確性を犠牲にしてまでも党派性に沿った知識の表明を誘発あるいは抑制するデザインまで多種類に及んだ。以下で，経済情報の受容，推論，表明というPMRに関わるプロセスを扱った研究のうち，一般化可能性の高い3つの実験を中心に紹介する。

第1に，PMRが，経済情報の受容に与える影響を検証した研究をみる。PMRが生じているならば，経済に関する情報の受容と処理に，党派性を持つ群とそうでない群の間で違いが生じるはずである。Bisgaard (2019) は，経済成長に関する肯定／否定的なニュース記事を作り，被験者の経済評価を党派性ごとに確かめる実験をした。またBisgaard (2019) は，党派的分極化の進んだアメリカと分極化が穏当なデンマークを比較した。分析の結果，アメリカにおいては，大統領の帰責をめぐって，自党派にとって不利な情報への反応は鈍く，肯定的な情報への反応が強いことがわかった。一方デンマークでは，そうした傾向を認めなかった。Bisgaard (2019) は，社会の分極化の程度が経済投票をめぐるPMRを異なるものにすることを示したのである。

第2に，PMRが，経済情報の推論に与える影響を検証した研究をみる。Guay and Johnston (2022) は被験者を保守派寄り，リベラル派寄りの研究成果をみせる2つの群に分け，党派性によって専門家の見解の解釈における正答・

4）　認知バイアスに関わる代表的な研究として，有権者が責任帰属を誤る「帰責の誤謬（attribution error）」が関心を集め，突発的な出来事の発生の影響を分析する研究が現れた（Malhotra and Kuo 2008; Huber et al. 2012）。さらにヴィネットを使わない自然実験による研究も含めれば，その研究蓄積は相当数にのぼる（Healy and Malhotra 2009; Achen and Bartels 2017; Visconti 2022）。

誤答がどのように異なるかを検証する2種類の実験をした。もしPMRが働いているならば，保守派寄りの研究成果に対する保守派の正答率は高くなり，リベラル派寄りの研究成果に対する保守派の正答率が低く（誤答率が高く）なるはずである。Guay and Johnston（2022）による2つの実験において，民主党支持者・リベラル派は，民主党寄りの情報への正答率が高く，共和党寄りの情報への誤答率が高くなった。そして共和党支持者・保守派は，共和党寄りの情報への正答率が高く，民主党寄りの情報への誤答率が高くなった。ここからPMRは，事実の評価に対して，保守・リベラル，左右，共和・民主党支持者変わらずに生じていることがわかった。

　第3に，正確性のゴールと方向性のゴールの緊張関係を，「応援（cheerleading）」という概念も踏まえて検証した研究をみる。方向性・党派性のゴールが正確性のゴールに優位するなら，知識理解を問われた被験者はたとえ正解を知り誤答であると承知していても，方向性・党派性に忠実に情報を伝えるかもしれない。その時，事実に関する信念（factual belief）は党派性に駆られたものとなる。こうした事実に関する信念の開陳を扱う実験が，2015年以降進んだ。代表的な研究として，Bullock et al.（2015）は被験者に対して，政治経済に関する党派的な解答が可能なクイズを出題した。クイズに先立って被験者は，「正解すれば報酬が得られる」，「わからないと正直に答えれば報酬が得られる」，何も提示されない統制群のヴィネットに無作為に配置される。続くクイズにおいて，処置が党派的解答を抑えるかが分析された。もしPMRが作用するなら，金銭的な報酬は党派的解答を抑えない。一方，金銭的報酬によって党派的解答が抑えられるなら，党派的解答は一過性の不誠実な応援行為（cheerleading）にすぎないとみなせる。党派性は病理のようにPMRとして働くのか，軽微な応援行為にとどまるのかを，Bullock et al.（2015）は確かめようとした。分析の結果，金銭的報酬は党派的解答を抑え，アメリカで起っている党派的知識の表明は，実は応援行為にとどまるのではないかとBullock et al.（2015）は結論づけている。他にも，Bullock et al.（2015）に類似したPrior et al.（2015），そして党派的な情報の探索行動を扱うPeterson and Iyenger（2021）の研究によって，なおもってPMRや応援行為の存否を問う実験が続いている。

4　日本の経済投票の研究

マクロ・レベルのデータを使った日本の経済投票の研究

　ここまで海外の経済投票研究を振り返ってきた。党派性は新たな概念のもとに分析に組み込まれ，伝統的な不平の非対称性や否定性バイアスといった概念と融合しながら，新しい研究へとつながっている。次に，日本での研究の展開を振り返る。近年，日本の経済投票が他国とは異なる傾向を示していることを，本節では論じていく。

　日本において，時事通信社による経済評価，政党支持率，そして内閣支持率のデータ（以下，「時事データ」）が経済投票の研究に果たした貢献は計り知れない。時事データの期間は，1963年12月から2024年現在に及ぶ700時点以上にのぼる（内閣支持率や政党支持率のデータは1960年6月から）。世界的にみても貴重なデータを背景に，日本のマクロ・レベルでの経済投票の分析が充実した。とりわけ55年体制・自民党の一党優位体制を経たことは与党支持率の研究を盛んにしたし，同時期の経済投票にも光を当てるものになった。一党優位体制下で，自民党支持率は与党支持率を指す。与党支持率をめぐるメカニズムを明らかにすることは，自民党支持のメカニズムを明らかにすることと同じだった。そして1980年代から90年代にかけてのマクロ・データを使った研究では，暮らしに関わる要因によって内閣支持率や政党支持率が左右されること（猪口1983; 小林1997），1970年代になって日本の有権者の経済投票をめぐる政治的洗練性を増したこと（Suzuki 1994）など，日本の経済投票の基盤となる知見が示された。

　中でも初期の研究を統合し，時事データを包括的に扱った三宅・西澤・河野（2001）は，日本の経済投票に関する画期的な先行研究となった。同著は自民党支持率に対する経済の影響を測り，また，自民党支持率の内閣支持率に対する影響を測ることで，経済と党派性の影響をともに測った。それにより55年体制下の有権者の視点から，政体をめぐる構図を描くことに成功した。同著は2001年時点で，マクロ・レベルでの日本の経済投票をほぼ包括した研究であったといえる（cf. 大村 2021）。

　その後，三宅らの研究の系譜に，2つの主要な研究が連なった。1つ目は，

マッケルウェイン（2015）である。マッケルウェインは，客観的経済指標として，日経平均株価に注目する。そして三宅らが用いなかった「不支持率」に注目することで，経済状態・景気の悪化が否定的な経済評価をもたらし，内閣不支持率の上昇を促すという否定性，経済投票の非対称性を，マクロ・レベルで初めて示した研究となった。

　2つ目は，Ohmura and Hino（2023）である。既述のとおり，アメリカをはじめ，各国の経済投票が党派性や政治制度の諸要因のもとに不安定なものになりつつある。そのような中でOhmura and Hino（2023）は，日本では党派性の影響を考慮しても，経済と政治的支持の結びつきが強まっていると主張した。与党支持率と内閣支持率との結びつきは2000年代以降強まる時期もあるが，2010年代後半以降は下がる傾向にある。これに対して，経済評価と内閣支持率・不支持率の関係は，近年に至って強固になっているという。

　マッケルウェイン（2015）とOhmura and Hino（2023）は，Donovan et al.（2023）らがいうアメリカでの「Weakened ties」，他国の経済投票の不安定さとの対比からも重要である。各国では，経済投票が脆弱なものになっている。一方日本では，党派性からの作用を抑え，経済評価と政治的支持との結びつきが，むしろ「Strengthened ties」に向かっていると示唆している。肯定的経済評価は内閣支持率に結びつき，さらに否定的経済評価は内閣不支持率を促すという，日本の経済投票のメカニズムが明らかになりつつある（大村 2025〔近刊〕）。

ミクロ・レベルのデータを使った日本の経済投票の研究

　日本では，1980年代半ばの早い時期から，ミクロ・レベルのデータを使う経済投票の研究が進んだ。猪口（1986: 204）が「マクロな形の分析は多くの強さを持ちながらも，時に隔靴掻痒の感を与えることがある。マクロな分析の弱点を補う形で，ミクロなかたちでの分析を進める研究が［中略］多くなっている」と評したように，経済が政治に与える影響を検証する上で，個人の社会経済的属性，心理的状況の違いを考慮する研究が日本でも進んだ。

　初期の研究では，個人志向の経済評価の影響が認められる傾向にあったのに対して（猪口 1986; 小林 1991; 平野 1994, 1998），平野による継続的な業績投票の分析が捉えていくように（平野 2007b），景気評価からの影響が見出されるように

なった (Taniguchi 2016)。中でも池田 (2000) は，認知的吝嗇 (cognitive misers) の概念に基づき，個人志向の経済評価のヒューリスティクスを使って，社会志向のもと経済を評価しようとする有権者像に迫った。国・社会レベルでの高次な経済評価を行うことが難しい有権者は，自分自身の懐具合のレンズを通して，より難易度の高い経済評価を行うという。社会志向の経済評価に，あらかじめ個人志向のそれが浸潤していることを，マクロ・レベルの分析では明らかにし難い。池田 (2000) はミクロ・データを使うことで，今日重要な研究課題となっている「個人志向の経済評価の手がかり (egotropic cues)」のメカニズムに (c.f., Healy et al. 2017; 大村 2023)，海外での研究に先んじて迫るものであった。

　また日本でも，PMRが経済評価に作用するメカニズムの研究が始まっている。日本では池田 (1997) による政党スキーマや，池田 (2000) による認知的吝嗇の知見があり，党派性，時に個人志向の経済評価が駆動する特殊な経済投票・業績投票の実態に光が当たってきた。加えて近年，PMRの概念を使うことで，池田 (1997, 2000) をはじめとした先行研究の知見を継承し，発展を展望する研究が現れている。その系譜に位置する大村 (2024, 2025〔近刊〕) はBisgaard (2019) と Bullock et al. (2015) を，大村 (2023, 2025〔近刊〕) はGuay and Johnston (2022) を追試し，日本の有権者のPMRと党派性のもとでの事実に関する信念の作用を確かめた。ただし日本では，PMRが働いていることを確かめる結果は得られていない[5]。また，Bullock et al. (2015) のいう応援行為も確かめられなかった。日本では，党派性の特異な作用は確かめられないと結論している。

　さらに近年，不平の非対称性の概念とかかわって，野党研究が著しく発展している点を強調したい。飯田 (2013) は，2009年の自民党中心から民主党中心への政権交代のメカニズムを，有権者のリスク受容態度をもとに分析した。ここで飯田 (2013: 57) は，「悪い経済状態認識によってリスク受容的になった有権者は，大きな政策変更をともなう政権交代をもたらす有力野党への投票に『リスキーな選択肢』としての魅力を感じるようになるのである。これは従来の『賞罰理論』以外の経済と投票を結ぶ新たな因果関係の可能性を示している」として，不平の非対称性ともつながる知見を提起している。

5）　例外に，Peterson and Iyenger (2021) を追試した善教・大村 (2024) がある。

第Ⅱ部　態度の様相

　野党選択がリスキーなものであるならば，有権者にとって野党選択がどのように映っているのかを知らなくてはならない。善教（2024）は，有権者がどの野党を有効な野党と考えているのか，有権者にとっての政党支持の「幅」の範囲に，いくつの野党が存在しているのかを確かめた。善教は，多党制下のヨーロッパで発展した投票意向（propensities to vote: PTV）をもとに，各政党に対して投票可能か否かを10段階のスケールで尋ねた。さらにPTVをもとにした代替性スコア（availability score）を使うことで，有権者レベルでの政党の競合性を明らかにした。善教によれば，有権者の認識の中で競合している政党数はごく限られているという。

　日本の野党研究の知見は，経済投票における不平の非対称性との関係で今後さらに重要性を増す（泰 2023, 2024）。近年のすぐれた野党研究は，有権者にとって利用可能な政党数が少なく，現実の野党像が望まれている野党像とは異なることを次々に明らかにしている。そうした野党を選ぶことが，「リスキーな選択肢」（飯田 2013）にすらなっているという。

5　経済投票研究の今後の課題

　日本の経済投票研究，ひいては野党研究が示しているように，野党を支持しているはずの有権者ですら経済状態の悪化，否定的な経済情報の増加に反応できないとすれば，何が起こってくるだろうか。また，与党派，野党派，無党派との対比があるとすればどうだろうか。日本であまり政権交代が起こらないメカニズムを分析するために，与党派性，野党派性，無党派性のもとでの経済投票の精査は今後より重要性を増す。これは日本における政体の展望を論じるためにも（e.g. 大村 2025〔近刊〕; 境家 2023; 境家・依田 2023），経済投票の中心的な分析課題となってくる。

　より具体的に，マクロ・データを使う分析の課題は，経済情報の効果を測ること，党派性差異を測ることだろう。これまでの日本の内閣支持率（不支持率）の研究において，経済情報は分析に組み込まれていない。新聞報道データなどを通じて，肯定／否定的経済情報の変数を作り，与党派の内閣不支持率が否定的経済情報に反応するかを確かめることでPMRの働きを検証していく必要が

ある。また否定的情報に対する不支持率の反応が，肯定的情報に対する支持率の反応より大きいことがわかれば，不平の非対称性も検証できる。

次いで，ミクロ・レベルの観察データを使う分析の課題は，Healy et al.（2017）のように党派性と経済評価の内生性を推定法上の工夫によって克服しつつ，Jones（2020）のように経済評価をめぐる党派性差異の継時的推移を可視化することだろう。この作業によって，マクロ・データを使った継時的な分析の知見を，ミクロ・レベルで裏づけられる。また，実験研究の課題は先行研究の実験設計の追試や，日本で展開されている野党研究と経済投票を架橋する研究を行うことである。これにより，日本の有権者の経済情報の受容，推論，表明，そしてそれをもとにした経済と政治をつなぐ選択を明らかにできる。

第7章　イデオロギー

遠藤晶久

本章では，政治意識研究におけるイデオロギーについて，その定義や捉え方，測定方法，獲得・形成のメカニズムの順に先行研究を概観する。イデオロギーは政治意識研究における中心的なテーマの1つであるが，その包括性ゆえにとらえどころがなく，しばしば議論に混乱がみられる。そこで，まず，蒲島・竹中 (2012) の定義を紹介しながら，イデオロギーが動員する側と動員される側の相互作用で成り立つことを確認する。さらに，実証研究では象徴的イデオロギーと操作的イデオロギーという異なる2つの捉え方が混在しながら進展してきたが，いずれにおいても測定の問題を抱えていることを，日本の実証研究をもとに説明する。さらに，イデオロギーの獲得・形成メカニズムについては，心理的要因や社会関係要因を強調するボトムアップモデルと，政治エリートからのメッセージの役割を強調するトップダウンモデルがあることを述べる。最後に，今後の研究課題について指摘する。

1　なぜイデオロギーか

　政治について分析をするとき，有権者レベルか，政治家や政党といったエリートレベルかを問わず，「右」「左」や「保守」「リベラル」という対立関係を手がかりとすることが多い。これらは，一般的にイデオロギーとして概念化されており，政治的対立の当事者であるエリートや政治ジャーナリズムにおける言説だけでなく，学術的な政治学の研究においても用いられている。これらの事実は，イデオロギーが政治意識研究における中心的なテーマの1つとなっていることを端的に示している。

　イデオロギーが重要なテーマであり続ける理由の背景には，現実の政治の変化もある。実証的な政治意識研究が本格的に始まった1950年代のアメリカでは，共和党と民主党の間のイデオロギー的な差異はそれほど大きくなかった。

第7章　イデオロギー

しかし，1980年代には共和党が右傾化し，1990年代には民主党が左傾化したことで，議会政治レベルにおいてイデオロギー対立が鮮明になった（McCarthy et al. 2006）。さらに2000年代以降は，アメリカ政治の分極化が論争の的となる（Fiorina 2005，⇒第**11**章）。トランプ大統領以降のアメリカでは，党派的な対立が顕著になっており，いまや分極化は民主的後退（democratic backsliding）の議論へと結びついている（Iyengar et al. 2019; 西川 2021）。これらの政治変動もまた，政治ジャーナリズムの文脈でも，あるいは，分極化する政治エリートの間でも，手がかりとしてのイデオロギーの重要性を増す要因となっている。

　もちろん，理論的な観点からも，イデオロギーは重要な研究対象とされてきた。その理由は第1に，政党や選挙について分析をする際に，イデオロギーがその基礎を提供するためである。例えば，Downs（1957）で定式化された空間競争モデルでは，一次元の政策的対立軸が設定されており，その軸上における有権者の分布と政党の位置の関係が分析される。その際，政党間の政策的差異について細かい知識を得ることはコストがかかるため，そのコストを縮減するために，有権者はイデオロギーを用いることが前提とされている。つまり，一次元の対立軸はイデオロギー軸を意味しており，有権者はイデオロギーを手がかりにその軸上で最も近い政党に投票をし，政党はそのことを前提にイデオロギー軸において最適なポジションを取ろうとする。

　第2に，イデオロギーの保持が，民主主義の「質」と関わる問題とされてきたからである。民主主義においては，市民が政治的な事柄を判断するための知識やその能力を有していることが前提とされている。しかし，市民はそれを可能とするイデオロギー思考を有しているのかという点が，ここでは問題となる。実際に，イデオロギー研究の古典であるCampbell et al.（1960）やConverse（1964）は，イデオロギー的思考を持たない有権者が多数を占めることを指摘している。この見解には様々な反論と再反論が寄せられているが（Lane 1962; Achen 1975; Nie et al. 1977; Sullivan et al. 1979; Converse 2000），いずれにせよイデオロギーをめぐる一連の研究は，民主主義を基礎づける有権者の合理性に関する議論に基盤を与え，政治知識や政治的洗練性（political sophistication）研究の発展にも影響を与えた。

　本章では，政治意識研究におけるイデオロギー研究の展開について日米の研

83

第Ⅱ部　態度の様相

究を中心に概観する。まず，イデオロギーの定義について紹介し，その後，イデオロギーの捉え方に関する2つのアプローチを説明する。その際，測定の問題についても検討する。さらに，有権者がイデオロギーをどのように獲得するかについて紹介したのち，今後の研究の課題について議論する。

2　イデオロギーとは何か

　イデオロギーという用語は政治ジャーナリズムや政治学において様々な局面で使われる。そのため，ときに混乱したまま議論が展開されてしまうことがある。事実，Converse (1964) は，イデオロギーという言葉を用いることを避け，信念体系 (belief system) というイデオロギーとは異なる（ただし，イデオロギーとも重なり合う）概念を用いて議論を進めている。しかし，その後の研究でも，イデオロギーという言葉は使われ続けてきた。そこで以下では，蒲島・竹中 (2012) によるイデオロギーの定義を紹介する。その上で，実証分析におけるイデオロギーの異なる2つの捉え方を議論する。

イデオロギーの定義

　蒲島・竹中 (2012: 33-34) では，政治思想史の研究にまで目配りをしながら，イデオロギーを包括的に捉え，以下の3点からイデオロギーを定義した。すなわち，①「ある価値に基づいて一貫している複雑な思想・意識の体系を，だれにでも理解できるように，単純な言葉・イメージ・シンボルなどによって表現したもの」，②「政党や階級などの社会集団にとっての自己正当化の手段であり，国民の支持を獲得するために，どのような社会（政治・経済・教育等の制度・構造などを含む）が望ましいのか，あるいはそれに到達するにはどうしたらよいかを示したもの」，③「比較的首尾一貫した信念や態度のまとまりであり，人間の心の奥で，社会や政治の状況に対する認知・評価，政治意識，政治的態度，政治行動などを規定する要因の一つ」の3点である。

　上述の定義で重要となるのは，第1に，政治意識研究における「イデオロギー」と政治思想史研究における保守主義や自由主義，社会民主主義等の「イデオロギー」と呼ばれる思想体系とが峻別される点である。政治思想研究にお

84

ける保守主義やリベラリズムが，そのまま政党や有権者の有するイデオロギーとして存在するわけではない。このことは，上述した定義の①や②から明らかである。政治意識研究においては，理論的に導かれるある1つの体系だった思想信条を前提として，イデオロギーについて検討するわけではない。むしろ多くの研究は，そのような理論的に精緻な思想が現実的に有権者や政治家に共有されているとは考えていない。そのことは，後述するように，保守主義やリベラリズムをすべて理解して「態度のまとまり」を形成することの困難さを考えれば明らかであろう。

　第2に，上述の定義の3点には，異なる立場からみたイデオロギーの様態が混在している。すなわち，定義①と②は政党，政治家，社会集団等の「動員する側」の視点に基づいているのに対し，定義③は「動員する側」のみならず「動員される側」におけるイデオロギーのあり方を描出している。イデオロギーは個々人の中の「比較的首尾一貫した信念や態度のまとまり」（定義③）であるが，仮にこの定義だけであれば，百人百様のイデオロギーが存在しうることになる。個々人の「信念や態度のまとまり」が全く異なり，かつ，イデオロギーは各自固有のものでもかまわないことになるからである。しかしながら，同時に，イデオロギーは「どのような社会が望ましいのか，あるいはそれに到達するにはどうしたらよいか」を「示したもの」（定義②）で，「だれにでも理解できるように（中略）表現したもの」（定義①）でなければならない。イデオロギーは有権者の間で自生的に存在するものではなく，社会集団によって提示され，さらに，ある程度の規模の集団によって受容され，共有されるものである。

　このように，蒲島・竹中（2012）の定義は，イデオロギーについて理解しようとするときに，動員する側とされる側の相互作用という視点が必要になることを的確に述べている。もっとも，実際の政治意識研究では，このような視点は暗黙の前提となっており，この相互作用自体を検討するものは多くない。

　これに関連して，もう1つ指摘すべきことは，「保守」や「リベラル」などのイデオロギーを指す言葉について，世界各国で共通の用語が使われているわけでもなく，さらに同じ言葉を使っていても，その内容が共通しているわけではないという点である。当然，ある程度の共通性は認められるが，イデオロギーが動員する側によって提示され，受容されていくものである以上，政党間対立

のあり方といった政治的コンテクスト，また，経済発展の度合いや社会亀裂の
パターンといった社会経済的コンテクストによって，その内容は自ずと異なる
ものとなる。

　具体的に説明しよう。例えば，欧州におけるliberalism（自由主義）は絶対王
政や封建制への対抗として確立され，政治的自由や経済的自由を希求するもの
となっている。一方，封建制の歴史を持たないアメリカでは，自由主義は当然
の前提であり，そのうえで「自由」を志向し市場経済への政府の干渉を忌避す
る保守（conservative）と，「平等」を志向し市場経済で生まれる弊害の是正を政
府に求めるリベラル（liberal）が対立している。後者は，欧州における社会民主
主義とも共通する部分がある（蒲島・竹中 2012）。一般的に，アメリカでは「保
守」「リベラル」の対立，ヨーロッパでは「左」「右」の対立として理解されるが
（蒲島・竹中 2012），日本では，55年体制下では「保守」「革新」の対立，55年体
制崩壊後は，「保守」「リベラル」の対立に移行していると考えられている（遠
藤・ジョウ 2019; 宇野 2023）。その意味で，イデオロギー研究では各国のコンテ
クストが重要視されており，それぞれに発展してきている。

操作的イデオロギーと象徴的イデオロギー

　Converse（1964: 206）において，「信念体系は『研究にとって重要なものは測
定できず，測定できるものは研究にとって重要ではない』という教義の主要な
証拠となることが多い」と述べられているように，測定の問題はイデオロギー
研究にとって常に問題となってきた。上述の蒲島・竹中（2012）の定義は包括
的であるが，この定義通りにイデオロギーを測定することは難しい。そのた
め，イデオロギーに関する政治意識研究では，通常，イデオロギーの一側面に
焦点を当てる。以下では，イデオロギーについての２つの捉え方を概観する
が，この分類自体も次節で議論するように，測定の問題と不可分である。

　三宅（1989）やFederico（2020）の整理によれば，イデオロギーには大きく分
けて２つの捉え方がある。１つは，異なる政策争点についての態度の共通部分
を束にした「信念体系」（belief system）として捉える立場である。これは，操作
的イデオロギー（operational ideology）と呼ばれており，多種多様な政策争点に
ついて，有権者は一貫した基本原則に照らし合わせて意見形成をしているとい

う見方だといえる。政治や経済において，それぞれどの程度自由を認め，どの程度統制すべきというような信念体系があれば，政策的争点が日々刻々と変わるような状況だとしても，安定的かつ一貫した判断が可能となる。これは，ミシガン学派が当初想定していたイデオロギーの考え方に近く，実証的には主に，様々な政策争点態度の間の相関をみるという方法で分析されてきた。しかしながら，論理的で原則に導かれたイデオロギー思考を有権者に見出すことは容易ではなく，そのような思考ができるのは有権者の中の一部である。この事実は実証研究によって繰り返し確認されてきた (Campbell et al. 1960; Converse 1964; Jennings 1992; Kinder and Kalmoe 2017)。

　もう1つの捉え方は，政党の発するメッセージに反応し，これに対応する形で有権者が自己の立場を認識するという捉え方である。これは象徴的イデオロギー（symbolic ideology）という考え方に対応する。この場合，第1の捉え方のような原理原則に貫かれたイデオロギー思考は必ずしも必要とされない。政治エリートによって形成され，描き出された政策空間を把握し，その政策空間上で自分自身（と各政党）を位置づけるだけでよい。もし「保守」対「革新」という言説によって政策空間が描き出されていたのであれば，自分自身が「保守」か「革新」か，さらにどの程度そうだと思うかが重要である。その場合に，手がかりとなるのは細かな政策的な相違である必要はなく，その空間上での位置に関するエリートからのメッセージ，あるいは，エリート間の言説で十分となる。

　以上は，象徴的イデオロギーと操作的イデオロギーとが同一人物の中で必ずしも一致しないことは十分にありうることを含意する。大学生に限った調査ではあるが，稲増・三浦 (2015) は，自分自身を「保守」と認識している者が，憲法改正や安全保障の争点とイデオロギーを必ずしも結びつけることができないことを示している。象徴的イデオロギーの捉え方は，投票先を簡便に決定するための方略としてイデオロギーが存在するという見方に通じており，Downs (1957) による単純化された政党間対立を基礎とするものとされている（三宅 1989）。

第Ⅱ部　態度の様相

3　イデオロギーの測定

本節では，上述の2つの捉え方を前提として，日本におけるイデオロギーの測定の方法とその限界について議論する。その後，改善のためのいくつかの方向性についても検討する。

日本におけるイデオロギーの測定とその限界

日本の多くの実証研究において用いられてきたイデオロギーの測定（measurement）は，「保守」と「革新」を両極とする一次元上で，自分自身がどの位置にいるのかを尋ねるという方法である。多くの場合，革新が0，保守が10の，11件法で測定される。つまり，回答者に「保守」対「革新」という1つのイデオロギーの次元を提示した上で，その次元に限定して自分自身のイデオロギー上の立場を回答してもらうということである。同様の方法で，各政党の位置についても回答してもらうことで，それぞれの政党との間にどのくらい距離があると考えているのかも測定可能となる。回答者自身が自己の政策立場の位置を厳密に把握することは難易度が高く，ゆえにこの測定により得られる回答は，厳密には自己の政策位置を正確に反映したものというよりは，自分がどこに位置しているかということに関するイメージである。そのような実情もあり，この測定は「保革自己イメージ」と呼ばれることもある（三宅 1985）。

理論的には，この方法により得られる回答は，象徴的イデオロギーとしてのイデオロギーを測定したものだと考えられる。様々な政策争点態度から一貫したイデオロギー的思考を抽出したものではなく，自己と政党の位置をどのように把握しているか，自己と政党の位置がどの程度離れていると考えているか，という空間上の距離からイデオロギーを測ろうとしているためである。とはいえ，調査において，その空間がどのような政策や対立軸に規定されているかが直接問われることは多くない。それよりも，有権者自身がどの政党と近いと考えているかを知ることが，そこでは重視されてきた。

政策空間がどのような対立軸から成り立っているかを知るために，保革自己イメージと様々な政策争点態度の関係が分析されてきた（蒲島・竹中 1996, 2012;

遠藤・ジョウ 2019）。そこで重視されてきたのは，安全保障や憲法をめぐる政治的対立である。戦後日本政治においては，「保守」「革新」の対立は，これらの争点をめぐる争いを中心に展開されてきた。このエリート間でみられる対立は，有権者を対象とする実証分析からも確認されてきた（蒲島・竹中 1996；大嶽 1999；蒲島・竹中 2012）。なお，近年では，コンジョイント実験によってイデオロギーラベルの意味を推定する試みがなされている。Miwa et al. (2023) は，安全保障争点から「右」「左」を判断するグループと社会争点から「右」「左」を判断するグループが混在していることを示している。[1]

　しかし，「保革イデオロギー」の妥当性についてはかねてより疑義が呈されてきている。「保革自己イメージ」を紹介する中で三宅 (1989) は「『革新』シンボルはなお生きている」(p.254) と述べた。見方を変えれば，三宅がそのように述べているという事実こそが，1980年代終盤の時点ですでにこの指標に対して疑義が投げかけられていたことを意味するとも解釈できる。高木ほか (2007) も，他に代替されるイデオロギーラベルは存在しないものの，「保守－革新」イデオロギーの有用性は低下していると論じている。

　既存の「保革イデオロギー」指標が抱える問題は，戦後の日本政治を規定してきたイデオロギー対立が，1965年前後以降に生まれた人びとにおいて理解されなくなってきていることを明らかにした研究によって，疑う余地のないものになった（Endo and Jou 2014；竹中 2014；遠藤・ジョウ 2019）。それ以前に生まれた人びとは，左派陣営を指す言葉として「革新」というイデオロギーを理解する一方で，相対的に若い世代の有権者はそのように理解していない。その事実は，保革イデオロギー上に各政党を位置づけさせたときに，若い世代では，共産党ではなく，日本維新の会を最も革新側に置くところに，端的に裏付けられる。[2]　その代わり，相対的に若い有権者は「改革」志向を用いて政党間対立を把握する傾向があるものの（遠藤・ジョウ 2019），そのような「改革」イメージは政策とは結びついていないようである（秦 2023）。

---

1 ）　秦 (2023) は「改革」イメージが社会争点と結びついていることを明らかにしている。
2 ）　村上 (2021) は，若い世代において支配的な政党対立認知はなく，様々な政党対立認知が混在していることを示している。

近年のイデオロギー測定法に関する議論

近年，新たな手法を用いて，イデオロギーの測定法を改善しようとする試み
が行われている。その第1は，イデオロギーを信念体系として捉え，保革自己
イメージではなく，争点態度の質問項目への回答から帰納的に抽出する方法で
ある（三輪 2017a）。すなわち，争点質問間の相関関係をもとに「争点の束」を把
握し，操作的イデオロギーとして測定する。例えば谷口（2020）は，争点項目
に対して項目反応理論を用いてイデオロギーの析出を行い，日本の有権者と政
党のイデオロギー対立のあり方を議論している。

ただし，因子分析によって潜在的な共通項を明らかにし，それを操作的イデ
オロギーとして扱う方法には，回答者すべてに共通する形で1つの信念体系を
仮定しなければならないという限界がある。すでに指摘したように，有権者の
間で共通のイデオロギー理解があると考えることは難しく（Endo and Jou
2014），さらには信念体系を有していない有権者も存在する。そこで，この問
題を克服しようとした三輪（2017a）では，測定誤差や，そもそもイデオロギー
的な理解を有していない有権者をモデル化し，それらを排除する形でイデオロ
ギーを推定する手法が提案されている。そこでは，保革イデオロギーと想定で
きる信念体系を持つ有権者は，せいぜい38%程度しかいないという推定結果が
示されている。

第2は，保革自己イメージの枠組みを維持しつつも，「保守」「革新」のラベ
ルを用いず，それに替わるラベルを模索する研究である。遠藤・ジョウ（2019）
は，保革自己イメージ質問形式を用いつつ，3組のラベルの組み合わせ（「保守
−革新」「保守−リベラル」「右−左」）を無作為に回答者に割り当てることで，それ
ぞれのラベルの有用性を比較した。その結果，「右−左」で測定した場合，世
代による理解の相違はみられず，また，自民と共産を両極とした政党間対立認
識がどの世代でもみられることがわかった。ただし，「わからない（DK）」の割
合が大きく，20代では実に半数以上がそもそもこのラベルで各アクターを配置
することができなかった。「保守−リベラル」の場合は，「保守−革新」と同様
に世代による世代間対立認識の相違が観察された上に，DK率が「保守−革新」
よりも高いという結果が得られた。この実験から得られた知見は，「保守−革
新」に代替可能なラベルの不在という，先行研究の知見を再確認するもので

あった（三宅 1985; 高木ほか 2007）。

　適切なイデオロギーラベルがない場合は，そもそもラベルを用いずに測定するという発想がありうるだろう。Yeung and Quek（2024）は，「保守」「リベラル」ラベルを使わずに，2つの立場について文章で定義をした上で自己の位置を7件法で尋ねる方法を提案している。アメリカで行われた実験からは，この方法での回答が，日本の保革自己イメージと類似の方法と比べても，操作的イデオロギーに一致する傾向があるという結果が得られている。ただし，ラベルを提示しないという時点で，この方法により測定されるのは，象徴的イデオロギーではないことに注意が必要である。むしろ，操作的イデオロギーを簡便に測定する方法だと考えられる。

　第3は，政策空間上のみにイデオロギーの役割を限定するのではなく，イデオロギー集団に対する社会的アイデンティティとしての側面から，イデオロギーを捉えようとする研究である。保革自己イメージ方式による測定は，「保守」と「革新」を対にするという点において，一次元の政策空間を前提としつつ，さらにその政策空間を規定するのは何らかの一貫した政策的原理であることを暗黙の前提としてきた。そのため，この質問への回答は一次元の政策空間上の「位置」として理解されてきた。しかし，保革自己イメージ方式の測定方法を改めてよく検討すると，そこでは，2つの異なる側面が測定されていることに気付く。すなわち，回答者がどれくらいイデオロギー的に極端か（extremity）が測定されているだけではなく，回答者が自身の政治的立場を保守的と位置づけるか，あるいは革新的と位置づけるかから，自己のアイデンティティについても測定されているのである（Mason 2018a; Groenendyk et al. 2023）[3]。

　有権者の意識や行動における社会的アイデンティティの重要性を考えると（Kinder and Kam 2010），イデオロギー集団への社会的アイデンティティ（social identity）に着目することには意義があるといえるだろう。イデオロギーが政治エリートによる動員の道具であるという側面を強調し，有権者との相互作用の中で形成され発展していくという見方に立てば，イデオロギーは「争点の束」だけでなく，イデオロギー集団に対する社会的アイデンティティを形成してい

3）　「部分的に観察可能なプロビットモデル」を援用した三輪（2016）は，保革自己イメージへの回答を，方向性・強度・認識の3つの段階に分けてモデル化している。

91

第Ⅱ部　態度の様相

る可能性もあるからである。実際，フランスでは政党帰属意識か左右への帰属意識かで論争が展開されてきたし（Converse and Pierce 1993；Fleury and Lewis-Beck 1993），日本でも1990年代の政界再編期には，保革自己イメージが安定して政党支持を規定していた（三宅 1998）。明示的ではないものの，存在脅威管理理論を援用して震災が保守化を引き起こすと論じる秦（2017）も，社会集団としてイデオロギーを捉える研究の1つとして位置づけられる。

　象徴的イデオロギー研究を発展させたDevine（2015）は，アメリカを事例に，社会的アイデンティティとしてイデオロギーを測ることを提案している。そこで明らかにされていたのは，アメリカの有権者においてもイデオロギー社会的アイデンティティ（ideological social identity：ISID）が存在していること，つまり政策位置としてのイデオロギーだけでなく，イデオロギーに対する愛着もまた存在するという事実である。ISIDは，選挙というコンテクストによって活性化され，インターネット上のブログなど非伝統的メディアに接触する人ほどISIDを有しやすい。さらに，イデオロギー集団は，一般的なイデオロギー指標とは別の有権者の側面を測定しており，従来のイデオロギー指標（日本でいう保革自己イメージ）とは独立に投票行動に対して影響を与えていることも実証されている。日本においても，ウェブ調査を通じてISIDの測定を行った遠藤ほか（2017）では，自民党に対するSID保有者（13.0%）を，保守SID保有者（19.4%）だけでなく，リベラルSID保有者（14.2%）も上回っていることが報告されている。政党の離合集散が激しい日本では，政党に対するSIDよりも，イデオロギー集団に対するSIDのほうが長期にわたって安定しやすいと考えられる。このように，イデオロギーを測定する際には，イデオロギーのどの側面を把握したいのかを整理することが重要である。

4　イデオロギーはどこから来るか

　有権者がどのようにイデオロギーを獲得するかについても，これまで，様々な研究が行われてきた。その中で，個々人の心理に着目する研究は，心理的欲求や性格特性，道徳基盤といった心理的要因によってイデオロギーが形成されることを主張している。例えば，動機づけられた社会的認知（motivated social

cognition) 論では，不確実性や脅威への回避性向が保守主義と結びつくことや
(Jost et al. 2003)，社会における現状維持点に対して擁護し正当化しようと動機
づけられた保守と，批判し挑戦しようと動機づけられたリベラルに分かれるこ
となどが指摘されている (Jost 2021)。他方で，性格特性であるビッグファイブ
のうち，開放性 (openness) が高いとリベラルであり，誠実性 (conscientiousness)
が高いと保守であることも指摘されている (Gerber et al. 2010; Mondak and
Hibbing 2011)。さらに，道徳基盤理論に基づいて，保守は忠誠，権威，神聖と
いう3つの道徳的基盤に価値を置いており，リベラルはケア，公正という2つ
の道徳的基盤に価値を置いていることを指摘する研究もある (Haidt 2012)。

　イデオロギーが人々の間で共有されていることを勘案すれば，上述した心理
的要因だけでなく，個々人が社会において他者や集団とどのような関係を築い
ているかにも着目する必要がある。実際に，イデオロギーは個人の社会関係の
中で獲得されるということが多くの研究で指摘されている。親から子への伝達
や，集団の中で同様のイデオロギーを獲得することは，初期政治的社会化の研
究を通じて明らかにされている (Jennigs and Niemi 1981; Alwin et al. 1991; Sears
and Brown 2013, ⇒第1章)。なお，個々人の私的利益はイデオロギーの形成と
は関係がない一方で (Sears and Funk 1991)，集団利益は個々人のイデオロギー
の獲得に影響を与えることも明らかにされている (Weeden and Kurzban 2014)。

　このようなボトムアップのイデオロギー獲得メカニズムだけではなく，トッ
プダウンのイデオロギー獲得メカニズムも主張されている。Converse (1964)
以来，有権者の多くはイデオロギー的思考が弱いことがしばしば示されてき
た。しかし，その一方で，争点態度の整合性 (相関) が強く，操作的イデオロ
ギーを高いレベルで有している有権者も一定数存在する。そのような有権者
は，自分と同じイデオロギーや党派心を有している政治エリートが発するメッ
セージを手がかりにして態度形成を行っており，その結果，政治エリートと共
通する形での「争点の束」が成立していると考えられる (Zaller 1992)。すなわ
ち，エリート言説に多く触れ，政治情報を多く獲得してきた者が，政治エリー
トと共通する操作的イデオロギーを明確に持つようになるのである。

　トップダウンモデルもまた重要である理由は，操作的イデオロギーの形成と
浸透におけるエージェントの重要性を指摘しているからである。例えば，アメ

リカにおいて経済的な保守主義と文化的な保守主義が論理的には結びつく必然性はないにもかかわらず，現実には両者はお互いに重なり合っている。このような結びつきを成り立たせているのは，イデオロギーを提示するエージェントとしての政党や教会のような共同体の存在，さらに，それらと有権者のつながりである（飯田 2012）。異なる政策争点をまとめあげるものは論理的一貫性だけではない。シンボリックな存在とそれへの心理的な結びつきも，操作的イデオロギーの形成要因なのである。

5　イデオロギー研究の今後の課題

　本章では，政治意識分野におけるイデオロギーについての定義を述べた上で，象徴的イデオロギーと操作的イデオロギーという二分法に依拠しつつ，測定の問題を中心に日米の先行研究を概観した。イデオロギーは政治意識の中心的な概念として包括的な役割が期待される一方で，その包括性ゆえにとらえどころがなく，実証研究は象徴的イデオロギーと操作的イデオロギーという異なる２つの捉え方が混在しながら進展している。有権者の政治的な判断について説明するのであれば，イデオロギーよりも，党派心や集団に着目した方がより具体的な議論ができるかもしれない（Kinder and Kalmoe 2017）。

　それにもかかわらず，イデオロギーについて研究がなされ続けているのは，イデオロギーが民主政治分析の理論的な基盤を提供するという理由だけでなく，政党政治を理解するための構図を描くという要請もあるからであろう。アメリカにおける分極化はいうに及ばず，日本においても第二次安倍内閣以降，政党レベルにおいて分極化が進み（谷口 2020），現在は「再イデオロギー化」の時代と評される（境家・依田 2023）。蒲島・竹中（2012）はその時点での日本のイデオロギー研究の集大成で決定版であったことは間違いないが，このような現実政治の状況の変化が，この10年間の日本のイデオロギー研究の進展を導いたとも考えられる（Endo and Jou 2014; 三輪 2014; 竹中 2014; 竹中ほか 2015; 遠藤・ジョウ 2019; 谷口 2020; 秦・Song 2020b; 秦 2023; Miwa et al. 2023aほか）。

　イデオロギーは政治意識研究の中でも政治的コンテクストの考慮がとりわけ必要な分野であるといえる。前節では，アメリカの有権者の研究に依拠してイ

デオロギーの獲得・形成について説明したが，政党，党派心，市民社会，メディアのあり方の相違，あるいは，文化の相違によって日本では異なるパターンがみられる可能性は十分にある。道徳基盤について例にあげれば，笹原・松尾 (2024) は道徳基盤には文化依存性があり，日本における道徳基盤とイデオロギーの関係はHaidt (2012) と必ずしも共通しないことを指摘している。いずれにせよ，イデオロギーの獲得・形成についての日本での研究は必ずしも多くなく，今後の研究課題と考えられる。その際，政治エリートの言説を強調するトップダウンモデルにしたがえば，有権者のみならず，政治エリートの分析も重要になる。すでに，政治エリートのイデオロギーを把握する試みはされているが (三輪 2017b; Catalinac 2018; Curini et al. 2018; 谷口 2020; 竹中・遠藤 2021)，有権者のイデオロギーとの一致 (congruence) を検討するのみならず，相互作用を検討することも今後の課題となるだろう。

　イデオロギーが政治的コンテクストに絡めとられるということは，一時点における研究によって得られた知見は，その当時の現実政治のあり方と密接に関連しているということを，同時に意味する。イデオロギーに関する研究の知見は，そのことを十分に考慮して解釈する必要がある。過去の知見はつねに現在において再検討にさらされる。その時に問題となるのは，過去と現在をどの測定方法を用いて比較するかである。日本で長らく使われている「保革自己イメージ」の限界についてはすでに触れた。しかし，過去との比較を行うためには，測定方法を共通化する必要がある。過去との継続性を優先するのか，それとも新たな測定方法を採用するか。新たな測定方法を考案するとしても，それは長期の検証に耐えられるものなのか。様々な検討のもとに，イデオロギーの測定方法を検証していく必要もあるだろう。

　　謝　辞
　　本章の一部は遠藤ほか (2017) の一部 (遠藤執筆部分) を基にしている。本章への利用を承諾してくださった三村憲弘氏と山﨑新氏に謝意を表したい。

第8章　価値観

日野愛郎・貫井　光

> 　本章では，政治学における価値観研究が近年に至るまでどのように展開されたか
> を概観する。第2節では，Inglehart（1977）により提起された脱物質主義的価値
> 観の議論が，Flanagan（1987）やIgnazi（1992）が予見した通り，近年において，
> 権威主義的価値観の台頭という形で改めて脚光を浴び，Norris and Inglehart
> （2019）による価値観の変動とポピュリスト，権威主義的政党の台頭の議論に結び
> ついていることを確認する。また，Inglehartが指摘した通り，欧州の有権者には
> リベラル化の傾向がみられるが，移民問題に関する価値観においては若齢層も含め
> 保守的な傾向がみられることを紹介し，脱物質主義的価値観に根差すニュー・レフ
> トの浸透と近年の権威主義的価値観の反動の2つの流れが同時に進行しているこ
> とが示される。第3節では，価値観が生成されるメカニズムとして世代要因や環境
> 要因といった規定要因を整理する。世代要因の解明には世代効果，加齢効果，時代
> 効果を弁別する方法として近年用いられることが多いAge-Period-Cohort（APC）
> 分析を紹介し，環境要因としては文化的要因と経済的要因の2つの視点からグロー
> バル化や移民流入の影響について考察する。第4節では，価値観の変容の帰結につ
> いて検討する。さらに第5節では，新しい研究潮流として道徳的価値観や歴史経済
> 学の視点から価値観研究の広がりを示し，今後の価値観研究を展望する。

1　はじめに

　政治現象を説明する上で価値観に注目が集まったのは，心理学的アプローチ
が採り入れられるようになってからである。人々の行動を説明するために，よ
り直接的に結びつく意見や態度に関心が寄せられ，それらの意見や態度を規定
する信念体系として価値観に光が当たるようになった。すなわち，一度形成さ
れると人生を通して持続すると考えられる価値観を照射すれば，時代の変遷に
即した人々の行動様式の変化を理解できると考えられたのである。次節で紹介

するInglehartの「静かなる革命」による脱物質主義的価値観の議論が定式化された1970年代は，ミシガン学派による心理学的アプローチが普及したことと軌を一にしていたといってよい。

　本章は以下のように進められる。まず，政治学において，価値観に関する議論がどのように展開されてきたのかを，Inglehartの議論を補助線に，その後のNorris and Inglehartの議論までを射程に収めて整理する。次節では，有権者の価値観の規定要因である世代要因，ならびに環境要因，またその帰結に焦点を当てた研究を概観する。また，新しいデータや分析手法の登場に伴い発展してきた道徳心理学や歴史政治経済学に代表される価値観に関する学際的な研究を紹介し，最後に本章の議論をまとめる。

2　価値観の変動と世代間の対立

先進民主主義国家における有権者の価値観

　Inglehart (1977) による「静かなる革命 (silent revolution)」の議論は20世紀後半における政治変動を説明し，価値観に光を当てることの重要性が認識されるに至った。1970年以降，先進民主主義国家は，経済的な発展とともに，有権者の教育程度の向上といった社会構造の変化を遂げてきた。また，このような経済的発展は，環境問題やジェンダー不平等を含む社会問題の顕出性を高め，従来の経済的な利益を追求する物質主義的価値観から，環境保護やジェンダー平等などの脱物質主義的価値観を重視する社会への移行をもたらしたとされている (Inglehart 1977)。

　しかし，この脱物質主義的価値観の主流化は，必ずしもすべての有権者に受け入れられたわけではなく，その反動として「静かなる反革命 (the silent counter-revolution)」が進行しているという議論が提起された (Ignazi 1992)。脱物質主義的価値観が浸透し，女性の社会進出や移民に寛容な社会が到来したことに反発し，従来の物質主義的価値観を重視する有権者の疎外感を高めるものとなったと論じられた。この従来の物質主義的価値観について，Inglehartと Flanaganの間で1980年代に*American Political Science Review*において論争が繰り広げられていたことは重要な意味を持つ (Flanagan 1987)。Flanaganは，

第Ⅱ部　態度の様相

物質主義的価値観には，純粋な「物質主義的価値観」と「権威主義的価値観」が内包されており，後者の権威主義的価値観が若齢層を中心に広がりをみせる可能性を示唆した。そして，権威主義的価値観を中心とするニュー・ライトと脱物質主義的価値観（ないしFlanaganの言葉によれば「リバタリアン的価値観」）を中心とするニュー・レフトの間で新たな対立軸であるニュー・ポリティクスの次元が構成されると論じていたのである（IngleheartとFlanaganの論争についてのレビューは日野〔2002, 2010〕を参照）。

　欧州の政党システムに目を向けると，1980年代は緑の党など環境政党が躍進し，1990年代は極右政党が台頭した時代であった。21世紀におけるポピュリスト政党の台頭はこれらの流れを受けた現象として理解することもできよう。Norris and Inglehart (2019) によると，高齢層の有権者は，脱物質主義的価値観が浸透したことにより，物質主義的価値観の重要性の低下に対する危機感を強め，その結果，脱物質主義的価値観に否定的な主張を展開する権威主義的ポピュリスト政党を支持するようになったと考えられている。彼女らは，この現代の先進民主主義国家における権威主義的ポピュリズムの台頭を，疎外された有権者の「文化的反動」(cultural backlash) の帰結であると主張するが，高齢層の単なる反動なのか，それとも，若齢層も含めた，権威主義的価値観に根差した新たなニュー・ライトの台頭なのかを見極める必要があるだろう。

　実際に，Norris and Inglehart (2019) の主張は，必ずしも支持を得られておらず，批判の対象ともなっている。その中でも，Schäfer (2022) は，Norrisらの分析で用いられている欧州社会調査 (European Social Survey: ESS) のデータを再分析し，彼女らの分析結果が実証的に支持されないことを指摘する。

　Schäfer (2022) は，主に2つの点から，Norrisらの分析結果ついて批判する。第一に，世代間における価値観の対立についてである。Norris and Inglehart (2019) は，高齢層と若齢層の有権者が社会文化的な価値観において対立しており，その価値観の対立が，権威主義的ポピュリズムの台頭を説明する上で重要な役割を担うと主張する。Norris and Inglehart (2019) によると，若齢層の有権者は，脱物質主義的価値観を支持する一方，高齢層の有権者は，伝統的価値観を支持する傾向にある。Norrisらは，ESSの社会文化的な価値観に関する質問項目（5点尺度）をz値変換し，その値を従属変数とした分析により，世代間

において価値観の対立が存在することを示唆する結果を得ている。しかし，Schäfer（2022）は，この世代間の価値観の対立は，主にz値変換に依るものであり，その分析結果の妥当性に対して疑義を呈する。具体的に，Schäfer（2022）は，z変換した値ではなく，代わりに元々の値を用いて同様の分析を行った。その結果，社会文化的な価値観は，世代間で統計的に有意な差こそあるが，Norrisらが主張するほど，顕著に異なっていないことが確認された。このことから，Schäfer（2022）は，Norris and Inglehart（2019）で用いられているz変換の不適切性を指摘し，世代間において，それほど激しい価値観の対立が存在しない可能性を主張する。

　第二に，世代間の投票行動の違いについてである。Norris and Inglehart（2019）は，高齢層の有権者が，伝統的価値観の重要性の低下に対して脅威認識を抱き，その結果として極右ポピュリスト政党に投票すると説明する。このメカニズムの検証にあたり，Norrisらは，各国の政党のイデオロギーを指標化した専門家調査であるChapel Hill Expert Survey（CHES）を使用している。Norrisらは，このCHESに含まれる指標を使用して，ヨーロッパ諸国の政党を「権威主義的政党」と「ポピュリスト政党」という2種類に分類した上で，有権者の投票行動と世代の関係について分析を行っている。その分析の結果，高齢層の有権者が，若齢層の有権者に比べ，権威主義政党とポピュリスト政党に対して投票する傾向が確認された。しかし，Schäfer（2022）は，この政党の分類方法では，権威主義的ポピュリスト政党の性質を性格に捉えられていないという問題点を指摘する。例えば，ポピュリスト政党のみに着目した場合，その政党が権威主義的な性質を持つポピュリスト政党なのか，リバタリアン的な性質を持つポピュリスト政党なのかといった違いが見落とされてしまうという問題である。こうした問題点を踏まえ，Schäfer（2022）は，「権威主義的政党」と「ポピュリスト政党」という分類ではなく，CHESの指標を用いて，改めて「権威主義的ポピュリスト政党」を特定し，有権者の投票行動と世代の関係について再分析を行った。分析の結果，むしろ若齢層の有権者が，高齢層の有権者に比べ，より権威主義的ポピュリスト政党に投票する可能性が確認された。

　Norris and Inglehart（2019）は，脱物質主義的価値観が主流化した先進民主主義国家における権威主義的ポピュリズムの台頭について，価値観に焦点を当

第Ⅱ部　態度の様相

て，包括的な分析を行ったという点において，重要な意味を持つ。Inglehart の価値観の研究が，1980年代の環境政党の台頭という現実政治に大きなインプリケーションを有したのと同じように，Norris and Inglehart (2019) による研究が，21世紀におけるポピュリスト政党，ないし権威主義的政党の台頭を価値観の側面から説明していることは，価値観の研究が現実政治と連関しながら展開していることを示している。一方，Schäfer (2022) を嚆矢とした後続の研究では，彼女らの主張は，必ずしも実証的に支持されないことが指摘され，継続した検討が必要であることを示唆されている。このことも価値観の研究が現在進行形の研究テーマであることの証左といえよう。

価値観の変動の再考

　では，有権者の価値観は，実際にどのような変容を遂げており，どのような価値観において，世代間の対立が生じているのだろうか。先行研究では，価値観を社会文化的な価値観（sociocultural value）と移民に関する価値観（immigration value）という 2 つの要素に大きく分けて検討が進められてきた。Caughey et al. (2019) は，1980年代から2010年代までのヨーロッパ諸国におけるこれらの価値観（イデオロギー，⇒第**7**章）の変遷を分析している。具体的に，Caughey et al. (2019) は，1981年から2016年までの膨大な世論調査データを使用した項目反応理論により，ヨーロッパ諸国における世論の潜在的な価値観を推定した。その推定の結果，Inglehart (1977) の主張と同様に，ヨーロッパにおける価値観は，リベラル化の傾向にあることが確認された。ヨーロッパにおける社会文化的な価値観は，1980年代以降，徐々にリベラル化しているのである。他方，Caughey et al. (2019) では，移民に関する価値観は，他の価値観に比べ，リベラル化の程度が小さいことを示唆する結果が得られている。Caughey et al. (2019) によると，価値観の種類によって差異があるが，社会全体としては，リベラル化傾向にある。

　Caughey et al. (2019) に加え，Lancaster (2022) は，世代ごとの価値観の変遷について分析を行った。Lancaster (2022) は，オランダにおけるパネルデータ（Longitudinal Internet Studies for the Social Sciences: LISS）と欧州価値観調査（European Value Survey: EVS）を用いて，社会文化的な価値観と移民に関する

価値観について，世代間で対立しているのかという問いを検討している。Lancaster (2022) によると，社会文化的な価値観は，高齢層と若齢層の有権者で異なっており，高齢層ほど，社会文化的な価値観について保守的な態度を有する傾向が存在する（若齢層ほど，リベラルな態度を有する傾向が存在する）。しかし，興味深いことに，移民に関する価値観について，世代間で大きな乖離は確認されなかった。すなわち，Caughey et al. (2019) が主張するように，社会全体としては，リベラル化傾向が観察され，特に若齢層は，社会文化的な価値観についてリベラルな態度を有する。他方で，移民に関する価値観に関して，若齢層の有権者は，必ずしもリベラルな態度を有しておらず，高齢層と同程度に保守的な態度を有する可能性が存在するのである。

これら先行研究の知見は，社会全体としてリベラル化の傾向にある一方，なぜ権威主義的ポピュリズムが台頭しているのかというパズルに対して示唆を与える。つまり，社会文化的な価値観について肯定的な立場をとる若齢層を含む有権者は，移民に関する価値観について，保守的な態度を有しており，この移民に関する価値観を基に権威主義的ポピュリスト政党へ投票する可能性が考えられるのである。特に，近年の研究では，移民に関する価値観が，権威主義ポピュリスト政党の支持拡大を規定する重要な要因であることが指摘されている（Alesina and Tabellini 2024）。実際に，Margalit et al. (2024) は，様々な文化的要因の中でも，移民に関する価値観が，極右ポピュリスト政党への支持と強く相関することを確認している。有権者は，社会文化的にリベラルな態度を有していたとしても，移民に関して保守的な価値観を有しているため，Schäfer (2022) が主張するように，若年層の有権者も，権威主義ポピュリスト政党に投票する傾向にあることが示唆される。

ここまで概観してきた通り，先行研究では，Flanagan (1987) や Norris and Inglehart (2019) を中心に，有権者の価値観がどのように変遷してきたのか，またどの世代間でどのような価値観の違いが存在するのかという問いについて多くの検討が蓄積されている。Flanagan が指摘した権威主義的価値観に基づくニューライトの台頭は，若齢層においても移民に対して相対的に保守的な価値観を有する現状にも通じているとみることができよう。また，社会文化的な価値観や移民に関する価値観に限らず，権威主義的価値観やナショナリズム価

第Ⅱ部　態度の様相

値観といった異なる価値観の重要性についても，多くの関心が集まっている。グローバル化の進展などにより，各国における政治環境は常に変動している中で，これらの様々な価値観がどのように変容するのか，後続の研究は引き続き包括的な検討を行う必要があるだろう。

3　価値観の規定要因

Inglehart（1977）の議論により，先進民主主義諸国の社会変容を理解する上で価値観に注目する必要があることが広く認識されるに至った。それでは，脱物質主義的価値観をはじめとする価値観全般は，どのような要因によって規定されるのだろうか。本節では，その要因として，世代要因と環境要因に焦点を当てて論を進める。

世代要因

まず，有権者の価値観を規定する要因として，世代要因があげられる。政治学では，価値観が安定的であることは，研究者の間で概ね合意が得られている。その安定性は，有権者が価値観を内面化させる過程で様々な出来事に影響を受ける形成期（formative year）における社会化のプロセスに由来するとされている（Mitteregger 2024，⇒第1章）。すなわち，形成期における政治的・社会的な環境を通して形作られた態度や選好は，徐々に固定化され，その後，価値観として機能するようになるのである（Daniele et al. 2023; Dinas 2013; Jennings and Niemi 1968; Nteta and Greenlee 2013）。そのため，有権者の間にみられる価値観の差異は，形成期にそれぞれ独自の政治的・社会的な経験をしてきた世代間の違いであり，同じような政治状況や経済状況を経験してきた世代内では，あまり差がないと考えられてきた。

Inglehart（1977）以降，先行研究では，有権者の価値観の変動が，世代の入れ替わり（generational replacement）によって生じることが指摘されている（Inglehart 1977, 2018; van der Brug and Franklin 2018）。すなわち，高齢層が新しい価値観を持つ若齢層により徐々に取って代わられることで，異なる価値観が社会に浸透し，新しい価値観が主流化するということである。例えば，Lichtin et al. (2023) は，ヨーロッパ諸国における緑の党の台頭に着目し，脱物質主義的価値観を内在化する世代の増加が，この政党の支持拡大の要因であると主張する。高い教育水準とリベラルな価値観が普及した1960年代以降に生まれた世代が，物質主義的価値観を持つ世代を徐々に取って代わる形で，脱物質主義的価値観を体現する緑の党への支持を拡大していったのである。同様の結果は，ドイツ (Steiner 2023) などの個別事例においても確認されている。

　これらの研究に加え，民主主義に関する価値観の変動に焦点を当て検討したのが，Wuttke et al. (2022) である。Wuttke et al. (2022) は，近年の民主主義に対する支持の低下に着目し，どの世代においてこの低下が生じているのかについて，実証的な分析を行った。その結果，有権者は，基本的に民主主義に対する支持を維持している一方，いくつかの国において，特に若齢層の有権者が民主主義への支持を低下させており，これらの有権者は民主主義の原則がないがしろにされても異を唱えない可能性が示唆されている。さらに，Claassen and Magalhães (2023) はアメリカを事例に分析を行い，特に若齢層が現在の民主主義に対する支持を低下させていることを指摘する。このように世代の入れ替わりは，社会における価値観の変動を徐々に促進し，現在の権威主義的ポピュリズムの台頭などをもたらす重要な要因になることが示唆されるのである。

　上記の通り，世代要因が有権者の価値観の変動を規定する重要な要因として，多くの研究が蓄積されてきた。これらの先行研究の多くは，APC分析 (Age-Period-Cohort分析) を使用し，世代要因の影響について検討している。この分析手法は，同じ出来事を経験した世代 (コーホート) が，総じて価値観を変化させた結果なのか (世代効果)，その時代による結果なのか (時代効果)，加齢による結果なのか (加齢効果)，世代，時代，年齢を区別し，それぞれの効果を捉えることができ，近年頻繁に用いられている。しかし，有権者の世代効果の識別は，実証上の困難を伴うことが度々指摘されている (Dinas and Stoker 2014; Neundorf and Niemi 2014)。これら3つの変数は，「世代＝時代－年齢」という線形従属の関係にあり，各変数の効果の識別には，この実証上の問題の克服が求められる。マルチレベル分析を用い，各世代の分散がどの程度を占めているかを推定することにより，他の効果と区別するなど，世代要因の推定は盛んになされている (Smets and Neundorf 2014)。その際，「世代」をどのように定

義・操作化するかが1つの重要な論点となる。APC分析は，価値観の変動を検討する上で，有用な分析手法であるが，今後も手法のさらなる発展が期待されている。

環境要因

世代要因に加え，有権者の価値観を規定する要因として，環境要因があげられる[1]。先行研究では，文化的なショックや経済的なショックが有権者の価値観に影響を与え，近年の権威ポピュリズムの台頭に寄与していることが指摘されている（Golder 2016; Guriev and Papaionnou 2022; Rodrik 2021）。本款では，これらの文化的要因と経済的要因の影響について順番に概観する。

まず，文化的要因についてである。有権者の価値観を規定する文化的要因の中でも，特に大きな影響を与えていると考えられているのは，グローバル化である。グローバル化は，脱物質主義的価値観の普及を促進し，多くの国々における価値観の変容をもたらした。このグローバル化は，新たな価値観の主流化を促し，従来の物質主義的価値観を軸とした亀裂に加え，環境保護やジェンダー平等などの脱物質主義的価値観を軸とした新しい亀裂を表出させたのである（Bornschier 2010）。第2節で概観したように，Norris and Inglehart（2019）は，この脱物質主義的価値観の主流化が，伝統的な価値観を有する有権者の文化的な反動をもたらすと主張する。すなわち，有権者間における権威主義的な価値観の高まりは，グローバル化に伴う新たな価値観の浸透によって，自身が重要視してきた価値観が置き換えられることに対する危機感に起因すると考えられているのである。

また，グローバル化は，人々の自由な移動を可能にし，異なる国籍を持つ人々の流入を促進する。先行研究では，この人々の流入が，有権者の移民に関する価値観に影響を与えることが指摘されている。有権者は，移民の流入によって，平等などの市民的な価値観が損なわれてしまうと考え，移民に対して否定的な態度を形成するのである（Tsukamoto and Fiske 2018，⇒第**10**章）。合計

---

1) 以下の本款の記述は，貫井光，2024，「移民の流入が極右政党支持に与える影響——イギリスを事例とした実証分析」早稲田大学大学院政治学研究科修士論文の一部を大幅に修正・加筆したものを基にしている。

約400人の被験者を対象に，自国へ移民が流入するというシナリオを提示する実験を行い，これら被験者の移民に関する価値観の変化を実証的に分析したTsukamoto and Fiske (2018) によると，移民の増加が，アメリカにおける平等や権利といった市民的な価値観を損なうというネガティブな認識を高め，有権者の移民に関する価値観が否定的なものへと変容することが明らかになっている。すなわち，グローバル化による価値観の普及や異なる国籍を持つ人々の流入といった社会構造の変化が，有権者の価値観に影響を与えうることが示唆されているのである。

　続いて，経済的要因についてである。政治学において，経済的要因が，有権者の政治行動や政治的態度に影響を与えることは，度々指摘されてきた (Langsæther et al. 2022; Margalit 2019; O'Grady 2019)。特に，近年の研究では，自由貿易の拡大といった経済的ショックが，有権者の権威主義的な価値観やナショナリスティックな価値観を高め，極右ポピュリズムの台頭を促進する可能性が指摘されている (Scheiring et al. 2024)。例えば，Colantone and Stanig (2018) では，海外からの安価な輸入製品の増加が，ヨーロッパ諸国における有権者のナショナリズムを高めることが指摘されている。Colantone and Stanig (2018) は，ESSのデータと操作変数法を用いて，中国からの輸入製品の増加が，有権者のナショナリスティックな価値観に与える影響を推定した。この分析の結果では，中国からの輸入製品の影響を強く受けている地域に住む有権者は，よりナショナリズムを内面化していることが確認されている。

　Colantone and Stanig (2018) に加え，Ballard-Rosa et al. (2021) は，この自由貿易の拡大が，有権者の権威主義的な価値観も高めることを指摘する。Ballard-Rosa et al. (2021) は，イギリスで実施した独自のサーベイを用いて，中国からの輸入製品が多い地域に住む有権者が，より強い権威主義態度を有していることを明らかにしている。さらに，Ballard-Rosa et al. (2022) は，海外からの安価な輸入製品の増加と権威主義的な価値観の関係のメカニズムを検証し，輸入製品の増加の影響は，居住地域における有権者の社会的地位に条件づけられることを確認している。すなわち，人種的多様性が高い地域に住む有権者は，これらの輸入製品の増加によって，自身の社会的アイデンティティの低下に対する脅威認識を高めると同時に，マイノリティの社会的地位の向上を恐

れ，これらのマイノリティがその地域の規範に即した行動をとるように要求する
るため，権威主義的態度を強めるのである。このように先行研究では，自由貿
易の拡大を含む経済的ショックが，有権者のナショナリスト的な価値観や権威
主義的な価値観に大きな影響を与えることが示唆されている。

4　価値変容の帰結

　前節では，世代要因や文化的・経済的ショックなどの環境要因が，有権者の
ナショナリスト的な価値観や権威主義的な価値観を規定する重要な役割を担う
ことを概観した。では，これらの価値観の変容は，どのような帰結をもたらす
のだろうか。Norris and Inglehart (2019) は，脱物質主義的価値観の主流化が
有権者の静かなる反革命をもたらすと主張し，この社会全体の価値観の変動
が，有権者の価値観に大きな影響を与えることを指摘した。また，近年の研究
では，このような価値観の主流化が，政党の支持拡大や議会への進出などを通
じて顕在化されることで，有権者の政治行動や政治的態度に影響を与えること
が明らかにされている。本節では，この価値観の台頭が，有権者に与える影響
について概観する。

　先行研究では，ナショナリスト的な価値観や権威主義的な価値観の台頭が，
社会的規範の希薄化をもたらす可能性が指摘されている。脱物質主義的価値観
が主流化した先進民主主義国家では，特定の集団に対する排外主義といった価
値観は，社会的規範に相反するものとされ，有権者は明示的にこれらの価値観
を支持しないと考えられてきた。しかし，先行研究は，社会におけるナショナ
リスト的な価値観の表出が，その価値観の正当性を高めたり，社会的規範の重
要性を低減させたりするため，社会的規範に相反する価値観への明示的な支持
の表明を促進することを指摘する。例えば，Bursztyn et al. (2020) は，2016年
のアメリカ大統領選挙に際して，アメリカの有権者を対象としたサーベイ実験
を実施し，ドナルド・トランプの当選を伝える情報を提示された有権者が，排
外主義的な価値観を明示的に支持するようになることを明らかにしている。
ヨーロッパ諸国を対象に分析を行ったGul (2023) においても，極右ポピュリス
ト政党の議会への進出が，有権者の反移民的な態度を高めるといった結果が確

認されている。

さらにValentim（2021）は，極右ポピュリスト政党の台頭によって，有権者が極右政党に対する支持を明示的に表明するようになることを，Comparative Study of Electoral Systems（CSES）などのデータを用いて実証的に検証した。具体的に，Valentim（2021）は，ヨーロッパ諸国の選挙における阻止条項を利用した回帰不連続デザインにより，極右ポピュリスト政党の議会への進出が，有権者の極右ポピュリスト政党への支持表明に与える影響を推定している。その結果，極右ポピュリスト政党の台頭は，従来，有権者間で忌避されていた，これら政党への明示的な支持表明を促進することが明らかになっている。このように社会におけるナショナリスト的な価値観や権威主義的な価値観の台頭は，有権者による社会的規範の否定を促進する可能性が，先行研究では指摘されている。

5 新しい研究潮流と今後の研究

価値観に関する政治学研究は，社会学・経済学などの分野における理論に依拠し，多くの知見が蓄積されてきた。現在では，新しい分析手法やデータの登場により，心理学や歴史学といった隣接分野と融合する形で，さらに新しい研究が進められている。その例として，本節では，道徳心理学（moral psychology）と歴史政治経済学（historical political economy）を紹介し，今後の研究を展望する。

道徳的な価値観

道徳的価値観とは，何を「善」とし，何を「悪」とするかという判断を下す際における価値基準である（Haidt 2008）。この道徳的価値観は，心理学，とりわけ道徳心理学で中心的な概念として研究の対象とされてきた。近年の政治学研究では，この道徳的価値観が，有権者の政治行動に影響を与えることが明らかにされている（Jung and Clifford 2024）。道徳的価値観は，様々な感情を生起することから，有権者の投票参加や分極化に対して影響を与えるのである（Ryan 2014）[2]。

2） 道徳的価値観を規定する要因について検討した研究として，Hatemi et al.（2019）などがあげられる。

第Ⅱ部　態度の様相

　第一に，道徳的価値観は，有権者の投票参加に影響を与える。例えば，Jung (2020) は，政党による道徳的価値観に訴えかける選挙キャンペーンが，有権者の投票参加を促進することを，様々な方法により検討した。まず，Jung (2020) は，CSES のデータと政党のマニフェストデータを用いて，選挙において政党が道徳的なアピールを行うほど，その政党の支持者は投票に参加することを明らかにしている。さらに，Jung (2020) は，サーベイ実験を行い，政党による道徳的アピールが有権者の投票参加を促進するメカニズムについて，分析を行った。その分析の結果，支持政党による道徳的価値観に訴えかける選挙キャンペーンが，この政党に対する支持者のポジティブな感情を生起するため，これらの有権者は，より投票に参加するようになるという一連のメカニズムが明らかにされている。

　第二に，道徳的価値観は，有権者の分極化を促進する。現在，アメリカをはじめとする一部の先進民主主義国家では，党派間における分極化が顕在化している (Ciuk 2023，⇒第**11**章)。特に，近年の研究によると，有権者の党派性が，道徳的価値観と結びつき，自身と同じ政党を支持する内集団の有権者を「善」と見なし，異なる政党を支持する外集団の有権者を「悪」と見なすことで，さらなる分極化が生じる可能性が指摘されている。Garret and Bankert (2020) は，ANES (American National Election Studies) などのデータを用いて，有権者の道徳的価値観と感情的分極化の関係について分析を行った。その結果，政治を道徳的な問題と捉える有権者ほど，感情的に分極化しており，自身の支持政党と異なる政党を支持する有権者との交流を忌避する傾向が確認されている。すなわち，有権者の道徳的価値観が党派性を帯びることで，有権者間における分極化がさらに進む可能性が示唆される。

歴史的な影響

　また，現在の政治学では，歴史資料のデジタル化などにより，歴史的な事象の実証研究が蓄積されている。この研究分野は，歴史政治経済学 (historical political economy) と呼ばれており，過去に共有されていた規範や価値観が，現代の有権者の政治行動や政治的態度にも影響を与えることが指摘されている (Charnysh et al. 2023; Cirone and Pepinsky 2022; Jenkins and Rubin eds. 2022)。

第8章 価値観

　過去に共有されていた価値観は，どのように現在の有権者に影響を与えるのだろうか。先行研究は，この価値観の継承のチャネルとしてコミュニティの役割をあげている。ある地域において，過去に存在していた規範や価値観が，コミュニティ内での人々の交流などを通じて受け継がれるため，その価値観が現在の有権者の政治行動をも左右するのである。例えば，Charnysh and Peisakhin（2022）は，1940年代のポーランドにおける国境変更によるガリツィアからの強制移住を自然実験として利用した分析を行い，コミュニティが価値観の継承において果たす役割について検討している。19世紀，ガリツィアは，オーストリア帝国の一部であり，より保守的で宗教的な価値観を有する人々が居住していたとされている。しかし，ガリツィアの一部がソ連へ編入されることに伴い，多くのガリツィアに住むポーランド人は，ポーランド国内のその他の地域へ移住することを余儀なくされた。Charnysh and Peisakhin（2022）は，ポーランドの地理情報データと独自のサーベイデータを用いて，ガリツィアからの移民が移住先においてマジョリティであった地域に住む有権者ほど，現代でも，より（オーストリア帝国において普遍的であったとされる）保守的で宗教的な価値観を有することを指摘し，コミュニティが，その地域における価値観の継承に重要な役割を担っていると主張する。

　また，Acharya et al.（2016）は，19世紀アメリカにおける各地域での奴隷制の存在が，現代の有権者の価値観に影響を与えることを明らかにしている。具体的に，Acharya et al.（2016）は，19世紀アメリカにおける国勢調査のデータを利用し，奴隷が多く存在していた地域に住む白人有権者ほど，現代においても，より保守的な価値観を有する傾向を確認している。これらの研究に加え，近年の研究では，各地域における戦争の経験（Cremaschi and Masullo 2024）や国家による暴力（Rozenas et al. 2017）といった過去に生じたイベントによって醸成された価値観が，コミュニティ内で継承され，現代の有権者の政治行動にまでも影響を与えるという知見も蓄積されている。

　政治学では，このような新しい分析手法やデータの登場とともに，隣接分野と融合する形で，新しい知見が蓄積されてきている。今後，隣接分野における理論や分析手法を用いた検討は，政治的事象の理解の深化に寄与すると考えられる。

第Ⅱ部　態度の様相

Inglehartが残した功績

　政治学における価値観の研究という分野を切り拓いたInglehartは2021年に逝去した。Inglehart（1977）は脱物質主義的価値観が浸透することの帰結として，エリート挑戦型の政治スタイルが主流化することを指摘していた。当時念頭に置かれていた政治現象は，欧州において台頭していた緑の党などの環境政党や女性運動，反戦運動，環境運動，消費者運動などのいわゆる新しい社会運動（new social movements）であった。数十年を経て，ポピュリスト勢力や権威主義的価値観に根差した政党が台頭した。脱物質主義的価値観，ないしリバタリアン的価値観が浸透したことによる反作用として，権威主義的な価値観が一部の人の間で強化され，内在化された結果でもある。当初から予期していなかったかもしれないが，価値観の性質は違えど，Inglehartが指摘したエリート挑戦的な政治は，ポピュリズム勢力を代表する反エリート主義的な理念に基づく政治勢力の台頭までを射程に収めていた。本章で整理した通り，価値観の変動は様々な角度から理論的，実証的に検討が重ねられ，その規定要因から帰結に至るまで，知見が蓄積している。これまでがそうであったように，今後展開される政治現象に応じて，人々のミクロの価値観とマクロの政治現象を接合する新たな研究が生み出され，私達の政治理解を豊かにするであろう。

第9章　対外政策

松村尚子

国家の対外政策 (foreign policy) について，人々は何を考え，どのように態度を決めるのだろうか。また逆に，人々の考えや態度は政策決定者に影響を与え，政策や国家間関係を左右するのだろうか。1990年代後半以降の国際関係論では，これらの問いに対する理論的な検討や実証が増えており，「対外政策と世論」の研究は重要性を増している。本章は，対外政策と世論の関連について，過去20年程度の比較的新しい学術的議論を中心に紹介する。ただし，対外政策に含まれるイシューは多く，膨大な研究が存在するため，それらを網羅的にレビューすることは不可能である。そこで，対外政策と世論をめぐる研究の進展が著しい安全保障分野の実証研究を中心にレビューを行う。また，本章は世論に焦点を当てた対外政策のレビューであるため，政策決定者の意識や行動を主な分析対象とする対外政策決定論 (foreign policy decision making) は扱わない。

1　対外政策と世論をめぐる研究とその発展

　国際関係論において，対外政策は伝統的なサブフィールドである。しかし長らく，対外政策の研究の主眼は政策決定過程に置かれており，分析対象は政策決定者や省庁・利益団体などの組織の行動や意識 (心理や認知)，それらを取り巻く国際環境であったため (e.g. Snyder et al eds. 1962; Allison 1971; Steinbruner 1974; Jervis 1976)，世論は十分に分析されてこなかったといえる。この背景には，「アーモンド・リップマン説」(Holsti 1992) として知られる，世論に対する懐疑的な見方が影響している。この説は，一般の人々が外交問題に対する意見

---

1) 　対外政策に関する日本語の書籍も，政策決定者や政策決定過程について概説するものが多い (杉本 1980; 有賀 1989; 佐藤 1989; 須藤 2007)。例外として，書籍ではないが2014年の『レヴァイアサン』(飯田ほか編 2014) は外交と世論についての特集号である。

第Ⅱ部　態度の様相

を持つことは難しく（Almond 1950），持ったとしても偏った情報に影響されやすい大衆の意見は，流動的で一貫性を欠く（Lippmann 1922）という見方である。この見方に立てば，政策決定者は世論を参考に対外政策を決めることは少なく，またそうすべきでもない，ということになる。

　しかし，このような状況や見方は劇的に変化しており，今や世論は対外政策の研究に欠かせない変数となっている。その理由としては，次の3点があげられる。第1は，国際関係論の理論的枠組みのミクロ化である。国家の対外行動や国家間関係を，国内の政治制度や指導者の視点から説明しようとする理論が増え，それらの理論の基礎となる要素として，世論の役割が見直されている。第2は，こうした理論枠組みを検証するためのデータや分析手法の進展である。サーベイ実験などの普及によって，国際関係論でも個人レベルのデータを取得することが容易になっており，個人の態度や行動を解明する試みが増えている。第3は，社会的に影響が大きい事件の発生である。米国同時多発テロ事件，アフガニスタンやイラクでの戦争，ロシアのウクライナ侵攻などは，人々の生活に直接または間接的に影響を及ぼしており，武力行使に対する世論というテーマへの関心を高めている。

　本章の目的は，対外政策と世論の関連について，安全保障分野の研究を中心に，比較的新しい学術的議論を紹介することである。本章では，世論（public opinion）を人々の態度や意見を意味する概念として使う。この第1節では，対外政策研究の分野で世論が注目される背景として，国内政治に依拠する国際関係論の理論と，個票データを使った実証の進展について概観する。第2節は，対外政策に対して，どのような人々が，なぜ・どのような意見を持ちやすいのか，という点を探る研究を扱う。第3節では逆に，人々の態度や意見が政策決定者や対外政策に影響を与えるのか，という問いに答えようとする研究群を紹介する。最期の第4節は，この分野に残された課題について述べる。なお，他国の世論に働きかける政策であるパブリック・ディプロマシーはレビューの対象外である。パブリック・ディプロマシーの研究動向については，金子・北野（2007）やTago（2024）を参考にしてほしい。

国際関係論における世論への回帰

1990年代頃から国際関係論では，対外政策や国家間関係を説明する重要な要素として国内制度や国内政治に注目する研究が増えた。安全保障研究における民主的平和論，観衆費用，陽動戦争，セレクトレット理論などは，その代表的な研究群であろう。中でも，民主主義国と非民主主義国の間の武力行使に関する体系的な差に大きな関心が寄せられており（e.g. Lake 1992; Maoz and Russett 1993; Gelpi and Griesdorf 2001），民主的平和（democratic peace）について研究が蓄積されてきた。民主的平和とは，民主主義国は非民主主義国としばしば戦争をするものの，互いに戦うことはないという観察である（Doyle 1986; Oneal and Russett 1999）が，その理由の1つとして，指導者の行動に影響する世論の役割が指摘されている。

民主主義国では，指導者が世論に配慮した政策決定を行うと考えられるが，それは彼らの政治生命が有権者の選択と支持に依存する制度的な特徴に由来する。対外政策の評価も有権者の投票行動に影響するため（Aldrich et al. 1989; Gelpi et al. 2007; Oktay 2018），指導者の側も有権者の選好や期待に沿う政策を行う度合いが高く，有権者が望まない政策を避けると考えられている（Page and Shapiro 1983; Russett 1990）。このような指導者と世論のつながりを前提に，民主主義体制と武力行使に関して，多くの議論が存在する。

例えば，武力行使の脅しについて，民主主義国の指導者が発する脅しは，信憑性が高いという仮説が広く受け入れられている（Fearon 1994）。指導者が一旦発した武力行使の威嚇を反故にすると，国のメンツや評判に傷がつくことを嫌う有権者が，指導者への支持を落すと考えられるためである。これは観衆費用（audience cost）と呼ばれ，民主主義国では観衆費用が高いとされる。さらに，武力行使の結果に説明責任を求められる民主主義国の指導者は，開戦の決断に慎重であり，戦争が選ばれる場合には，勝利の見込みが高いという情報を発することになる（Reiter and Stam 2002）。ここから，民主主義国同士であれば，相手の意図や意志を読み違えて，もめごとが戦争にエスカレートする可能性は減り，交渉による解決が成立しやすいという仮説が導かれており，民主的平和の重要な説明の1つになっている。

第Ⅱ部　態度の様相

対外政策と世論に関する実証研究

　このように世論の役割を前提とする理論が増える一方で，この前提の妥当性を確かめる研究も増えている。背景として，実証に不可欠な個票データへのアクセスが向上したことや，分析手法の進歩が大きくかかわっている。特に，サーベイ実験やオンラインマーケットプレイスの登場による調査の低コスト化は，国内外を問わず個人を対象とする調査のハードルを格段に下げた。その結果，理論の前提として仮定されていながら，経験的に検証することが難しかった対外政策に対する人々の反応を分析する試みが増え，理論の精緻化が進むこととなった (Kertzer 2017)。

　その最たる例が，先述の観衆費用の理論である。観衆費用に関しては，それが本当に発生するのか，なぜ発生するのかについて疑問が残されていた。観衆費用の性質上，対外行動の費用が大きく見積もられるほど，指導者はそのような行動を避けようとする内生性 (Schultz 2001) から，観察データによる厳密な因果関係の検証は困難とされてきた。しかし2000年代以降，国際危機のシナリオを使ってサーベイ実験を行い，空威張りをした指導者と最初から危機にかかわらないと約束した指導者に対する世論の支持を比較することで，観衆費用を測ろうとする試みが増えている (e.g. Tomz 2007; Trager and Vavreck 2011; Levendusky and Horowitz 2012; Davies and Johns 2013; Levy et al. 2015; Kertzer and Brutger 2016; Lin-Greenberg 2019; Nomikos and Sambanis 2019; Schwartz and Blair 2020; Kohama et al. 2024; 河野 2018)。

　例えば，Tomz (2007) はアメリカ人を対象としたサーベイ実験で，観衆費用の存在を裏付けている。この実験では，「ある国が隣国を占領すべく軍隊を出動させた」という仮想の危機のシナリオを使い，侵略国の軍事力・動機・政治体制などの背景情報に加えて，侵略が放置された場合のアメリカの国益に対する影響を説明した上で，危機に対する大統領の対応を処置として用いている。具体的には，回答者の半数に，大統領は危機に関与しなかったというシナリオが割り当てられ，残りの回答者には，大統領は軍事介入を警告したものの結局実施しなかったという空威張りのシナリオが示される。ここで観衆費用とは，これら２つの大統領の危機対応に対する回答者の支持の差となるが，有意な差が確認されている。

114

最近では，観衆費用が発生する理由や費用の大きさに踏み込む研究もある。Kertzer and Brutger (2016) は，国民が指導者を罰する理由は，一度発した脅しを撤回するという言行不一致による国家の評判低下への懸念だけでなく，脅しをかけることなど，好戦的であることに対する否定的評価でもあることを明らかにしている。また，国民が望まない状況を作り出した指導者の無能さに対する罰である可能性も示されている (Nomikos and Sambanis 2019)。さらに，観衆費用の大きさについて，Schwartz and Blair (2020) は，女性指導者に対する「女性は軍事安全保障の問題への対応が得意ではない」という固定観念によって，空威張りの観衆費用が男性指導者よりも高くなることを確認している。この他，指導者の言葉遣いの曖昧さ (Trager and Vavreck 2011) や，行為の正当化ないし理由付けの内容 (Levendusky and Horowitz 2012)，武力行使の経済的な損失 (Quek and Johnston 2018) などによっても，観衆費用の大きさが変わることが示されている。

観衆費用が発生する状況ではなく，観衆の側である人々の個人的な属性から，指導者の行為を罰する理由が異なる可能性を探る研究もある。Brutger and Kertzer (2018) は，紛争を解決する手段として武力行使などの強硬手段も辞さない，いわゆるタカ派的な人は，武力介入の脅しを発しながら実行しなかった指導者の言行不一致を罰する一方で，平和的な解決を志向するハト派的な人は脅し全般を嫌うため，武力行使の脅しをかける指導者の好戦性を罰することを発見している。さらに彼らは，自国の国際的信頼を低く見積もる人は，自国が他国から搾取されることがないよう，決意の評判を維持することを重視するので，指導者の言行不一致を罰する傾向があることも確認している。

2 対外政策に対する世論の形成要因

そもそも人々は，対外政策に対する態度をどのように形成するのだろうか。この問いに対する研究群では，大きく分けて2つのアプローチがとられてきた (Kertzer 2023)。1つは，トップダウン型の発想であり，人々を取り巻く情報の役割に焦点をあてる。日常生活とかけ離れた外交問題に対して，人々は関心や知識を持ちにくいため (Rosenau 1961; Guisinger and Saunders 2017)，専門的な知

識を持つ政策エリートの態度や言動を手がかり (cues) に意思決定をするという議論である。もう1つは，ボトムアップ型の発想であり，外交に関する専門知識や情報ではなく，個人の社会的属性，政治的なイデオロギー，中核的な価値観が意思決定に果たす役割を強調する議論である。

政策キューと世論

政策キューの代表例は，政党や議員である。党派性を持つ人々は，支持政党や議員の発言をもとに対外政策に対する態度を決めることが示されている (Brody 1991; Baum and Groeling 2009; Berinsky 2009; Guisinger and Saunders 2017)。これに加えて，安全保障の分野では，軍人の言動もキューとなる (Golby et al. 2018; Kenwick and Maxey 2022; Jost and Kertzer 2023)。Golby et al. (2018) は，イランやシリアへの軍事介入などの仮想シナリオを用いた実験で，米軍幹部の反対がアメリカ人被験者の介入に対する支持を減らすこと，また，その効果は議員や軍事専門家よりも大きいことを明らかにしている。軍人が発する情報に対する信頼が，大学教授，議員，メディアが発する情報よりも高いことを示す調査もある (Lupton and Webb 2022)。日本についても，公職に対する信頼に関する調査において，自衛隊に対する信頼は，国会議員や裁判所など8つの機関や団体の中で最も高く，5割を超える唯一のアクターとなっている (日本経済新聞 2019)。

政策キューの提供者として，国際機関に着目する研究もある。例えば，武力行使について国際連合の安全保障理事会 (安保理) の授権がある場合に，武力行使に対する人々の支持が増える，あるいはそれを期待して指導者が授権を求めるという仮説が，フォーマルモデルで提示されてきた (Fang 2008; Chapman 2011) が，授権の効果は，サーベイ実験でも実証されている (Grieco et al. 2011; Johns and Davies 2014; Golby et al. 2018; Guardino and Hayes 2018)。また，授権の効果は，武力行使を主導する国の人々だけではなく，中東諸国や日本など第三国の人々にも影響することが確認されている (Thompson 2006; Tago and Ikeda

---

2) ただし，人々が事実や状況をもとに意思決定を行うことが可能であれば，キューに頼る必要はない。例えば，戦争の長期化や死傷者の数は，戦争の結果や費用のわかりやすい指標となるため，人々の政策判断に影響を与えることが指摘されている (Gartner 2008; Baum and Groeling 2010)。

2015; Matsumura and Tago 2019)。

多様な政策選好を持つ加盟国から成る安保理では，武力行使の提案に対して拒否権が発動される可能性があるため，授権を仰ぐという行為それ自体や授権の有無から，人々は武力行使の合法性や正統性 (Hurd 2008)，武力行使を提案した国の自制的な意図 (Thompson 2006)，他国の参加や費用分担 (Recchia 2016)，そして成功の見込みなどについて予測することができると考えられている。安保理の授権のパターンに着目した Matsumura and Tago (2019) の実験では，アメリカによる武力行使の提案に対して，拒否権を行使することが多い中国やロシアが賛成した場合，特に人々の支持が高まることを確認している。

より最近では，政策エリート以外にも，家族や友人など身近な人々の態度 (Kertzer and Zeitzoff 2017) や外国の世論がキューになる可能性も示され始めている (Hayes and Guardino 2011; Murray 2014; Dragojlovic 2015; Guardino and Hayes 2018; Leep and Pressman 2019)。ソーシャルメディアの隆盛によって，人々の国際問題に関する情報の受け取り方が変化していることを踏まえれば (Foyle 2017)，政策エリート以外のアクターが対外政策の世論形成に与える影響は，ますます注目される。

個人の属性と政策態度

政策キューは外部の情報環境に着目した議論であるが，人々の対外政策への態度は，個人的な属性や価値観によっても影響されることが明らかになっている。その中でも特に，性別，イデオロギー，倫理・道徳的価値観が，対外政策に対する選好の規定要因として注目されている。

性別と武力行使に対する支持の関係は多くの研究が指摘する (e.g. Conover and Sapiro 1993; Togeby 1994; Wilcox et al. 1996; McDermott and Cowden 2001; Eichenberg 2003; Crawford et al. 2017; Eichenberg and Stoll 2017; Barnhart et al. 2020)。軍事攻撃や戦争に関するアメリカ人を対象とする965の世論調査 (1982～2013年) を分析した Eichenberg (2016) は，女性は男性に比べてハト派的であることを確認している。日本人を対象とした研究でも，領土紛争への自衛隊派遣や武器使用 (荒木・泉川 2014) や核兵器の保有 (Matsumura et al. 2023) について，男女の差が確認されている。ただし，人道的介入など弱者を守るための武

力行使の場合，女性が男性よりもタカ派的に振舞うことも示されており（Brooks and Valentino 2011），男女の差は状況によって変わるとの知見もある。

政治的イデオロギーも重要である（⇒第**8**章）。例えば，保守的なイデオロギーを持つ人は，リベラルなイデオロギーを持つ人に比べて，自国の国際的な関与や国際機関への資金提供に懐疑的であるとされる。対して，対外政策の態度は「保守 vs. リベラル」という対立軸に沿って一次元的に構成されるものではなく，多次元であることを指摘する議論もある。その代表が，軍事的国際主義（*Militant Internationalism*: MI）と「協調的国際主義（*Cooperative Internationalism*: CI）の軸（Holsti and Rosenau 1990; Wittkopf 1990; Holsti 2004）である。この分類では，MIとCIの度合いが共に高い個人は国際主義者として，自国が国際情勢に関与することは支持するが，CIは外交的アプローチを好む一方で，MIは軍事的な対応を好む違いがあるとされる。CIでもMIでもない人は孤立主義者となる。保守にもリベラルにも当てはまらない世論を捉える分類として活用されている（Gravelle et al. 2017）。

人間の中核的な価値観も注目されている（Herrmann and Shannon 2001; Kreps and Maxey 2018）。例えば，Kertzer et al.（2014）は，武力行使に対する人々のCIやMIといった態度について，CIは啓蒙主義的な倫理観，MIは集団を守るといった倫理観のように，異なる価値観に由来することを実験で確認している。Tomz and Weeks（2021）も，集団への忠誠や公正さなどの価値観が，軍事同盟の義務を守ることを是とする世論につながることを確認している。また，彼らは別の実験で，民主主義国の人々が他の民主主義国と戦うことを嫌う理由は，民主主義国の政策は人々の意志であるため，それを否定するような攻撃は避けるべきだという道徳観に根差すことを発見している（Tomz and Weeks 2013）。

関連して，核兵器をめぐる忌避意識の検証も行われている。第二次大戦以降，核兵器が一度も使われていない理由として，核の先制使用をタブー視する規範の存在が指摘されてきた（Tannenwald 1999）が，この規範意識の強さを実証的に明らかにする試みが始まっている（e.g. Press et al. 2013; Sagan and Valentino 2017; Carpenter and Montgomery 2020; Rathbun and Stein 2020; Koch and Wells 2021）。その嚆矢であるPress et al.（2013）の実験は，自国兵士を守るために核兵器の使用が軍事的に有用である場合，人々は使用を容認するという結果を示

第9章　対外政策

しており，核兵器使用に対する禁忌が従来考えられてきたよりも弱い可能性を指摘している。この研究に続く形で，核兵器と同じく殺傷能力の高い生物化学兵器の使用に対する世論を探る実験（Smetana and Vranka 2021）や，核兵器の使用ではなく保有に対する忌避意識の弾力性を測る試みも行われている（Matsumura et al. 2023）。

個人の感情と政策態度

以上のような性別，イデオロギー，価値観といった要素は，外交問題を経験する前から個人に備わる属性であるが，外交問題に直面することで生じる感情も，対外政策に対する人々の態度に影響する可能性が議論されている。

例えば，対外的な脅威が発生した際に，指導者に対する国民の支持が一時的に増加する「国旗の下の結集（rally-around-the-flag）」と呼ばれる現象について，その理由を人々の感情や心理状態に求める解釈が存在する[3]。自国に向けられた脅威によって，人々の愛国心が高揚したり（Mueller 1970），内集団としての意識が増すこと（Marcus 2000; Huddy et al. 2005; Mercer 2010）によって，指導者への支持が増えるという解釈である。ただし，Myrick（2021）のように，外部脅威による凝集論を反証する研究もある。

最近では，人間の基本的な感情である怒り（Halperin et al. 2011; Zeitzoff 2014; Wayne 2023）と不安または恐れ（Hatemi et al. 2013; Stein 2015）の影響が，外交や国際関係論の研究で議論されている。例えば，安全保障上の脅威が，これらの感情に媒介されて，指導者に対する支持や好戦的な政策への支持につながることが指摘されている（Huddy et al. 2005; Gadarian 2010）。さらに，不安と怒りのどちらの感情を感じるかによって，政策への支持態度が異なる可能性も示されている。Lambert et al.（2010）は，米国同時多発テロの映像を使った実験室実験で，テロ攻撃の映像が不安と怒りの両方の感情を喚起するものの，大統領への支持や好戦的な政策への支持は，怒りの感情で引き起こされることを確認し

3）　結集効果のもう一つの説明として，情報環境に着目する説がある。危機の際には，野党の政府批判が沈静化し，国民が政権のリーダーシップを感じやすく，政府を支持しやすい環境が醸成されることを指摘する（Brody 1991; Colaresi 2007）。同様に，メディアも市場原理が働かなくなること（Kauffmann 2004）や，政権に対する批判よりも賞賛を取り上げることが多くなるため，政府への支持が高まる可能性があるとされる（Groeling and Baum 2008）。

119

第Ⅱ部　態度の様相

ている。同様に，テロに対して怒りを抱く人々の方が，恐怖を感じる人々よりもイラク戦争への支持が高いこと (Huddy et al. 2007) や，テロ集団に対するドローン攻撃への支持につながること (Fisk et al. 2019) も確認されている。これらの研究は，危機の際に人々が指導者や武力行使を支持する理由が，不安の払しょくや自国の防衛による安心確保よりも，敵に対する可罰や報復の欲求であることを示唆している。

　別の感情的な要因としては，屈辱も注目を集めている。屈辱を受けた人々が復讐を求めるために武力紛争に至る可能性 (Lindner and Deutsch 2006；Löwenheim and Heimann 2008) や，屈辱を受けた人々が屈辱を与えた側を敵とみなす傾向 (Leidner et al. 2013)，また，地位を回復するために紛争を求める可能性 (Barnhart 2017) などが指摘されている。これらの研究に加えて，Masterson (2022) は，屈辱が武力行使のコストに対する人々の感覚を弱めることを実験室実験で明らかにしている。

　以上のボトムアップ型のアプローチは，個人の属性や感情という，政治や対外政策の領域外の要素が，外交政策に対する態度に影響する可能性 (Hurwitz and Peffley 1987) とともに，人々が政策エリートに頼らなくても，外交問題についてある程度一貫した判断を下す可能性を示唆している。もっとも，属性・価値観・感情といった要素は多面的であるため，どのような属性・価値観・感情がどの対外政策態度につながるのかについて，さらに検証を重ねることが必要である。

3　対外政策に対する世論の影響

　第2節では，対外政策に対する世論に影響する要因について述べてきたが，世論は政策エリートや実際の政策に影響を及ぼすのであろうか。世論に対する政策エリートの反応については，世論調査を使った検証が行われてきた。例えば，世論への応答性に関する先駆的な業績である Page and Shapiro (1983) は，アメリカについて代表性のある数百の世論調査 (1935～1979年) を分析し，対象となる外交課題や時期によって程度は多少異なるものの，世論の変化と対外政策の変化の間には対応関係があることを指摘している。また，Eichenberg and

第9章　対外政策

Stoll（2003）もアメリカ，イギリス，フランス，ドイツ，スウェーデンの5カ国の世論調査から，世論が防衛支出の増減におおむね影響していることを確認している[4]。

　より明示的に，エリートが世論を意識して武力の行使を考える主張として，陽動戦争（diversionary war）の議論がある。陽動戦争とは，国内に不満やスキャンダルを抱える指導者が，これらの問題から国民の目を逸らすために，あえて危険性の高い対外政策に訴える可能性を探る議論である（James 1987; Levy 1989; Morgan and Bickers 1992; Theiler 2018）。なぜ危険性の高い行動をとるのかについては，前節で触れた「国旗の下に結集する効果」に期待する動機（Mueller 1973; Lee 1977; Baum 2002b）や，後がない指導者が指導力を示そうと「起死回生のギャンブル」（Downs and Rocke 1994）に出る動機（Richards et al. 1993; Smith 1996）などが指摘されている。

　陽動戦争の仮説を実証する試みも行われている。国民の結集を喚起することが陽動作戦の主な目的だとすれば，指導者は結集効果が大きくなるような国を武力行使の標的にするはずである。Jung（2014）は，観察データを使った分析から，政情不安を抱える国の指導者は，急速に台頭する国や地域的な覇権を行使する国など，世論が不安の感情を抱きやすい国家に対して軍事行動を開始する確率が高いことを明らかにしている。また，指導者は自国の国際的な地位の低下に対する国民の懸念を払しょくする目的（Powers and Renshon 2023）や，屈辱に応える目的（Barnhart 2017; Masterson 2022）のために軍事行動を行う可能性も指摘されている。他方で，Haynes（2017）は，起死回生の動機を踏まえて，指導者は自分がいかに有能かを示すために，自国よりも国力が相対的に高い国に対して武力行使を行うと論じている[5]。

　ただし，陽動的な武力行使と指導者に対する支持の関係については，逸話的な事例が多い一方で，データによる検証では，条件付きの結果が示されている。具体的には，支持率の増加は一時的であることが多いこと（Fletcher et al.

4）　ただしDavis（2012）は，NATOに加盟する欧州8か国を対象とする世論調査の分析から，世論は対外政策に影響を与えるものの，それは，政策決定者の対外的な脅威に対する認識が弱い時であるという，条件付きの効果であることを主張している。

5）　結集効果を発生させるものとして，外国からの外交的抗議（Kagotani and Wu 2022）や言葉による脅しの存在も指摘されている（Segev et al. 2022）。

121

第Ⅱ部　態度の様相

2009) や，大規模な武力紛争でなければ確認されないこと (Baker and Oneal 2001；Lai and Reiter 2005) が指摘されている。さらに，27か国を対象とする Gallup World Poll (2008～2014年) と紛争データを組み合わせた最新の分析では，他国に対して武力行使を開始した指導者への支持は低下することが報告されている (Seo and Horiuchi 2024)。日本を対象にした分析 (1960年～2001年) でも，武力化した国家間紛争に関して，紛争直後に内閣支持率が上昇する傾向は，冷戦期に限定されることが確認されている (大村・大村 2014)。

　これらの研究は，世論に対する政策エリートの応答性を考える上で重要な業績であるが，世論調査や観察データを使って世論の政策に対する影響を検証することは容易ではない。なぜなら，政策が世論に一致したとしても，エリートが世論の意を汲み取った結果なのか，それとも政策に世論が影響されたのか，あるいは第3の要素が両者に影響を与えているのか判別しにくいからである。また，世論の反対によって，政策の内容が変わったり終わる可能性はあるが，実際には，反対が予測されるような政策が実行されることは少ないため観察することが難しく，また実行された場合はかなり特殊な事例となる。

　そこで，これらの問題を解決可能な政策エリートを対象としたサーベイ実験によって，政治家が世論に配慮しながら政策決定を行う可能性を検証する試みが，近年，なされ始めている。例えば，Tomz et al. (2020) は，イスラエルの国会議員を対象として実験を実施し，市民が軍事力を使うことを好ましいと思うときには，議員も世論に従う傾向があることや，世論に背くことは高い政治的コストを払うと認識しているなど，議員が世論に対して応答的である傾向を確認している。また，Chu and Recchia (2022) は，イギリス議会下院議員を対象に，実際の世論調査結果を処置として用いた実験で，調査結果を見た議員はそうでない議員よりも世論に近い政策を支持することを明らかにしている。

　軍人も世論に敏感であることを示す実験もある。Lin-Greenberg (2021) は，Tomz et al. (2020) のシナリオを用いて，アメリカの現役または退役した軍人185人を被験者とする実験を行い，市民の武力行使に対する態度によって，軍事行動を政府に進言する確率が変わることを明らかにした。自由回答の分析では，被験者が，世論の支持がなければ軍事作戦は成功しないと考え，そのような作戦が軍の評判を落とすと考えていることも確認された。これらの研究は，

政策エリートが対外政策を考える際に，世論を気にかけていることを示唆するものであり，今後，これらの政策エリートの意識が，対外的な行動に帰結するかについて，検証が待たれる。

4 対外政策と世論に関する研究の今後

本章は，世論の存在を理論の前提とする対外政策の研究について，安全保障分野を中心に紹介した。特に，近年の動向を踏まえて，サーベイ実験による実証研究を多く取り上げた。この手法により，個人を分析対象とする仮説の検証が可能になったことで，今後も対外政策の理論の再検証や精緻化，因果効果やメカニズムの解明が進むと考えられる。本章を締めくくるにあたり，残された課題に触れておきたい。

まず，本章で取り上げた研究のほとんどが欧米の対外政策に関するものであり，調査の実施対象もアメリカが圧倒的に多い。しかし言うまでもなく，世論の反応は政治制度や歴史・文化的な要因によっても異なるだろう (Levin and Trager 2019)。例えば，政党キューの効果について，人々の政党への帰属意識が弱い日本では機能しないことを示す研究もある (Kobayashi and Yokoyama 2018)。そこで，多国間比較や非欧米圏の世論の分析や追試をすることで，理論の適用範囲や処置効果の不均一性を明らかにすることが急務である。

同様に，権威主義国の世論についての研究の進展も望まれる。先行研究の多くは，民主主義国を対象にしており，非民主主義国や過渡的な体制の世論を対象とするものは少ない。近年，非民主主義についても一党制や軍事独裁など，指導者が政権を維持するために一定の国内支持者を必要とする体制が存在することが明らかになってきている (Weeks 2008; Mattes et al. 2016)。観衆費用が非民主主義国でも発生する可能性 (Weeks 2008; Quek and Johnston 2018; Bell and Quek 2018; Weiss and Dafoe 2019; Li and Chen 2021; Smetana 2024) や，特定の非民主主義国では指導者が陽動的な目的で武力行使を行う可能性 (Pickering and Kisangani 2010) も示されており，さらなる検証が望まれる。

さらに，Kertzer (2023) が指摘するように，政策介入を受ける側の国の世論の研究は進んでいない。例えば，軍事介入をめぐる世論について多くの研究が

第Ⅱ部　態度の様相

あるが，介入する国の世論を対象にするものが圧倒的であり，介入される側の世論を対象とする研究は少ない（e.g. Hirose et al. 2017; Dill 2019; Mikulaschek et al. 2020）。また，軍事介入に限らず，介入される側の世論も一枚岩ではないことに注意を払うべきである。例えば，戦争犯罪を裁く国際刑事裁判所への世論の支持は平均的には高いものの，犯罪が起こった地域とそれ以外の住民では大きく違うこと（Chapman and Chaudoin 2020）や，自国における在留米軍の重要性は認識する一方で，自分の地域には戦闘機を配備したくないと考える傾向など（Horiuchi and Tago 2023），いわゆるNIMBY（not in my backyard）の態度が指摘されている。平均的な世論ではなく，国内のよりローカルなレベルで人々の意識を明らかにすることが必要である（Tanaka 2016; Allen et al. 2020）。

　もちろん，サーベイ実験という手法にも課題は多い。まず，観察データを使った研究と比較して，追試が圧倒的に少ないため，結果の再現性に問題がある。次に，結果の外的妥当性についての批判も多い。そこで，仮想のシナリオではなく，実際の紛争事例や発言を処置とする実験も有用であろう（e.g. Gartner 2008; Tingley 2017; Huang 2018; Mattes and Weeks 2019; Weiss and Dafoe 2019）。また，外的妥当性の問題は人々が直面する情報環境の再現性の低さにも由来するだろう。例えば，第2節で触れた政策キューの効果に関する実験では，単一のキューを処置として用いることが多く，現実の情報環境とは大きく異なっている。そこで，多様な主体が発する複数のキューの効果を同時に検証するような実証が望まれる。コンジョイントデザインを用いたJost and Kertzer（2023）は対処法の1つといえる。

　さらに，サーベイ実験では，処置効果の継続期間や人々の行動との関係を明らかにすることが難しく，処置効果を過大に評価してしまう可能性がある。例えば，観衆費用に関する実験では，結果変数として指導者の支持率が用いられることが多く，投票行動を指標に測る場合（実際には難しいが）と比べて，過大推定の可能性がある。そのため，数理モデルと統計モデルを融合して観衆費用の証拠を検出する試みも行われているように（Kurizaki and Whang 2015），複数の手法を組み合わせた分析も重要である。最後に，個人の態度を明らかにするだけではなく，その態度が社会や国家という集合的なレベルの政策にどのように帰結するのかについても，十分な検討が必要である。

以上の課題はあるものの，すでに多くの国際関係論の理論がミクロレベルの前提に依拠していることを考えれば，それらの前提について経験的な妥当性や理論の適用範囲を明らかにしていくことは，現象に対する納得のいく説明を目指す上で不可欠である。またサーベイ実験では，人々の感情や心理にも踏み込んだ分析が可能であるため，どのような外交政策が人々に支持されるのかという点に加え，それは「なぜ」なのかというメカニズムの解明も期待できる。社会心理学や行動経済学の知見を取り入れた対外政策と世論の研究も多くなっており（Kertzer and Tingley 2018; Kertzer 2023），さらなる進展が期待される。

第**Ⅲ**部
課題の中の政治意識

第10章　排外主義

五十嵐彰

本章では，移民やエスニックマイノリティに対する否定的な態度である排外主義の規定要因，そして排外主義をもとにした差別について包括的に議論する。まずは排外主義の主要規定要因である集団脅威について，経済・文化・安全の観点から，政治学で現在も続く議論を簡潔にまとめる。次に排外主義を減少させる上で特に重要な理論である集団間接触について触れたうえで，集団脅威と集団間接触の合流点ともいえる移民割合と排外主義との関連の研究についてまとめる。最後に，排外主義をもとにした差別について，特に政治学の主要な論点である①有権者としてのエスニックマイノリティに対する差別，そして②候補者としてのエスニックマイノリティに対する差別について論じる。これらの議論から，有権者としてのエスニックマイノリティは政治家から不当に扱われているのか，不当な扱いの理由は何か，そしてなぜエスニックマイノリティとしてのバックグラウンドをもつ政治家は少ないのか，といった問いに答えることができる。本章から，排外主義の高まりが，マイノリティの政治的プレゼンスを不当に低めていることがわかる。

1　争点化する移民と排外主義政治争点としての移民

移民研究を牽引してきたCastles and Miller（2009）は，現代を「移民の時代」と呼ぶ。第二次世界大戦後の国家間の条約の整備や移動技術の発展によって国際移住は飛躍的に伸び，生まれ育った国以外に居住する人は2020年時点で2億8100万人，全人口の3.60％を占めている（IOM 2021）。移民の増加に伴い，移民を対象とした政治学の研究が多く生み出されるようになった。政治理論の領域では国家が人の移動を制御する正統性や国民の境界（Miller 2016；Song 2018），多文化主義とリベラリズムの論争などが代表的だろう（e.g. Barry 2001；Kymlicka 1995）。実証研究では，移民の増加と紛争やテロの関連（Helbling and Meierrieks 2022；Kapur 2014），移民に関する国内政策の帰結（Abdelgadir and Fouka 2020；

Weldon 2006)，そして政治参加に関する研究がなされている（Bratsberg et al. 2021；Fraga 2016a, 2016b；Wasow 2020）。

　政治学における移民研究は多岐にわたるものの，中でも排外主義研究は欠かすことができない。「排外主義」とはここでは外国人や移民，エスニックマイノリティに対する否定的な態度を指す。日本独自の呼び方で，政治学や社会学の英語論文ではattitudes toward immigrantsなどといった言葉を使う（用語の整理についてはCeobanu and Escandell〔2010〕を参照）。近年のアメリカや西ヨーロッパで生じた主要な政治的イベント，例えばBrexitやドナルド・トランプの大統領当選，西ヨーロッパでの極右政党の躍進の背景には移民に対する否定的な感情があるとされる（Goodwin and Milazzo 2017；Hooghe and Dassonneville 2018b）。全世界の移民のうち52％は北アメリカやヨーロッパに集中しており（IOM 2021），移民問題を意識しやすい環境にあるといえる。事実，極右政党や保守の政治家は移民問題を政治争点として持ち出し躍進している（Grande et al. 2019）。移民の受け入れは，西欧民主主義国の政治情勢を左右する重要な争点となっている。

　翻って日本では，おそらくアメリカやヨーロッパほどには移民が恒常的な政治争点化となっていないものの，こうした状況は移民の増加とともに変わらざるを得ないだろう。日本に住む外国人数は1990年に88万人，人口比で0.72％であったが，移民政策の度重なる転換により，2023年には322万人，全人口の2.59％を占めている。少子高齢化を背景に，今後もこの伸びが続けば，50年後には全人口の12％に達するという試算もある（是川 2019）。移民割合の増加は移民に関する政策の必要性につながり（Westlake 2018），移民問題が恒常的な政治争点となる日がやがて訪れるだろう。その際に，排外主義の度合いに応じて有権者の分断が起こりかねない。

　本章では，排外主義の代表的な規定要因である脅威と集団間接触に焦点を当ててまとめ，その後，排外主義がもたらす政治に関する差別について概観する。脅威は排外主義を高める理論として，集団間接触は排外主義を緩和する理論として古典的な位置を占め，現代的な手法を応用した研究も数多く出ている。両者は本来別々に発展してきた理論であるものの，移民が多い地域で人々は排外的になるのか，という問いのもとで対比される傾向にある。本章では移

第Ⅲ部　課題の中の政治意識

民問題が現実的な存在感を持ち，研究が発展しているアメリカやヨーロッパに
おける知見を中心にまとめるが，日本にて実施された研究も可能な限り提示す
る。ただ，当然本章だけでは排外主義研究のほんの一部さえもカバーしきれな
いため，排外主義研究に関心がある人は既存のレビュー論文なども読んでもら
いたい（Ceobanu and Escandell 2010；Dancygier and Laitin 2014；Esses 2021；Fussell
2014；Hainmueller and Hopkins 2014）。

2　集団脅威

脅威とは何か

自身が所属している集団（内集団，in-group）と，それ以外の集団（外集団，out-
group）との関係をもとに，内集団が持つ価値ある資源に対し，外集団に所属し
ている人が脅かしているという認識する。こうした認識の結果，外集団に否定
的な態度を形成するというのが，脅威の基本的な前提である。脅威の研究は，
分野によって複数の源流があり，例えば心理学では現実的集団葛藤理論
（realistic group conflict theory. cf. LeVine and Campbell 1972；Sherif 1966；Sherif and
Sherif 1953）がある。また，社会学では集団位置理論（theory of group position.
Blumer 1958）や，人種脅威仮説（racial threat hypothesis. cf. Blalock 1967）などがあ
る。現状，社会学では，集団脅威理論（group threat theory. cf. Quillian 1995）とし
て名称がおおよそ統合されている。それぞれ，脅威に関する考え方や，研究の
対象が異なっているものの，資源をめぐる集団間の対立が外集団に対する否定
的な態度をもたらす，という基本的な考えは共通している。ここでいう資源に
は様々なものが含まれるが，経済，文化，安全が代表的である（Sniderman et
al. 2004）。

経済的脅威

経済と一口に言っても様々な側面があるが，脅威理論の枠組みでは労働市場
における競合，社会志向経済，福祉負担の3つにまとめられる（Valentino et al.
2019）。労働市場の競合とは，移民によって仕事が奪われるという認識を指す。
例えばスキルが低かったり（つまり学歴が低かったり），ブルーカラーの職に従事

したりしている人は，移民に対して否定的な態度を抱きやすい（Mayda 2006;
Scheve and Slaughter 2001）。これは多くの場合，移民が低賃金・低階層の職に
就くため，スキルの低い国民は移民によって自分の仕事が奪われると認識しや
すいためである。

　労働市場における職を巡る競合は長年脅威研究において中心的な役割を担っ
てきたが，近年ではHainmueller and Hiscox（2010）によるごく単純で明快な実
験研究によって，職をめぐる競合の議論がシフトしている。この研究による
と，高スキル移民に対する態度の方が，低スキル移民に対する態度よりも好意
的であり，さらにこの傾向は回答者の学歴に関わらず観察された。この研究は
労働市場における競合モデルに対する有力な反論になっている。なぜなら仮に
競合が成り立つのであれば，高スキル（つまり高学歴）の回答者であれば高スキ
ル移民と労働市場における競合を経験しやすいため，低スキル移民をより好む
はずだからだ。その後，各国で高スキル移民を好む結果が追試され，おおよそ
確立された結果になったといえる（Igarashi et al. 2022）。

　人々が高スキル移民を好む理由として，Hainmueller and Hiscox（2010）は移
民が社会全体の経済（これを社会志向経済〔sociotropic economy〕と呼ぶ）に対して
与える好意的影響を国民が重視するためと解釈した。これはあくまで解釈に過
ぎなかったが，Igarashi et al.（2022）が日本で行った実験が社会志向経済の
メカニズムを実証している。この実験では，スキルを必要としない職（短期的な
アルバイトなど）に就職した高スキル移民と低スキル移民に対する態度はほぼ変
わらないという結果が得られた。これはスキルの高い移民に対し，より社会全
体の経済に貢献するような職に就くことを人々が期待していることを反映して
いるといえる。

　高スキルに関する論文が出たことで，労働市場における職の競合は決着がつ
いたかに思われたが，その後も議論が続いている。否定しても否定しても何度
も立ち上がってくる職の競合の議論を，Hainmueller and Hopkins（2014）はゾ
ンビ理論と呼んだ。その名の通り，彼らの高スキル実験が行われた後も，多く
の研究が職の効果を示している。例えば自身の技能の移転可能性が低い（要す
るに潰しが効かない職についている）国民は移民に対してより排外的になったり
（Pardos-Prado and Xena 2019），失業した人は移民をより重要な問題だと思うよ

第Ⅲ部　課題の中の政治意識

うになったりすることがわかっている (Lancee and Pardos-Prado 2013)。Hainmueller and Hiscox (2010) を直接再現しつつ，高スキル移民を好意的にみる効果は，高スキル移民に典型的な人種やエスニシティの効果を包含しているという批判もあり (Newman and Malhotra 2019)，今後も議論は続くだろう。日本語でこの議論に関心がある人は，中井 (2021) を読んでみてもらいたい。

　移民が福祉を不当に受給するという認識のもと，排外的になるという可能性もある (Helbling and Kriesi 2014)。移民にスキルが伴っていない場合には，生活保護や失業保険などの社会保障に頼る確率が高まると国民が認識し，その結果排外主義を形成する。この点に関してIgarashi and Ono (2022) は，日本において自己責任の観点から実験を行った。自己責任を重視する人であれば低スキル移民に反対する一方で，高スキル移民を好む傾向にある。他方で自己責任を重視しない人 (社会保障を重視する人) は高スキル移民と低スキル移民に対する態度がほぼ変わらなかった。自己責任を重視する人は低スキル移民が社会保障に依存しやすいと思い強く反対するが，高スキル移民であれば依存する確率が低いために好意的に迎えるのだろう。

文化的脅威

　経済的脅威と並び，長期にわたり着目され続け，現代でも重要な位置を占める脅威の源泉が文化だ。文化的脅威 (cultural threats) とは，内集団の文化が外集団によって脅かされたり損なわれたりする認識を持ち，それに反発して外集団に対して排外的な態度を形成する過程を指す。"怠惰な"アフリカ系アメリカ人が白人の勤勉な労働文化を損なうとか，イスラム教徒移民の"非自由主義的な"文化が西ヨーロッパの文化を侵食する，といった認識である。経済的脅威よりも文化的脅威の方が重要とする研究の歴史は長く (Sniderman et al. 2004. 追試研究として De Rooij et al. 2018)，その頑健性も実証されている (Lucassen and Lubbers 2012; Malhotra et al. 2013; Sides and Citrin 2007; Valentino et al. 2019)。

　具体例をみてみよう。男女平等や同性愛支持は西ヨーロッパで戦後急速に規範として浸透していったが，他方で聖典やその解釈により，ムスリム移民は男女平等や同性愛に対して否定的な傾向にある (Adamczyk and Pitt 2009; Diehl et al. 2009)。西ヨーロッパの人々は，男女平等規範を支持しないムスリム移民に

対して文化的な距離を感じ，排外的な態度を抱くようになる。Choi et al. (2023) は，ドイツ人の援助行動をフィールド実験を用いて検証し，現代的な価値観（女性も働くべき）を持つムスリム移民は伝統的な価値観（女性は家庭を守るべき）を持っているムスリム移民と比べて助けてもらえる確率が高く，ドイツ人が困っている場合と比べてもその確率にはほぼ差がないことを示した。つまり，価値観が異なっている集団に対しては差別的な扱いをし，価値観が同一な集団に対しては，たとえ宗教が違っていたとしても，助けるようになるということだ。

安全に対する脅威

西ヨーロッパにおけるムスリム移民に対する否定的な態度は，必ずしも文化的要素のみから生じているわけではなく，ムスリム移民に対して危険なイメージが付与されてしまっているためだという議論もある。Helbling and Traunmüller (2020) がイギリスで行った実験では，ムスリム移民に対する否定的なイメージは，過激派のイスラム教移民に対する態度によってほぼ形成されていることがわかった。これはつまり，イスラム教徒に対する態度は，文化的脅威ではなく，過激派がもたらす危険なイメージによって強く影響を受けている可能性を示唆している。この研究はヨーロッパ4か国でも追試されており，一貫した結果が得られている (Helbling et al. 2022)。

Helbling らの研究に代表されるように，国民の安全を脅かす存在として移民を捉える場合がある。移民が犯罪率を上げたり，テロを巻き起こしたりすると認識し，移民に対して否定的な態度を抱く。これを安全に対する脅威 (security threats) などと呼ぶ。アメリカの同時多発テロ以降，この領域は特に着目を集めている (Huddy et al. 2005)。経済的脅威や文化的脅威の研究と比べ，安全に対する脅威の研究では特に自然実験 (natural experiments) が多用されている。[1] 安全に対する脅威の研究では，予見できない出来事としてテロが多用されている。この分野の先駆的な研究である Legewie (2013) は，2002年の10月にインド

---

[1] 自然実験とは，研究者が予見できない出来事の直接的な影響や，出来事を利用した分析を指す。より詳しくは，Muñoz et al. (2020), Robinson et al. (2009), Sekhon and Titiunik (2012) 等を参照のこと。

第Ⅲ部　課題の中の政治意識

ネシアのバリ島で起きた爆弾テロ事件を利用した自然実験を実施した。2002年の同時期にはヨーロッパ社会調査が実施されている途中であり，このテロが発生する前と後に質問紙に回答した人がいることになる。Legewieはテロの前後での移民に対する態度を比較し，一部の国でテロの後に移民に対する態度が悪化していることを発見した。同様の枠組みを使い，2015年1月にパリで生じたシャルリー・エブド襲撃事件や（Savelkoul et al. 2022），11月に生じた同時多発テロを使った研究（Ferrin et al. 2020；Frey 2022）もある[2]。これらの研究は個別のテロ事件を用いた自然実験であるため，一部の事件の特異な効果を推定しているとみられるかもしれないが，テロを使った自然実験を対象としたメタ分析でも，テロが移民に対する否定的な態度をもたらすことが明らかとなっている（Godefroidt 2023）。

3　集団間接触

集団間接触研究の発展

集団間接触理論（intergroup contact theory）とは，外集団の構成員と接触，例えば挨拶や会話などをすることで，その集団全体に対して好意的になるという理論である。Allport（[1954] 1974）は集団間接触を理論的に整理し，接触が偏見の減少をもたらすには①集団間の対等な地位，②共通の目標の設定，③協力・協同，そして④接触の制度的支持の条件が満たされる必要があるとした。しかし，Pettigrew and Tropp（2006）によれば，この4つの条件がなくても接触は外集団に対する態度を好意的に変化させる。集団間接触が外集団の構成員に対する好意的な態度をもたらす理由はいくつかあるが，メタ分析では外集団に対する不安の減少，外集団に関する知識の取得，そして外集団の視点取得（perspective taking）をするからだとされている（Pettigrew and Tropp 2008）。

集団間接触の研究は，フィールド実験による検証なしに語ることはできない

2）　ちなみに，テロと移民を結びつけて脅威を感じるという研究を今まで紹介してきたが，実際には移民や難民，不法滞在移民が増えてもテロは増えず（Bove and Böhmelt 2016；Light and Thomas 2021；Polo and Wucherpfennig 2022），かえって難民を標的とした国民によるテロが増える（Polo and Wucherpfennig 2022）。

だろう。集団間接触において，最も重要な懸念事項は因果関係の厳密な検証だからである。移民や外集団に対してもともと好意的な人が接触を行うという可能性があるため，内生性の問題を払拭できない。こうした問題を解決するべく，多くのフィールド実験，つまり実際の生活の場においてランダムに条件が分けられる形式を用いた実験が行われてきた。例えば大学寮のどの部屋に住むかがランダムに決まっていることを活かし，ルームメイトの人種が自分と異なっている場合，1年後に外集団に対する態度が好意的になったという（Boisjoly et al. 2006; Levin et al. 2003; van Laar et al. 2005）。同様に，ランダムに部屋が決まるノルウェーの軍隊を対象に，マイノリティと同室になる効果を検証した研究もある。この研究では，移民の労働意欲に対するステレオタイプや移民に対する信頼は向上したが，移民に対する福祉配分への支持は変わらなかった（Finseraas et al. 2019; Finseraas and Kotsadam 2017）。これらのフィールド実験のようにランダムな割り当てを使った研究のみを対象にしたメタ分析でも，接触の効果は確認されている（Paluck et al. 2019）。

　すべてのフィールド実験が接触と排外主義の負の関連を支持しているわけではなく，接触の負の効果が文脈によるということも示されており，特に親密な接触が成り立たない場合にはかえって外集団に対する態度が否定的になる。職場における移民との接触を検証したスウェーデンの研究によれば，従業員数が少ない職場における移民との接触は極右に対する支持を下げるが，従業員数が多い職場ではかえって極右政党に対する支持を高めるという（Andersson and Dehdari 2021）。小さい職場だと繰り返し仲の良い接触を行う確率が高いが，人数が多いとそうした接触を持ちにくく，かえって移民の存在が脅威に映るのだろう。住民の多くを白人が占めるアメリカの地域の電車に，あえてスペイン語話者の実験者を乗せる実験をした研究もある。この路線は乗客が少なく，互いに見知った仲のようだったのだが，そこに新たに実験者（つまりサクラ）として複数人のスペイン語話者を乗せた結果，この電車の乗客の移民に対する態度が悪化した（Enos 2014）。実際に話す機会がないことによって接触がかえって阻害され，移民や外集団の存在が脅威と映る可能性も示唆される。

第Ⅲ部　課題の中の政治意識

脅威と接触の合流

　排外主義研究における重要な論点の１つとして，移民割合が多い地域において，人々は排外主義を抱くのか，それとも移民に対してより好意的になるのか，というものがある。移民が多いと内集団の資源を奪われる可能性が高まり，より脅威を感じるようになり，その結果，排外主義が高まるかもしれない。他方，移民が多いと，国民と移民の間に接触が生じる確率が高まり，排外主義が低下するかもしれない。この領域は社会学において特に多く研究がなされてきたが（Blalock 1967; Quillian 1995），近年では政治学でも検証されている。方法として一時点の移民割合と排外主義の関連をみたり（e.g. Laurence 2011; McLaren 2003; Quillian 1995; Semyonov et al. 2006），パネルデータを使って移民増加と個人内排外主義の変遷をみたりする（Claassen and McLaren 2022; Khalil and Naumann 2022; Weber 2019）。ただし結果は混在しており，決定的なことはわかっていない。移民割合と排外主義の間に有意な関連がないという研究も相当数ある（Pottie-Sherman and Wilkes 2017）。因果推論を用いた研究のメタ分析では，効果が小さいながら脅威のメカニズムのほうが優勢という結果も得られているが，研究に大きく左右される（Cools et al. 2021）。

　突発的なイベントやランダムな割り当てによって移民割合が変動したことを利用し，人々の態度の変化を検証した論文も増えている。移民やマイノリティは自分が住むところを自己選択で決めるために，もともと人々の態度が寛容な地域に住むようになるかもしれないからだ。アメリカにおける研究では，公共住宅の解体をきっかけとして用いている。公共住宅の解体によってアフリカ系アメリカ人の住人が大規模に転居することになったのだが，その結果公共住宅の近隣に住んでいた白人の投票率が下がった（Enos 2016）。これは自分の身近に外集団がいなくなったために，脅威をより感じなくなり，現状を変えるための政治的な主張をしなくてもよくなったと解釈されている。他方，脅威ではなく接触を観測する研究もある。いわゆるモルモン教と呼ばれるキリスト教会は世界各国にボランティアを派遣して信者を募っているが，アメリカ国内に派遣されたボランティアのうち，移民が多い地域に派遣された人は移民に対してより好意的になった（Berinsky et al. 2023）。

　最後に，日本の研究を紹介しよう。パネルデータを使い，Igarashi and Laurence

（2021）は日本の都道府県の移民増加と排外主義の関連を検証した。移民割合が増加すると，同一人物内で移民に対する態度がより否定的になるということが明らかとなった。しかし脅威と接触は同時に起こっており，移民が増えると接触が増えるため，排外主義の増加幅が抑えられている。2つの理論は必ずしも相互に排他的なわけではなく，両立し，それぞれの効果を抑制しあっているのかもしれない（Laurence et al. 2022）。

4　排外主義と差別

嗜好に基づく差別

　排外主義はあくまで移民やエスニックマイノリティに対する否定的な態度であり，人々の頭の中にあるものに過ぎない。排外主義が何らかの行動に移されて初めて，社会に対して影響をもたらすのだといえよう。排外主義の重要な帰結の1つが移民やエスニックマイノリティに対する差別である。（人種）差別とは，「人種や民族に基づいて行われる不平等な処遇」（Pager and Shepherd 2008: 184; 永吉 2020: 204）であり，行動として現れるものを意味する。

　差別の中でも特に，排外主義をもとにする不平等な扱いを嗜好に基づく差別（taste-based discrimination）と呼ぶ（Becker 1957）。[3] 嗜好に基づく差別には，自身の排外主義に基づく差別に加え，他者の態度を推測した差別も含まれる。労働市場における差別を例にとると，雇用主や採用担当者個人が排外的であるために移民やエスニックマイノリティの応募者を差別して採用しない，というものに加えて，自社の同僚や顧客が移民やエスニックマイノリティを忌避すると推測し，採用しないというものも嗜好に基づく差別とされる。前者を検討したIgarashi and Mugiyama（2023）の研究では，日本の労働市場においても移民に対する差別があり，排外主義が高い採用担当者ほど移民をより採用しない傾向にあることがわかっている。後者の議論を検証した研究として，レストランに

3）　このほかに，統計的差別もある。ある個人に関して得られる情報が限られていえる場合に，集団に関する情報を当てはめてその個人に関する判断を下すというものだ。例えば選挙の候補者に関してあまりよくわかっていない場合に，その人がエスニックマイノリティである場合，あまり日本の政治がわかっていないから投票しない，という行動をとるかもしれない。

137

おいて顧客が店員の人種的多様性を求めていることがわかると，人種マイノリティの店員がより多く採用されるようになる (Pedulla et al. 2023)。これら二種類の嗜好に基づく差別は，政治学の差別研究にも応用されている。以下では有権者としてのエスニックマイノリティに対する差別，そして候補者としてのエスニックマイノリティに対する差別に分けてそれぞれ概観しよう。

有権者としてのエスニックマイノリティ

有権者としてのエスニックマイノリティに対する差別を検証するため，政治家や選挙の立候補者に対し，投票の仕方や政策についての考えなどをメールで問い合わせる方法が用いられている。メールには送信者の名前（もちろん偽の名前）をランダムに割り当て，これで人種やエスニシティを示す。送信者の名前に応じて返信が来る確率が違っていれば，差別があるといえるだろう。

この分野は比較的新しく，Butler and Broockman (2011) による研究が嚆矢である。同研究によれば，政治家による差別には，記述的代表 (descriptive representation) と戦略的党派性の考慮 (strategic partisan considerations) という2種類のメカニズムがある。前者は，政治家や候補者は自集団の利益を代表するため，自分と異なる集団から連絡がきても返信しにくいというメカニズムである。自集団への好意的な態度を表しているともいえよう。後者は，候補者は自身が当選する確率を上げるように行動するという前提に基づいたメカニズムで，自分に投票してくれそうな送信者に対してのみ返信をする。[4] 実験の結果，送信者がマイノリティであれば，その支持政党にかかわらず，そして政治家の所属政党にかかわらず，白人の政治家からの返信が得られにくかった。この結果は自集団の送信者を選好するという前者の議論に整合的であるといえよう。さらに政治家だけでなく，地方自治体の職員もエスニックマイノリティからの投票方法についての問い合わせに対して返信しない傾向にあり，こうした差別的な対応は戦略的な行動として説明ができないこともわかっている (White et

---

4) エスニックマイノリティであれば民主党支持者が多いため，返信しないという理屈である。これは注3で触れた統計的差別と一貫した説明で，仮にこの説明が正しいとすると，送信者の支持政党を開示すると差別がなくなる（少なくとも自党の支持者には差別しなくなる）はずだが，結果はそうではなかった。

al. 2015)。

　政治家による差別はアメリカ，ブラジル，南アフリカ，イギリス，ドイツ，スウェーデン，デンマークなどでもみられている（Alizade and Ellger 2022；Crawfurd and Ramli 2022；Dinesen et al. 2021；Driscoll et al. 2018；Eriksson and Vernby 2021；McClendon 2016）。2016年までに行われた50件の研究をもとにしたメタ分析によれば，送信者がマイノリティであれば返信が来る確率は確かに低く，こうした差別の背景には記述的代表があるようだ（Costa 2017）[5]。ただし，スウェーデンで行われた別の実験では，メールの文中に有権者の社会経済的地位を示すシグナル（歯医者かどうか）を追加した結果，送信者のエスニシティによる返信確率の差がなくなった（Larsson Taghizadeh et al. 2022）。つまり，名前から本人のエスニシティだけでなく社会経済的地位も読み取っており，送信者の地位に応じて政治家は返信するかどうかを決めている可能性もある（Landgrave and Weller 2022）[6]。

候補者としてのエスニックマイノリティ

　移民の背景があったとしても，その国の国籍を取得をすれば政治家として立候補ができる。しかし移民が多いアメリカでも，こうした背景を持つ政治家は少ない。なぜ海外にルーツを持つ政治家は少ないのだろうか。提唱されている理由は2つあり，1つはそもそも移民やエスニックマイノリティの背景を持つ人が候補者になる動機が形成されにくいから，もう1つは既存の政党や政治家によって当選しにくい状態にされているからである。前者は，移民側から政治家になりたい人の供給がない可能性，後者は既存の政治家が門番（gatekeeper）になっている可能性を意味する。

5）　ただし，送信者のエスニシティが何であれ，全体的に当選後の議員の方が，当選前の候補者よりもメールへの返信確率が低く，これは戦略的な行動を意味しているといえる。またブラジルで行われた研究では，当選前の候補者はマイノリティに対してより返信するが，当選後返信しなくなる，という研究もある（Driscoll et al. 2018）。

6）　これをサーベイ実験における情報等価（information equivalence）という。同一の処置（名前）から同じ情報を得なければならない。例えばサーベイ実験上で「民主主義」という言葉を処置として使う際は，その言葉は政治体制のみを意味し，国の経済状況や国の置かれた地域を含意してはならない（Dafoe et al. 2018）。

第Ⅲ部　課題の中の政治意識

　上記の疑問を，政治家になるためのステップを通じて検証しているのが
Dancygier らによる研究である（Dancygier et al. 2021）。Dancygier らはスウェー
デンのデータを用い，政治家になるためのステップのうちどの段階でエスニッ
クマイノリティとマジョリティの間に差異が生じるかを検証している。段階と
は①資格がある，②出馬したいと思う，③候補者になる，④当選する，という
４つを指す。このうち，１段階目から２段階目（出馬資格から出馬意志）への移
行確率はマジョリティとエスニックマイノリティとで同じだが，２段階目から
３段階目（出馬意志から実際の立候補），３段階目から４段階目（立候補から当選）
へは，マジョリティの方が移行しやすいことがわかっている。つまり，エス
ニックマイノリティとマジョリティとで政治への関心や野心などは同じだが，
実際に候補者になったり，当選する段階で差が生じている。こうした移行確率
の差は，移民やマジョリティ個人の資質である政治的野心や関心などの差異で
は説明できない。言い換えると，政治に関する個人のやる気や意識が仮にエス
ニックマイノリティとマジョリティ間で同一であっても，マジョリティの方が
候補者になりやすいし当選しやすい。

　移民が候補者になりにくかったり，当選しにくい背景の一つには，現職の政
治家による援助のなさがあげられている。従来はエスニックマイノリティ側の
問題として，特にその社会経済的な地位が障害となって当選しにくいと考えら
れていたが，社会経済的地位が向上しても，エスニックマイノリティが市議会
議員になりやすくなるわけではなかった（Dancygier et al. 2015）。この研究は，
現職の政治家や政党が，門番の役割を果たし，移民を有力な候補者とみなして
いない可能性を示唆している。事実，アメリカにおける地方の政党支部長に対
して行われた実験では，アフリカ系アメリカ人やヒスパニック系の候補者だと
当選しにくいと考えていることがわかっている（Doherty et al. 2019）。オランダ
で行われた研究では，エスニックマイノリティの候補者は当選リストのうち安
全圏に置かれにくい（van der Zwan et al. 2019）。また，政党は自党の候補者が勝
ちそうにもない選挙区にエスニックマイノリティや女性の候補を擁立する傾向
にある（English 2019；Thomas and Bodet 2013）。これはマジョリティ男性の候補

者に優先的に勝てる選挙区を割り振っていくためだと考えられる[7]。

　こうした政治家による積極的な支持の少なさは，有権者がエスニックマイノリティの候補者を忌避する傾向を反映したものとも解釈できるだろう。つまり，嗜好に基づく差別のうち，他者の嗜好を推測した結果の差別である。事実，実際の投票行動をデータとして用いた研究では，有権者はエスニックマイノリティ候補者を忌避する傾向にある（Fisher et al. 2015）。候補者に対して賛成票と反対票を入れることができるスイスの制度を用いて行われた研究では，エスニックマイノリティの候補者は自身に対する反対票と，マジョリティの候補者に対する賛成票という二重の不利を経験している（Portmann and Stojanović 2022）。さらに，仮にマイノリティ候補者が過去に当選経験があったとしても，有権者による支持は得られない（Portmann 2022）。マイノリティであるために当選が困難である，というのはある程度現実を反映しており，こうした有権者の行動を反映した現職政治家の行動は，嗜好に基づく差別といえども正しいといえるかもしれない。

　ところが，こうした実際の投票データを用いた研究と比べて，サーベイ実験では異なる結果が得られている。サーベイ実験を使った候補者実験をまとめたメタ分析では，全体的にみてエスニックマイノリティ候補者に対して差別的な投票をしない（van Oosten et al. 2024）。ただし，自集団の候補者を強く好む傾向も同時に観察されており，マイノリティ有権者はマイノリティ候補者を，マジョリティ有権者はマジョリティ候補者を支持する傾向にある。ここからこの論文の著者らは，現実にマイノリティの候補者が少ないのは，有権者側の需要ではなく，候補者の供給の問題であると結論づけている。つまり，仮にマイノリティの候補者が擁立されれば，マイノリティの票を集めることができるという。有権者の多様性が高い選挙区において，特に重要な知見といえるだろう。

7）　ただし，政党の資金支援などがマジョリティ男性と，女性やエスニックマイノリティとで異ならないという研究結果もある（Fraga and Hassell 2021；Hassell and Visalvanich 2019）。理由は定かではないものの，資金支援はするが，有利な選挙区を割り当てるようなこともしないという二面性があるといえるだろう。

第Ⅲ部　課題の中の政治意識

5　排外主義研究の今後の課題

　本章では，排外主義の主要な規定要因である脅威と集団間接触について概観
し，その上で政治に関する差別についてごく簡単にふれた。ただし，本章で
扱った研究の多くはいまだに決着がついていない領域である。特に政治に関す
る差別の研究は，国内の研究が非常に少ないのが現状だ。日本においてマイノ
リティ候補者は差別されているのか。そして，国外にルーツを持つ有権者に対
し，政治家や地方自治体の職員は差別的な扱いをするだろうか。日本国内の政
治学における排外主義研究，そして何より差別研究はいまだ発展途上にあり，
今後さらなる研究が待たれているといえよう。

第11章　政治的分極化

小椋郁馬

近年，様々な国の有権者の間で，「政治的分極化（political polarization）」という現象が生じており，政治や社会のあり方に深刻な影響を及ぼしていることが指摘されている。本章では，有権者の政治的分極化について，これまで行われてきた実証研究を取り上げる。第1節では，政治的分極化には，「イデオロギー的分極化（ideological polarization）」と「感情的分極化（affective polarization）」という，2つの異なるタイプが存在することを指摘する。第2節では，それぞれのタイプの分極化を先行研究がどのように測定してきたのかについて概観する。次に，感情的分極化に焦点を当て，有権者における分極化の要因と帰結に関する先行研究についてレビューする。第3節では，政党支持と様々な社会属性やイデオロギーと政党支持との関連の強まり（社会的ソーティング・イデオロギー的ソーティング）や，政党やその支持者について人々が持つステレオタイプが，感情的分極化の要因であることを指摘する。加えて，感情的分極化を緩和する方法についてもあわせて議論する。第4節では，感情的分極化が政治参加を促す可能性がある一方，異なる党派間での社会的な交流の減少や，民主主義の後退につながりうることを述べる。最後に第5節では，政治的分極化研究のこれまでの進展を踏まえ，今後の研究課題について議論する。

1　現代的課題としての政治的分極化

近年，アメリカを含む様々な国で，有権者の間で「政治的分極化（political polarization）」という現象が生じており，政治や社会のあり方に深刻な影響を及ぼしていることが指摘されている。[1] その例としては，2020年のアメリカ大統

1）　polarizationには「極性化」という訳語が当てられることもあるが，本章では「分極化」という訳語を用いる。また，政治的分極化は政治家や官僚，政治活動家といった政治エリートにおいても生じている現象ではあるが，本章では有権者における政治的分極化を対象とした先行研究のみを

第Ⅲ部　課題の中の政治意識

領選後の連邦議会議事堂襲撃事件や，2022年ブラジル大統領選後の暴力事件などがあげられる。

　Esteban and Ray（1994）によると，社会が規模の大きい少数の集団によって構成されており，それらの集団が，集団内部における同質性および集団間の異質性がいずれも高い，という条件を満たす場合，その社会は「分極化」しているとされる。政治学では，有権者が「分極化」しているという場合，通常，有権者の間でイデオロギー対立が生じていること，もしくは有権者の間で感情的な対立が生じていることを指す。そして，前者をイデオロギー的分極化（ideological polarization），後者を感情的分極化（affective polarization）と呼び，異なるタイプの分極化として区別している。

　イデオロギー的分極化とは，有権者の間で，異なるイデオロギーを持つ複数の集団における対立が生じている状態を指す。具体的には，有権者におけるイデオロギーの分布が複数の峰を持ち，かつそれらの距離が離れている（i.e., 有権者が異なるイデオロギーを持つ集団に分かれている）とき，また分布全体の分散は大きいもののそれぞれの峰の分散は小さい（i.e. 各イデオロギー集団内では同質性が高い）とき，有権者がイデオロギー的に分極化している状態とされている（e.g. Bramson et al. 2017; DiMaggio et al. 1996）[2]。

　一方，感情的分極化は，有権者の間に存在する複数の集団間で，感情的な距離が拡大した状態を指す。元々は，アメリカの有権者においてイデオロギー的分極化とは別の，党派間における感情的な対立が生じていることを説明するために提唱された概念である（Iyengar et al. 2012）。アメリカでは2000年代以降，感情的分極化が急激に進んだとされるが，それ以外の国でも感情的分極化が進行している国はあるとされている（Boxell et al. 2024）。感情的分極化は，人々が

　　扱う。また，政治学では政党システムの分極化（party system polarization）について議論をすることもある（e.g. Dalton 2008; Sartori 1976＝2000）が，紙幅の都合上，これらの文献については本章の対象外とする。

2）　イデオロギー的分極化というと，Sartoriによる政党システムの分類を想起する読者も多いだろう。Sartoriは，有力な政党が5～6程度存在し，政党間のイデオロギー距離が極端に離れているような政党システムを，分極的多党制（polarized pluralism）と呼んだ（Sartori 1976＝2000）。Sartoriの定義では，集団（i.e., 政党）の数が「分極化」の要件となっている一方，集団内の同質性は要件とされておらず，有権者におけるイデオロギー的分極化とは異なる基準を用いていることに注意が必要である。

自分の支持する政党をより好むことによって，または支持しない政党をより嫌悪することによって生じるが，アメリカでは，主に人々が自らの支持しない政党をより嫌う傾向が強まることにより感情的分極化が拡大した（e.g. Abramowitz and Webster 2018）。感情的分極化は近年ではイデオロギー的分極化よりも注目を集めており，様々な国を対象とする研究が行われている。

　本章の構成は以下の通りである。第2節では，イデオロギー的分極化や感情的分極化の測定方法を概説する。次に第3節および第4節で，感情的分極化に焦点を当て，有権者における分極化の要因と帰結に関する先行研究をレビューする。感情的分極化について特に議論するのは，近年の分極化に関する研究が感情的分極化を中心とするものであることに加えて，第4節で述べるように，感情的分極化が政治や社会に深刻な影響を持つからである。最後に第5節で，政治的分極化に関する研究の今後の課題を述べる。

2　測定方法

　政治的分極化の実証研究を行うためには，「分極化」という概念を操作化する必要がある。そこで本節では，有権者におけるイデオロギー的分極化と感情的分極化を，これまでの研究がどのように測定してきたのかについて説明する。なお，前節で取り上げた「分極化」の定義からわかる通り，どちらのタイプの分極化も，本来は集団レベルで定義される現象である。しかし，政治学の実証研究では，分極化の要因やその帰結について分析を行う際，「分極化」の程度を個人レベルで測定することがしばしば行われる。そのため以下の説明では，「分極化」という現象を個人レベルでどのように操作化するか，という点についても触れることとする。

イデオロギー的分極化

　イデオロギー的分極化の程度の測定には，どのように「イデオロギー」を操作化するかによって（⇒第7章），複数の方法が存在する。1つの方法は，有権者が自らをイデオロギー軸上でどこに位置づけるか，という情報を用いるやり方である（e.g. Hare et al. 2015）。この場合，個人レベルでは，イデオロギー軸の両

第Ⅲ部　課題の中の政治意識

極に近い場所に自らを位置づける有権者は，イデオロギー的に「分極化」してい
るとみなされる。別の方法として，有権者が個々の政策争点に対してどのよう
な態度をとっているのか，という情報を用いるやり方がある (e.g. Ansolabehere
et al. 2006; Bafumi and Herron 2010)。この場合，特定の争点に関する分極化につ
いて議論をすることもあれば，複数の争点への態度を集約した政策横断的な理
想点の分布に関する分極化について議論することもある。このように具体的な
政策争点への態度を用いてイデオロギーを操作化する際には，個人レベルで
は，特定の争点について極端な意見を持っている，もしくは政策横断的な理想
点の値が極端な有権者を「分極化」しているとみなす。

　イデオロギー的分極化の研究を行うにあたっては，これらの方法が同じもの
を測っているとは限らないことに留意する必要がある。先行研究では，有権者
が自らの政治的な立場をどのように表現するかは，彼ら彼女らが具体的な争点
について持っている意見と，必ずしも一致しないことが指摘されている。な
お，前者は「象徴的イデオロギー」，後者は「操作的イデオロギー」と呼ばれて
いる (Ellis and Stimson 2012)。また，有権者はイデオロギー的に一貫した争点
態度を持っているとは限らないため，個々の争点レベルでは分極化が起きてい
ても，政策横断的な理想点の分布では分極化がみられないケースも存在する
(Broockman 2016)。

　イデオロギー的分極化と関連する現象として，イデオロギー的ソーティング
(ideological sorting) がある。これは，支持する政党によって，政策争点への態
度が体系的に異なっている現象を指す (Levendusky 2009)。有権者全体としては
争点態度の分布が分極化していなくても，異なる政党の支持者の間では意見が
体系的に違っているというケースはありうる (e.g. Baldassarri and Gelman 2008)
ので，分極化とイデオロギー的ソーティングは別の概念として区別すべき概念
である。

　2000年代後半から2010年代前半にかけて，アメリカの有権者行動を専門とす
る研究者の間で，アメリカの有権者がイデオロギー的に分極化しているか否か
について論争が行われた。Abramowitzらは，民主党支持者と共和党支持者と
で争点態度が体系的に異なっていることを主な根拠とし，アメリカの有権者の
間で分極化が生じていると主張した (e.g. Abramowitz and Saunders 2008)。一方

Fiorinaらは，イデオロギー自己位置や個々の政策争点への態度について，極端な立場が経年的に増加していないことを根拠に，アメリカの有権者の間ではイデオロギー的分極化がみられないと主張した（e.g. Fiorina and Abrams 2008）。この例は，「分極化」という概念をどのように定義し，測定するかを明確にしておくことが非常に重要であることを示唆するものといえるだろう。

感情的分極化

　感情的分極化という場合，異なる政党の支持者間での感情的対立に着目することが一般的である。感情的対立の軸として，人種や民族集団，地域，特定の政策や政治リーダーを支持する/しない集団など，政党支持者以外の集団を扱った研究も行われている（e.g. Balcells et al. 2024; Reiljan et al. 2024）が，大半は政党に関する感情的対立を対象としている。そのため本章でも，支持政党を軸とする感情的分極化に焦点を当てる。

　感情的分極化は，通常，有権者の各政党ないしは各政党の支持者に対する感情温度を用いて測定される[3]。感情温度とは，世論調査において，政党など様々な対象への好悪の感情を，温度計になぞらえた数直線上で回答してもらう項目であり，数字が大きい（i.e. 温度が高い）ほど対象への評価が好ましいことを表す。アメリカのような二大政党制の国では，支持政党に対する感情温度から，支持しない政党への感情温度を引くことで個人レベルの感情的分極化の程度を，その平均を求めることで国レベルの感情的分極化の程度を，それぞれ計算することができる。しかし，この方法では，支持政党のない無党派の人々が計算の対象外になることに注意が必要である。

　一方，主要な政党が3つ以上存在する多党制の国では，このような単純な方法を用いることはできない。そこで先行研究では，多党制における感情的分極化の測り方について，複数の方法が提案されている。1つは，支持政党に対する感情温度とそれ以外の政党への感情温度の重みづけ平均の差分をとることで個人レベルの感情的分極化を，さらにその平均を計算することで国レベルの感

3）　感情温度を利用することの妥当性や，政党への感情と政党支持者への感情の相違については，例えばDruckman and Levendusky（2019），Gidron et al.（2022b），Harteveld（2021a），Tichelbaecker et al.（2023）を参照のこと。

第Ⅲ部　課題の中の政治意識

情的分極化の程度を，それぞれ操作化する方法である（e.g. Boxell et al. 2024;
Gidron et al. 2020; Reiljan 2020）。これは，二大政党制の国で用いられている方法
を単純に拡張するやり方であるため，無党派層を計算の対象外とせざるを得
ず，支持政党のない有権者が多い国では，この方法を用いることには問題があ
る。この欠点に対処した測定方法として，各有権者の各政党に対する感情温度
の標準偏差を計算することで個人レベルの感情的分極化の程度を，その重みづ
け平均を計算することで国レベルの感情的分極化の程度を，それぞれ操作化す
るやり方がある（e.g. Wagner 2021; Ward and Tavits 2019）。さらに，「分極化」と
いう現象の本質である，集団内における同質性および集団間における異質性と
いう特徴をより適切に捉えるため，分散分析を応用した方法（Mehlhaff 2024;
Miwa et al. 2023b）や，潜在プロファイル分析を用いて感情ベースの政党ブロッ
クを析出する方法（Kekkonen and Ylä-Anttila 2021）も提唱されている。先行研究
では，用いる方法によって，感情的分極化の程度や推移に関して異なる結果が
得られることが指摘されている（e.g. Garzia et al. 2023; Gidron et al. 2022a）。その
ため実証研究にあたっては，各指標の特質や研究目的に応じて，どの方法を用
いるのが適切かを検討する必要がある。

3　分極化をもたらす要因

　政治的分極化を引き起こし，悪化させる要因は何か。ここでは，近年注目を
集めている感情的分極化に焦点を当て，分極化をもたらす要因に関する研究に
ついて述べる。
　政党支持を社会アイデンティティの一種と捉える立場からは，人々が自らと
同じ政党の支持者を好み，異なる政党の支持者を嫌悪するのは当然と思えるか
もしれない。しかし，West and Iyengar（2022）は，人々が政党に感じるアイ
デンティティの強さの変化が，感情的分極化の程度の変化につながっていない
ことを明らかにしている。特定の政党を支持するというアイデンティティを持
つことは，感情的分極化の必要条件だが，十分条件ではない。
　先行研究では，有権者における感情的分極化の要因として，エリートレベル
の分極化（Banda and Cluverius 2018; Gidron et al. 2023），政治的社会化やライフ

サイクル (Phillips 2022; Tyler and Iyengar 2023)，権威主義態度や共感性配慮といった心理的要因 (Luttig 2017, 2018; Simas et al. 2020)，ケーブルテレビやインターネットの発達といった情報環境の変化 (Lelkes et al. 2017; Settle 2018, ⇒第3章) など，様々なものがあげられている。本節では，①社会的ソーティング・イデオロギー的ソーティング，および②政党ステレオタイプの2つを特に取り上げて，主要な研究について説明する。

社会的ソーティングとイデオロギー的ソーティング

政党支持と様々な社会的属性との結びつきが，人々のイメージの中で，もしくは実際に強まった状態を，イデオロギーに関するものとは区別して社会的ソーティング (social sorting) と呼ぶ (Mason 2018b; Mason and Wronski 2018)。社会的ソーティングが起きている場合，人々にとって自らと違う政党の支持者は，支持政党のみならず様々な社会的属性が異なる，「異質」な他者として捉えられることになり，結果として異なる政党の支持者間での感情的距離の拡大につながると考えられる。

アメリカの有権者を対象に行われた先行研究では，人々が様々な社会集団に対して持つ感情が感情的分極化の要因となっていること (Robison and Moskowitz 2019)，また人々が民主党／共和党支持者と人種や宗教，収入などの社会的属性を，しばしば実際よりも過剰に強く結びつけて理解しており，こうしたステレオタイプ的な見方をする有権者ほど感情的分極化の程度が高いこと (Ahler and Sood 2018; Claasen et al. 2021) が明らかにされている。また，アメリカ以外の国を対象とした研究の中にも，社会的ソーティングが感情的分極化につながることを示すものがある (Comellas Bonsfills 2022; Harteveld 2021b; Samuels et al. 2024)。

また，政党支持とイデオロギーの関連の強化 (ideological sorting) も，感情的分極化に結びつくと考えられる。支持政党によってイデオロギー位置や様々な政策争点への立場が体系的に異なっている，もしくは人々がそのように理解しているのであれば，人々にとって自らと違う政党の支持者は，支持政党以外にも「異質」な他者と捉えられるためである。

アメリカの有権者を対象とした先行研究では，社会保障政策について支持政

第Ⅲ部　課題の中の政治意識

党とイデオロギー的に矛盾しない立場をとる有権者は，より感情的に分極化していること（Webster and Abramowitz 2017），争点態度のイデオロギー的な一貫性の高さや，平等主義や道徳的保守主義といった価値観の極端さが感情的分極化の程度と相関していること（Bougher 2017; Enders and Lupton 2021; Lelkes 2018; Ollerenshaw 2023）が明らかにされている。また，アメリカを含む複数国のデータを用いた研究においても，イデオロギー自己位置の極端さと感情的分極化が相関していること（Guedes-Neto 2023; Riera and Madariaga 2023）や，人々がイデオロギー的な距離が遠い政党にほど感情的にも距離を感じていること（Algara and Zur 2023）が示されている。

　上述の研究はいずれも観察データを用いたものだが，有権者の間で社会的ソーティングやイデオロギー的ソーティングが進んでいる場合，これらの研究には，研究設計上の問題が生じる。なぜなら，人々が自らと同じ政党の支持者に好感を持ち，異なる政党の支持者を嫌う傾向が，政党支持というアイデンティティそのものに起因するのか，それとも彼らが支持政党から推測した社会属性や政策争点態度によって他者を評価しているからなのか，経験的に区別することが困難になるからである（Orr et al. 2023）。そこで，サーベイ実験を用いるなどリサーチデザインを工夫することでこうした問題に対処した研究が，アメリカの有権者を対象に行われている（Dias and Lelkes 2022; Druckman et al. 2022; Homola et al. 2023; Lelkes 2021; Rogowski and Sutherland 2016）。こうした実験研究の中には，社会的ソーティングよりも，イデオロギー的ソーティングの方が感情的分極化に強い効果を持っていることを示唆しているものもある（Ogura 2022; Orr and Huber 2020）。

　なお，他の政党の支持者が「異質」と捉えられることが感情的距離の拡大につながっているならば，異なる政党の支持者の間に存在する共通性を利用したり，異なる政党の支持者同士の接触や交流を促したりすることで，感情的分極化を軽減できると考えられる。アメリカを対象とした研究では，異なる政党の支持者に知人や友人がいる有権者の間では感情的分極化の程度が低いこと（Whitt et al. 2021; Wojcieszak and Warner 2020），また民主党／共和党支持者が共通して持っているアイデンティティを高めることで党派間の社会的距離が減少すること（Levendusky 2023）が明らかになっている。

第 11 章 政治的分極化

政党ステレオタイプ

社会的属性や争点態度以外の特徴についても，人々は各政党の支持者に対して誇張されていたり，誤った形のイメージを持っており，こうしたステレオタイプも，感情的分極化の重要な規定要因である。例えば，Rothschild et al. (2019) およびBusby et al. (2021) は，アメリカの有権者が民主党／共和党の支持者の社会属性や争点態度のみならず，性格特性に関するイメージ (e.g.「○○党支持者は頑固で自己中心的だ」「△△党支持者はスマートだ」) も持っていること，そして特に性格特性に関するステレオタイプが感情的分極化と結びついていることを明らかにしている。

人々が社会をどの程度分極化していると考えるか (分極化の認知 [perceived polarization]) も，感情的分極化を促すステレオタイプの１つである。例えば，Levendusky and Malhotra (2016) はサーベイ実験を用いて，メディアによって有権者が分極化していることが報道されると，人々の分極化の認知が拡大し，それが感情的分極化にも結びつくことを示している。また，Enders and Armaly (2019) はアメリカを対象とした研究で，有権者自らの政策位置と，彼らが自分の支持しない政党が取っていると考える政策位置との距離が，感情的分極化と相関していることを示している。しかし，彼らは別の研究において，有権者が認知する民主党／共和党の政策位置の距離を用いて分極化の認知を操作化すると，感情的分極化との相関がみられないことも指摘している (Armaly and Enders 2021)。分極化の認知についても，測定方法を吟味することの重要性が示唆される。

関連して，自分が支持しない政党の支持者が自分の支持する政党についてどのようなステレオタイプを持っていると考えるか (ステレオタイプのメタ知覚 [meta-perception]) が，感情的分極化と結びついているという指摘もなされている。Moore-Berg et al. (2020) はアメリカの有権者を対象とした研究で，人々は相手の政党の支持者が自分の支持する政党に対して持っている偏見やステレオタイプを，実際よりも高く見積もっていること，またこうしたメタ知覚が党派の異なる人との社会的距離と結びついていることを明らかにしている。

人々が各政党やその支持者に対して持っているステレオタイプや，他の政党の支持者からの評価についてのメタ知覚が感情的分極化の要因であり，またこ

151

第Ⅲ部　課題の中の政治意識

れらが必ずしも正しくないのであれば，こうしたステレオタイプやメタ知覚を
修正することで，感情的分極化の程度を低減させることができる。実際に先行
研究でも，ステレオタイプやメタ知覚の修正を行うことで，感情的分極化の程
度が減少することが報告されている（e.g. Lees and Cikara 2020; Ruggeri et al.
2021）。

4　分極化の帰結

　感情的分極化が進行すると，どのようなことが生じるだろうか。投票率や政
治参加の向上など，感情的分極化が規範的に望ましいとされる帰結をもたらす
とする研究もあるものの，多くの研究では，感情的分極化は規範的に好ましく
ない影響を及ぼすものと考えられている。本節では，感情的分極化が政治参加
に与える影響について触れた後，人々の社会関係及び民主主義の後退への効果
に関する先行研究を特に取り上げて紹介する。

政治参加への影響
　感情的分極化が進むと，人々は自らの支持する政党やその候補者をより強く
好む一方，異なる政党やその候補者をより嫌うようになる。そのため，自らが
好む政党や候補者を応援するため，選挙に際して投票したり，献金などの投票
外参加を行ったりするようになると考えられる。Iyengar and Krupenkin (2018)
はアメリカのデータを用いて，人々が支持する／支持しない政党に対して持つ
感情温度と，投票および投票外参加との間に相関があることを示した。同様の
傾向は，カナダ（Caruana et al. 2015）や，ドイツ，スペイン，オランダといった
西ヨーロッパ諸国（Harteveld and Wagner 2023），さらには国際比較世論調査の
データを用いた研究（Wagner 2021; Ward and Tavits 2019）においても報告され
ている。一方，感情的分極化は，政治参加をしていない有権者に投票参加や投
票外参加をさせる効果は持たず，既に参加している有権者に引き続きそれを続
けさせる効果を持つのみであることを指摘する研究もある（Phillips 2024）。ま
た，Ahn and Mutz (2023) は，感情的分極化は自己報告ベースの投票参加を増
やすものの，実際の投票参加には影響が小さいことを示している。

社会関係への影響

感情的分極化が進むと，人々は単に自分と異なる政党の支持者に対して感情的な距離を感じるだけでなく，社会的な関係を築くにあたり，彼らを避けるようになることが指摘されている。アメリカでは，感情的分極化が進んだ結果，結婚相手 (Iyengar et al. 2012; Iyengar et al. 2018)，友人や恋人 (Huber and Malhotra 2017)，ルームメイト (Shafranek 2021)，職場での同僚 (Gift and Gift 2015; McConnell et al. 2018)，居住地 (Brown and Enos 2021; Gimpel and Hui 2015) の選択など，政治とは特に関係のない様々な場面において，人々が自らと同じ政党の支持者を，異なる政党の支持者よりも好む傾向があることが報告されている。Lelkes and Westwood (2017) は，クロスワードパズルのような，政治と無関係なタスクを行うチームメイトの選択にあたっても，感情的に分極化した有権者は，自らと違う政党の支持者を避ける確率が高いことを示している。

感情的分極化が単に異なる党派間での社会関係の忌避にとどまらず，差別や偏見，強い憎悪などにもつながりうることも指摘されている。Iyengar and Westwood (2015) は，非政治的な意思決定において，アメリカの有権者が自らと同じ政党の支持者を相手の政党の支持者よりも贔屓していること，その程度は異なる人種間における贔屓／差別の程度よりも大きいことを明らかにしている。また，現在のアメリカでは自らと違う政党の支持者が損害を被ることに喜びを感じる有権者 (Webster et al. 2024) や，自分とは異なる政党の支持者を非人間的に扱うことを良しとする有権者が一定数存在すること (Cassese 2021; Martherus et al. 2021) も，先行研究によって明らかにされている。[4]

民主主義の後退への影響

感情的分極化が進展し，政治的な対立が一定以上激化すると，人々は自らの党派に有利になるのであれば，民主的な政治プロセスを犠牲にしてもよいと考えるようになり，結果として国内における民主主義の質の低下につながることも

---

[4] なお，本章第3節にて，異なる党派の支持者間での接触やコミュニケーションが感情的分極化の低減につながる，という先行研究を紹介した。しかし上述の通り，感情的分極化が進むと，人々は自らと異なる政党の支持者と社会的な関係を構築するのを避けるようになることがわかっている。このことから，感情的分極化が進行してしまうと，その改善を図るのが困難になることが推測される。

第Ⅲ部　課題の中の政治意識

危惧される。この可能性は，アメリカ連邦議会議事堂襲撃事件や，ブラジル大統領選後の暴力といった事例もあいまって，現在政治学者の注目を集めている。しかし，イデオロギー的分極化を含めて，政治的分極化が民主主義の後退につながると主張するもの（e.g. Graham and Svolik 2020; Haggard and Kaufman 2021; McCoy et al. 2018; McCoy and Somer 2019; Somer et al. 2021）もあれば，感情的分極化と民主主義の質との間に関係がないとする研究もあるなど，一貫した結果は得られていない。

　まず，感情的分極化が民主主義の質に与える影響について個人レベルで分析を行った研究を概観する。アメリカを対象とした研究では，感情的分極化が政治的信頼の低下（Hetherington and Rudolph 2015），民主主義的なプロセスの軽視や政治的非寛容（Kingzette et al. 2021），政治的誤情報の受容（Jenke 2024）に影響があると指摘されている。

　感情的分極化と政治的暴力への容認の関連に関する研究も進められている。Kalmoe and Mason（2022）は，民主党／共和党に強い帰属意識を持つ有権者は，政治的暴力が容認されると考える傾向があることを示している。しかし，Westwood et al.（2022）は，Kalmoe and Mason（2022）がアメリカの有権者における政治的暴力の支持を過大に見積もっていると指摘しており，また実験を用いた研究では，感情的分極化が民主主義的な価値観の軽視につながるわけではないとする知見が示されている（Broockman et al. 2023; Voelkel et al. 2023）。Harteveld et al.（2023）は，アメリカを含む9か国で実験を行い，感情的分極化が民主的な価値観に与える影響は国によって異なることを明らかにしている。実際に，イギリスとノルウェーを対象とするBerntzen et al.（2024）では，感情的分極化と政治的非寛容及び政治暴力の支持とが，弱くしか相関していないことが示されている。

　これらに加えて，政治的分極化が民主主義の後退につながるかを，国レベルで分析している研究もある。Orhan（2022）は，Comparative Study of Electoral Systems（CSES）のデータを用い，感情的分極化が生じている国では，民主主義の質が低下していることを示している。他方Kasuya et al.（2023）は，政党を軸とした感情的分極化よりも，政治リーダーに対する感情の分極化やイデオロギー的分極化の方が，民主主義の後退とより関係があると指摘している。

5 政治的分極化研究の今後の課題

政治的分極化に関する研究は近年急速に増加しており，政治学における最もホットであり，またレッドオーシャンなトピックの1つである。そのため今後の研究の方向性を示すのは難しいものの，ここでは筆者が考えるところを5点あげておきたい。

第1に，さらなる研究が望まれる論点が存在する。例えば，第3節で取り上げた分極化の認知やステレオタイプのメタ知覚は，感情的分極化をもたらす要因として，実際のソーティングの程度や人々が各政党の支持者に対して持っているステレオタイプそのものと並んで重要なものだと考えられる。しかし，これらに関する研究は，本章執筆時点ではまだ数が多くない。また，第4節で取り上げた感情的分極化が民主主義の後退に与える影響については，先行研究の知見が一致しておらず，本章執筆時点では，はっきりとした結論を導くことができない。今後，これらの論点について，関連研究が増えていくことが期待される。

第2に，研究の対象となっている国や地域の偏在を解消する必要がある。政治的分極化に関する研究はこれまで，アメリカの有権者を対象とするものが中心であった。近年ではアメリカ以外の国を扱った研究や多国間比較研究も増加している (e.g. Harteveld et al. 2023; Ruggeri et al. 2021; Torcal et al. 2023) が，これらの多くはヨーロッパ及びラテンアメリカの諸国を対象としており，アジアやアフリカ諸国を対象とした研究はあまり行われていない。今後，これらの地域を対象とした研究を通じて，これまでの研究で得られた知見がどの程度妥当なのか，検証を行っていくことが必要だろう。

第3に，感情的分極化に関する個人間の異質性に，より注目する必要がある。アメリカは有権者における感情的分極化が特に進んだ国だが，感情的に分極化した有権者は一部で，大半の有権者は，自分が支持する政党に対してもさほど好感を持っておらず，政治そのものに忌避感を抱いていると指摘する研究がある (Klar et al. 2018; Krupnikov and Ryan 2022)。同様に，国レベルでは感情的分極化が進んでいない場所でも，自らの政党を好む一方，異なる政党を嫌う

第Ⅲ部　課題の中の政治意識

ような，感情的に分極化した有権者もいるだろう。有権者のうちどの程度が感情的に分極化しており，こうした有権者はどのような特徴を持っているのか，今後様々な国を対象にした研究の蓄積が望まれる。

　第4に，国内における地域間の差異にも目を向ける必要がある。これまでの研究は各々の国を単位として政治的分極化の程度を測定し，分析を行うことが多かった。しかし，地域政党の存在や地域ごとの人種／民族構成の違いなどにより，1つの国の中でも，分極化の様相や程度が同じであるとは限らない。実際先行研究では，感情的分極化の異質性が，異なる国の間よりも，1つの国の中での方が大きいことが示されている（Bettarelli et al. 2023）。今後，国内における政治的分極化のあり方の差異に注目した研究が増えることが期待される。

　第5に，政党以外の集団／対立軸にも着目すべきである。第2節で述べたように，政党以外の集団を軸として，感情的分極化を定義，測定することは可能である。また，政党システムが不安定で，有権者における政党支持が希薄な国においては，政党をめぐる感情的分極化よりも，政党の党首といった政治リーダーへの支持など，別の集団や対立軸に沿った感情的距離を分析対象とする方が有益だろう。

　最後に，日本を対象とする研究について付言しておきたい。相対的に無党派層が多いこともあり，国際比較調査を用いた研究では，日本は感情的な分極化のレベルが低い国であるとみなされている（e.g. Wagner 2021）。そのため，政治的分極化の研究において，日本が俎上に上がることは稀である。しかし，インターネットの利用が首相への感情の分極化につながること（辻編 2021）や，大阪において維新の会をめぐり感情的分極化が生じていること（善教 2021）を指摘する研究があるように，日本も政治的分極化と無縁というわけではない。今後，日本を対象とした研究も積極的に行っていくべきだろう。

第12章　政治意識研究の方法

三輪洋文

本章は，近年の政治意識研究を理解し，また自ら実践するのに重要な方法である，サーベイ実験と間接質問法を扱う。各手法の内容に関しては最低限の説明のみを提供し，調査の実施と結果の解釈に際しての注意点や研究の妥当性を高めるための工夫に主眼を置く。政治学研究者向けの日本語で読める解説として，因果推論一般に関して松林 (2021)，サーベイ実験手法の概要に関してSong・秦 (2020)，その実践に関して秦・Song (2020a) も参照されたい。また，そもそもどのようにサーベイを実施すべきかに関する調査方法論，すなわち標本抽出法や調査票の設計なども，本章の守備範囲外である。伝統的な調査の入門書として松本 (2021)，ウェブ調査について山田編 (2023) をあげておく。

第1節では，サーベイ実験の概要を説明した後，ときに不適切な実践を見かける仮説検証と処置後バイアスに関する注意を述べる。また，サーベイ実験の弱点と考えられることが多い外的妥当性を論じ，最後にこれまで看過されることが多かった情報等価性の概念に触れる。第2節では，機微情報を測定するための間接質問法の代表的手法である無作為化回答法とリスト実験を紹介する。近年，これらの手法の安易な適用を戒める向きが強まっており，その主要論点であるバイアスと分散のトレードオフと非戦略的誤回答の問題を解説する。

1　サーベイ実験による因果関係の解明

政治意識研究は，意識の分布の記述だけでなく，何が原因となって意識が形成されるか，ある意識が別の意識や行動にどう影響するかといった，因果関係の解明を目指すこともある。因果関係に関心があるとき，かつては，世論調査で原因および結果にあたると考えられる変数を測定し，その相関を調べるという，観察研究が行われることがほとんどだった。このとき，原因変数と結果変数の両方に影響を及ぼす第3の変数（交絡変数）が存在する疑似相関や，結果と

第Ⅲ部　課題の中の政治意識

原因が想定とは逆である，あるいは双方向の影響（同時性）があるという可能性が問題になる。伝統的には，重回帰分析などによる第3の変数の統制や，2波以上の調査の実施による変数の先後関係の明確化によって，これらの問題に対処できると考えられてきた。しかし，変数の統制によるアプローチでは，特殊な自然実験的状況でない限り，未測定交絡変数の存在を否定できず，回帰モデル等の仮定の正しさを示すのも難しい。また，測定の時点をずらしても，ほとんどの状況下で同時性は排除されず（Bellemare et al. 2017），複数波調査は問題の解決にならない。

　サーベイ実験の最も基本的なデザインでは，回答者を2つの群に無作為に分ける。質問文を変えるなどして，一方の群には特定の情報を与え，他方には与えない状態で，関心のある意識を結果変数として測定する。群間の結果変数の平均値の差をとると，母集団において情報が意識に与える平均的な因果効果の推定値を得られる[1]。

　サーベイ実験は，次の2点において従来の観察研究より因果推論の方法として優れている。第1に，研究者が介入して情報を与えるため，意識が情報への曝露に影響するという方向の因果関係を排除できる。第2に，無作為に群を分けることで，標本サイズが十分に大きければ，交絡要因の分布が群間でほぼ等しくなり，疑似相関の可能性も否定できる。

　サーベイ実験自体は古くからあるアプローチだが，世論調査データの観察研究による因果推論の困難が深刻に受け止められるようになる中で，安価かつ無作為化が容易なオンライン調査が普及したこともあり，この20年ほどで急速に多用されるようになった。

仮説検証の作法

　サーベイ実験による仮説検証に伴う問題として，再現性と否定的な仮説の検証の話題を取り上げる。

1）　政治意識研究のサーベイ実験では，情報の付与以外のこと（謝礼の額を操作するなど）を処置とすることもある。また，結果変数が意識ではなく行動（謝礼の一部を寄付してもらうなど）であることもある。本章では主に処置が何らかの情報であり，結果変数が意識であることを想定した記述をするが，本章の説明はそれ以外の処置や結果を扱う実験にも当てはまる。

有名な100個の心理学実験の大規模追試を行ったところ，実験結果を再現できたのが半数未満だったという報告 (Open Science Collaboration 2015) などを契機として，再現性の危機の問題が広く認識されるようになった。その背後には，帰無仮説を棄却するために分析方法などを事後的に変更するp値ハッキング，結果をみてから仮説を作るHARKing (hypothesizing after the results are known)，都合のよい一部の処置や結果変数に関する分析結果のみを報告するチェリーピッキングがあるといわれる。

その解決策の1つが，分析前計画 (pre-analysis plan) の事前登録 (pre-registration) である。サーベイ実験研究は，仮説検証を目的とすることが多く，データの収集を始める時点が明確であるため，事前登録になじみやすい。学術的なサーベイ実験研究は原則として事前登録すべきである。事前登録のチュートリアルとしては，例えば長谷川ほか (2021) がある。また，研究の透明性を高めるために，特別な事情がない限りは，個人情報を取り除いたデータと分析を再現するためのプログラムコードを論文出版後に公開すべきである。

再現性問題の別の原因として，検定力 (power) の低い計画で偶然帰無仮説を棄却できた研究が，選択的に出版される傾向も指摘される。検定力とは，対立仮説が真である場合に帰無仮説を棄却する確率である。事前登録の際には，検定力分析をして必要十分な標本サイズを決めることが望ましい。なお，交互作用が関心の対象となる場合は，一般的に，単純な処置効果の推定よりも大きな標本サイズが必要になる (Perugini et al. 2018; Sommet et al. 2023)。

政治意識研究では，ある処置が人々の意識に影響しないことを検証したいこともある。このとき，群間の平均値に差がないといった帰無仮説が統計的仮説検定によって棄却されないことが，処置の効果がない根拠とされることがある。しかし，帰無仮説が棄却されないことは帰無仮説が正しいことを意味しない。否定的な仮説を検証する手段として，先行研究などから実質的に意味のある効果量を事前に設定しておき，二重片側検定 (two one-sided tests) を行うという方法がある (Gross 2015; Rainey 2014)。二重片側検定は，無作為割り当ての成功を確かめる共変量バランスチェックにも応用可能である (Hartman and Hidalgo 2018)。

第Ⅲ部　課題の中の政治意識

処置後バイアス

結果変数を処置に影響される変数で条件づけたときに生じるバイアスを処置後バイアス（post-treatment bias）という。ここでいう「条件づける」とは，処置後変数の統制だけでなく，処置と処置後変数の交互作用をとることや処置後変数によって標本を分けて分析することを含む。サーベイ実験では，主に次に述べる4つの場面でこのバイアスが問題となる（Montgomery et al. 2018）。

第1に，事実操作チェック（factual manipulation check）の誤答者をデータから除外すると，処置後バイアスが生じる可能性が高い（Aronow et al. 2019）。事実操作チェックとは，回答者が与えた情報を適切に受け取ったかを確かめるために，実験で受け取った情報の内容を尋ねる質問を指す（Kane and Barabas 2019）。情報を適切に受け取らなかった者を分析に含めることは別のバイアスを生むものの，それによる推定値は処置意図の効果（intention-to-treat effect）として解釈でき，バイアスは情報そのものの効果を過少評価する方向にかかる。それに対して，処置後バイアスの方向を予想することは難しい。処置後の質問による選別は控えた方が無難である。

第2に，処置の意識に対する長期的影響を知りたいとき，処置と結果変数の測定を複数波の調査に分けることがあるが，処置後の調査のリコンタクト率が100%でない限り，処置後バイアスの可能性を否定できない。1回の調査で完結する実験でも，処置以降に脱落する人が出れば，同じ問題が生じる。これらの状況下では，一部の回答者の結果変数が観察されず，処置意図の効果の推定もできない。複数波の調査からなる実験を行うときは，その設計に処置後バイアスによる内的妥当性の低下を上回るだけの価値があることを説得的に論じる必要がある。脱落率や脱落者の属性に関する群間の差は，処置後バイアスの危険性を評価する際の1つの材料となる（Zhou and Fishbach 2016）。

第3に，不均一処置効果を調べる際に，処置後の変数で交互作用をとると，処置後バイアスにより妥当な結論が得られない可能性が高い。処置が予想外にその後に測定される変数に影響することはありうる。一見不変でありそうな人種・民族等のアイデンティティも変化しうるように（e.g. Agadjanian and Lacy 2021；Egan 2020），それはデモグラフィック変数であっても例外ではない。処置効果の不均一性をもたらす調整変数を処置前に測定してもプライミングを引き

起こさないという知見も踏まえると (Sheagley and Clifford 2023)，調整変数に対する処置の影響がないという確信がない限りは，不均一処置効果を調べるための調整変数は処置前に測定するのが無難である。

　最後に，媒介分析における処置後バイアスの危険性について注意喚起したい。情報の効果のメカニズムを知るために，結果変数とともに媒介変数を測定し，結果変数を処置にのみ回帰させる分析の結果と，その回帰の独立変数に媒介変数を加える分析の結果を比較する方法がとられることがある。後者で推定される処置効果が直接効果，それを前者で推定される処置効果から引いた値が媒介変数を介した間接効果と解釈される。しかし，後者の分析は，媒介変数と結果変数に同時に影響する未観測交絡因子が存在しないという非現実的な仮定を置かなければ，直接効果を正しく推定できない (e.g. Imai et al. 2011)。単純なサーベイ実験で処置後バイアスを避けて因果メカニズムを識別できることは，まずないと考えてよい。媒介分析を行うならば，こうした限界に自覚的であることが大切である。

外的妥当性

　サーベイ実験に対しては，しばしばその外的妥当性に疑義が呈される。まず，多くのサーベイ実験研究で用いられるオンライン調査では，標本が有権者全体と乖離しているという懸念がある。これに対しては，オンライン調査での便宜的な標本と伝統的な世論調査が用いる確率標本で実験結果が大きく違わないという報告がある (Mullinix et al. 2015)。これは，多くの場合に，回答者の属性による処置効果の不均一性が大きくないためだとされる (Coppock et al. 2018; cf. Moniz et al. 2024)。過度な心配は不要であるが，インターネットの利用頻度のように，オンライン標本に特徴的な性質によって処置効果が異なることが予想される場合は，外的妥当性について留意すべきだろう。

　より本質的な批判として，サーベイ実験の設定が，有権者が現実世界で政治意識を形成する状況を反映していないという懸念がある。回答者に架空の状況であると断って答えさせるとリアリティが低下してしまうが，それを明示しないと虚偽情報を与えることになりかねず倫理的な問題が生じる。また，他事例への一般化のためにはできるだけ抽象化した方がよいが，そうするほど現実世

第Ⅲ部　課題の中の政治意識

界の情報環境から乖離するのに加えて，後述する情報等価性が満たされにくくなるという弊害も生じる。これらの要素の影響を検証したBrutger et al. (2023)によれば，回答者に架空の状況だと明示するか否かは結果にほとんど影響しなかったが，抽象化については，文脈を具体化するほど処置の効果は小さくなった。

　文脈の具体化が処置効果を低減する一因は，処置前効果 (pretreatment effect) と呼ばれる問題に帰せられる (Druckman and Leeper 2012; Slothuus 2016)。これは，具体性を高めるために現実に即した設定を採用すると，実験内で与えられる情報が回答者にとって既知のものになりがちであることを指す。また，処置以外の具体的情報が回答者の意識に大きな影響を与える場合にも，処置の効果は小さくなる。例えば，候補者の性別が回答者の候補者に対する認識や選好に与える影響は，低情報環境では確認できるが，所属政党の情報が与えられているなどの高情報環境ではみられなくなることが多い (e.g. Andersen and Ditonto 2018; Badas and Stauffer 2019)。

　こうした問題に対する万能薬は存在しないが，リソースの範囲内で様々な設定を試すことは，研究の説得力を高めるだろう。多様な設定による複数の実験結果が得られれば，比較的緩い仮定の下で使える符号一般化検定 (sign-generalization test) を適用し，処置効果の方向の頑健性を評価することもできる (Egami and Hartman 2023)。

　外的妥当性に関する別の問題として，実験者要求効果 (experimenter demand effect) と呼ばれる，被験者が研究者の期待を忖度して行動するという疑念がある。もしそうであれば，実験データが仮説を支持しても，その仮説は実験外では妥当しないことになる。しかし，複数のサーベイ実験による検証では，仮説を事前に回答者に伝えても，さらには金銭的誘因によって仮説通りの回答を促しても，ほとんどの場合に処置効果は変わらなかった (Mummolo and Peterson 2019)。関連して，結果変数を処置前にも測定し，処置前後の結果変数の差が群間で異なるかを分析する反復測定デザイン (repeated measures design) は，より不確実性の小さい処置効果の推定を可能にするものの，従来は避けられることが多かった。その理由の１つは実験者要求効果のおそれであり，加えて，被験者が複数回の回答に一貫性をもたせることも懸念されていた。しかし，近年

162

の検証で，反復測定デザインと処置後のみ結果変数を測定する通常のデザインで実験結果がほとんど変わらないことが示された（Clifford et al. 2021）。これらの結果を信じるならば，実験者要求効果を過度に心配する必要はなく，より精度の高い処置効果の推定を可能にする反復測定デザインの採用も検討に値する。

情報等価性

サーベイ実験の設計に際して，すべての群が同じ背景情報を持つべきだという情報等価性（information equivalence）の仮定は，見過ごされがちだが重要である（Dafoe et al. 2018）。処置によって背景情報が影響されてしまうと，群間で結果変数の平均値に差がみられても，処置が研究者の意図通りに働いた結果なのか，処置が意図せず背景情報に影響したことによる結果なのかを識別できないからである。それらをすべて込みで処置の効果だと主張することはできるものの，研究者の関心から外れた経路による効果が推定されてしまうおそれがある（Bansak et al. 2021）。

具体的な背景情報を与えることは，情報等価性仮定のもっともらしさを高めるのに有効であるが，具体性の高さが処置効果の低減というデメリットも招きうることは前述のとおりである。この問題の根本的な解決は難しいが，情報等価性を意識して実験を設計することや，想定と異なる解釈の可能性を問うことは大切である。

最後に，Acharya et al.（2018）が提唱した，情報等価性を操作することで因果メカニズムの特定を試みる実験デザインを紹介する。このデザインを数式なしで紹介するのは難しいため，ここではそれを応用したIgarashi et al.（2022）の例によって直感的な解説を行う。核心は，一部の回答者にのみ追加情報を与えて，彼らがもつ背景情報を固定するところにある。

Igarashi et al.（2022）は，高技能移民が低技能移民よりも受入国民に歓迎されやすいという広く知られた傾向が，高技能移民が受入国の経済に貢献することへの期待によって生じるという仮説を検証した。[2] 技能レベルと来日後の仕事の情報が異なる4種類の架空の中国出身移民のプロファイルを作り，そのう

2）　実際には，他に2つの仮説があり，それに応じて移民のプロファイルは全部で8種類存在した。ここではこの仮説のみに焦点を当てて，説明を簡略化している。

第Ⅲ部　課題の中の政治意識

ち1つを日本人回答者に無作為に割り当てて読んでもらい，受け入れの賛否を尋ねた。技能レベルは，高技能（大学院卒で前職はシステムエンジニア）と低技能（工業高校卒で前職は配管工）の2通りである。来日後の仕事の情報については，自然媒介群（natural-mediator arm）と操作媒介群（manipulated-mediator arm）の2群がある。自然媒介群には来日後の仕事について何の情報も与えなかった。操作媒介群では，技能レベルにかかわらず，来日後に低技能移民が就きそうな職（コンビニの店員）に就く予定だという追加情報を与えた。

　仮説は，「技能レベル→受け入れ態度」の因果経路の中に，「技能レベル→自国経済への貢献（"良い"仕事に就くこと）の期待→受け入れ態度」という間接経路があるという主張である。自然媒介群の回答者は，来日後の仕事を技能レベルから自由に推測することになり，この間接経路が開放されている。それに対して，操作媒介群では，回答者の自国経済への貢献の期待が強制的に低く固定される。つまり，間接経路が閉じられている。技能レベルの効果が操作媒介群よりも自然媒介群で大きければ，自国経済への貢献の期待を経由する因果メカニズムがあることが示される。Igarashi et al.（2022）の実験結果は，日本における「技能レベル→受け入れ態度」の効果のほぼ100％が，自国経済への貢献の期待を経由したものであることを示唆する。

　この実験デザインは応用可能性に富むものの，実際には「追加情報は当該背景情報を通じてのみ結果に影響する」などのやや無理のある仮定を置かなければならないこともあり，採用には仮定の十分な吟味と注意深い設計が必要である。ほかにMiwa（2024）が，候補者の年齢等の属性が有権者の支持に与える影響のメカニズムを同様の実験デザインで明らかにしようとしており，そこではIgarashi et al.（2022）以上に仮定に関する慎重な議論を行っている。

2　間接質問法による機微情報の測定

　世論調査には，回答の真実性を容易には仮定できない質問が含まれる場合もある。投票の棄権や偏見を明らかにする質問は，正直に答えにくい問いの典型とされる。真実を答えて，それを他人に知られたら，回答者の社会的評価が低下するかもしれないからである。回答者が体面を保とうとして，社会的に"正

しい"とされる回答が増えることによる真値からの乖離は，社会的望ましさバイアス（social desirability bias：SDB）と呼ばれる。ほかに，金銭的誘因（票の買収を受けたことを告白したら今後利益を得られなくなる）や生命・身体の危険（権威主義国において政権を批判したら投獄される）によって，回答者が嘘をつくこともある。これらもSDBに含めて論じられることが多いが，これらをSDBと区別し，それらの総称として機微性バイアス（sensitivity bias）という用語を使う論者もいる（Blair et al. 2020）。

　本節では，機微性バイアスを避けて機微情報を尋ねるための間接質問法（indirect questioning）と総称される技法をいくつか紹介し，それらの使用上の注意を解説する。[3] これ以降の説明では，政治的自由が制限された国において，母集団における現政権の支持率 π を推定する例を用いる。

無作為化回答法と交差モデル

　無作為化回答法（randomized response technique：RRT）は，質問を確率的に変えることによって機微性バイアスを低減する方法である（Warner 1965）。ただし，回答者に質問の無作為化が行われていると確信させることが肝要であるため，サーベイ実験とは異なり，無作為化は回答者に行ってもらう。RRTにはいくつかの方法があるが（Blair et al. 2015），ここではその代表例である強制回答法（forced-response method）を解説する。この方法では，回答者に質問者にわからないようにコイントスをさせて，表なら機微な質問に答えてもらい，裏なら必ず答えにくい選択肢を答えてもらう（Boruch 1971）。これにより，表が出て機微な回答をする人も，裏が出たふりをすることができる。例えば，「現政権を支持するか」と質問して，コインが裏なら必ず「いいえ」と答えさせた結果，観察された「はい」の割合が30％だったとする。これはコインが表だった人だけからなる支持率であり，裏が出た人の中にも同じだけ支持者がいるはずなので，これを2倍した60％が π の推定値になる。

3）　政治学で用いられるものでは，本節で紹介する手法のほかに推薦実験（endorsement experiment）があげられるが，紙幅の関係で詳しく解説できない。提案論文であるBullock et al.（2011）を参照されたい。推薦実験とリスト実験を組み合わせて推定の精度を高めることもできる（Blair et al. 2014）。

RRTの難点は，手順とその必要性を回答者に理解してもらうのが難しいことと，調査時間が長引きがちなことである。また，強制回答法では，機微でない選択肢を答えることが"安全な"行動になるので，教示の非遵守を誘発しやすい（e.g. Coutts and Jann 2011）。これらの欠点を補った，オンライン調査への実装も容易な手法として，交差モデル（crosswise model）がある（Yu et al. 2008）。この手法では，機微な質問とそれとは無関係な質問の2つを尋ねて，排他的論理和（どちらか一方にのみ当てはまるか）を答えてもらう。無関係な質問は，質問者には各回答者の答えがわからず，母集団で当てはまる確率がわかっていて，その確率が0.5でなく，かつ機微な質問と独立であるという条件を満たす必要がある。例えば，「私は現政権を支持する」と「私の母が生まれた月は10～12月である」の2つの文のうち「どちらか一方にのみ当てはまるか」を尋ねる。支持率の推定値は，観察された「いいえ」の割合を$\hat{\varphi}$，回答者の母の生まれ月が10～12月になる確率をpとして，$\hat{\pi} = (\hat{\varphi}+p-1)/(2p-1)$となる。例えば，「いいえ」の割合が60%で，$p$を近似的に0.25とするならば，$\hat{\pi}$は30%になる。国によっては，より正確な誕生月の分布を政府統計から調べられる。

リスト実験（項目カウント法）

リスト実験（list experiment）あるいは項目カウント法（item count technique）と呼ばれる手法は，サーベイ実験の一種である。回答者に複数の項目からなるリストを見せて，自分が当てはまる項目数を答えてもらう。そのとき，回答者は無作為に処置群と統制群に分けられ，処置群に示されるリストにのみ機微項目が加えられる。例えば，ロシアでプーチン大統領の支持率をリスト実験で調べたFrye et al. (2017) では，スターリン，ブレジネフ，エリツィンの3名のリストを統制群に，これにプーチンを加えたリストを処置群に見せて，支持する人物の数を尋ねている。無作為割り当てにより，共通項目に当てはまる数は両群で等しいと期待できるため，両群の当てはまる数の平均値の差が母集団で機微項目に当てはまる人の割合の推定値になる（Raghavarao and Federer 1979）。この差は平均の差推定量（difference-in-means estimator）と呼ばれる。

上述の推定をするためには，無作為割り当てが成功しているという仮定のほかに，機微項目がリストに加わることで共通項目への反応が変わらない，回答

者が機微項目に正直に反応する（嘘つきがいない）という2つの仮定が必要である[4]。前者の仮定は，例えばFrye et al. (2017) の実験の処置群において，スターリンらへの支持がプーチンとの相対評価で決められてしまうと満たされない。リスト実験のデータを分析する際は，これらの仮定からの逸脱を検定する手法（Aronow et al. 2015; Blair and Imai 2012）による確認が望まれる。嘘つき不在の仮定を緩めた部分識別法も提案されている（Li 2019）。

　嘘つき不在の仮定をもっともらしくするためには，共通項目にすべて当てはまる人やすべて当てはまらない人ができるだけ生じないようにする必要がある。政権支持の例でいえば，処置群の回答者が「0」と答えることは，「私は現政権を支持する」に当てはまらないことを告白するに等しいので，共通項目のどれにも当てはまらない人は正直に答えにくくなる。これは天井効果・床効果の問題と呼ばれる。共通項目の数を多くするとこの問題を避けられる可能性が高まるが，当てはまる数の分散が大きくなって推定が不確実になる（Tsuchiya et al. 2007）。この問題への対処として，負の相関を持つような共通項目を選ぶことが推奨される（Glynn 2013）。例えば，Rosenfeld et al. (2016) のリスト実験では，アメリカにおいてリベラル派に多く当てはまる「労働組合費を払った」と保守派に多く当てはまる「ティーパーティー運動候補に寄付した」を同時にリストに入れている。また，天井効果・床効果を補正する推定法も開発されている（Blair and Imai 2012）。

　標本を最大限に活用して推定の精度を高める工夫として，ダブルリスト実験という方法がある。共通項目のリストを2種類用意して，1つの調査で2回のリスト実験を行い，一方で機微項目入りのリストを割り当てられた回答者は，他方では機微項目なしのリストを割り当てるようにする。そして，2回の平均の差推定値の平均を推定値とする（Droitcour et al. 1991）。この工夫によって有効標本サイズが倍になり，推定の精度が高くなる。その際，2種類のリストの共通項目に正の相関を持たせる（似た内容のリストにする）と，推定が効率的になる（Glynn 2013）。

　以上で紹介した間接質問法は，交差モデルを除けば何十年も前から存在する

4）　なお，回答者が共通項目に対して嘘をつかないという仮定は不要である。

が，近年特に多用されるようになっている。その流行の一因は，回答者 1 人ひとりに対しては観察されない機微な質問への回答を潜在変数として扱い，それを従属変数として多変量解析をする統計手法が開発されたことにある。RRTに対してBlair et al. (2015)，リスト実験に対してImai (2011) と Blair and Imai (2012) が，そのような手法を扱っている。機微な質問への回答を回帰分析の独立変数とする手法も提案されている (Blair et al. 2015; Imai et al. 2015)。

バイアスと分散のトレードオフ

　流行しているとはいえ，機微だと思われる質問を尋ねたいときに，間接質問法が常に適しているとは限らない。長所と短所を理解した上で採用を判断すべきである。これ以降は，間接質問法を使用する上での主な注意点を説明する。

　そもそも，間接質問法によって機微性バイアスを完全になくせるとは限らない。メタ分析によれば，RRTとリスト実験は，直接質問法 (direct questioning) と比較して平均的に，肯定しにくい質問の肯定率を高く推定できる (Ehler et al. 2021; Lensvelt-Mulders et al. 2005) ものの，有効性を疑問視する研究もある。例えば，有罪判決を受けたことのある人を対象にした調査で，「有罪判決を受けたことがあるか」という問いに「はい」と答えた人の推定値は，RRTでも57.5%しかなく，これは直接質問法による推定値と変わらなかった (Wolter and Preisendörfer 2013)。機微な内容の州民投票に関して，集計結果 (反対率65.3%) を真値として利用した検証では，RRTは良い推定値を与えたものの，リスト実験では15ポイント近く真値よりも低くなった (Rosenfeld et al. 2016)。

　仮に有効性を認めるとしても，直接質問法と比較したときの間接質問法の大きな欠点として，推定の不確実性が大きくなることは見逃せない。理論的には機微性バイアスを低減できても，それは推定の期待値に関しての話である。研究者が行う調査は通常 1 回であり，その 1 回で推定値が真値から大きく外れてしまったら元も子もない。リスト実験に関する検討によると，標本サイズ1000と2000でそれぞれ機微性バイアスが5.5ポイント，4.0ポイントを超えないと，二乗平均平方根誤差の点でリスト実験が直接質問法に優越しない。また，リスト実験と直接質問法の推定値の差によって機微性バイアスを検出しようとすると，バイアスが10ポイントでも3000近い標本サイズでないと検定力が0.8を超

えない。回答者をサブグループに分けて機微性バイアスの差を調べようとすれ
ば、さらに大きな標本サイズが必要になる (Blair et al. 2020)。

　推定の分散を小さくしてリスト実験の有効性を高める方法には、先述の共通
項目を負に相関させる工夫やダブルリスト実験のほかに、直接質問法と統合し
た推定量 (Aronow et al. 2015) や統制群の回答者に共通項目を1つずつ直接尋ね
るデザイン (Blair and Imai 2012; Corstange 2009) がある。交差モデルについて
も、直接質問法との統合により推定の効率性を高めた上で、多変量解析を可能
にする手法が開発されている (Gingerich et al. 2016)。

　しかし、我々は、これらの方法論に走る前に、そもそも尋ねたい質問に機微
性バイアスが生じるのかをよく考えた方がよい。政治学で機微性バイアスが生
じる典型例だと考えられ、多くのリスト実験が行われてきた、票の買収、投票
参加、偏見、権威主義下の政権支持の4トピックについてメタ分析を行った
Blair et al.（2020）では、票の買収と権威主義下の政権支持では機微性バイアス
が認められたのに対して、投票参加と偏見では統計的に有意な機微性バイアス
を確認できなかった。特に偏見については、統合されたバイアスの推定値はほ
ぼ0であった。また、メタ分析の対象となった研究の多くは、事後的にみて検
定力不足であり、二乗平均平方根誤差で評価して直接質問法を採用した方が
勝った可能性が高かった。バイアスと分散のトレードオフをよく考慮して、バ
イアス減少のメリットが不確実性増大のデメリットを上回るかを慎重に検討す
べきである。

非戦略的誤回答の問題

　回答者に真実を隠すつもりがなくても、回答が不正確になることはある。例
えば、調査者の指示をうまく理解できない回答者や、質問文等を注意して読ま
ずに答える省力回答者 (satisficer) が含まれる場合である。[5] 間接質問法は回答

---

5) 　努力の最小限化 (satisficing) はもともと調査への回答に限られない概念である (Krosnick
　1991) が、本章ではサーベイの文脈に合わせて「省力回答」という訳をあてる。日本語の調査にお
　いて省力回答者を排除するトラップについては、三浦・小林 (2015) を参照されたい。なお、リス
　ト実験などの無作為割り当てを伴う調査では、処置後バイアスを避けるために、トラップは処置
　前に設置すべきである。また、実験の質問に答えるのにかかった時間や調査全体の合計回答時間
　に基づいて事後的にデータを限定するのも避けた方がよい。

者の意図的な嘘（戦略的誤回答，strategic misreporting）を抑制しようとするものだが，近年，指示の無理解や省力回答などによる非戦略的誤回答（non-strategic misreporting）が，間接質問法による調査結果に無視できない悪影響を与えることが指摘されている。学歴や計算能力が平均的に低い発展途上国では，非戦略的誤回答が特に深刻な問題になる（Kramon and Weghorst 2019）。先進国でも，非戦略的誤回答者は10％前後存在すると推計されている（Kuhn and Vivyan 2022）。

　非戦略的誤回答者の問題に関する直感的な例として，リスト実験において，省力回答者が回答可能な数字から無作為に選んで答える場合を考える。彼らの回答の期待値は「リストの項目数／2」となり，処置群と統制群の差の期待値は0.5となる。つまり，そのような回答者が多ければ多いほど，平均の差推定値は0.5に近づく。リスト実験では，真値が0.5より小さい事象が過少報告される状況を想定し，直接質問法よりもリスト実験の推定値が大きいことをリスト実験が成功した証拠とみなすことが多い。しかし，非戦略的誤回答が推定値を0.5に近づけるとしたら，この前提は疑わしくなる。事情はRRTや交差モデルでも同じである。

　実際，「私は臓器移植を受けたことがある」「私はエイリアンに誘拐されたことがある」といった，真値が0あるいはほとんど0だと考えられる事象の肯定率の推定値が，リスト実験や交差モデルでは10％前後と推定されてしまう（Ahlquist 2018; Höglinger and Diekmann 2017; Wolter and Diekmann 2021）。また，個人の投票記録を入手できる国における検証では，投票に行ったのにリスト実験で行っていないと答えた者が無視できない割合でいることが示唆された。これはSDBでは説明できず，非戦略的誤回答によるものと考えられる（Kuhn and Vivyan 2022）。最尤法による多変量解析手法を適用する際は，非戦略的誤回答の影響はより深刻になる（Ahlquist 2018）。

　非戦略的誤回答の問題に対しては，まずもって，認知能力の低い回答者にもわかりやすい丁寧な教示を行うことが大切である（Kramon and Weghorst 2019; Meisters et al. 2020）。回答者が質問文を読み飛ばしていないかを試すトラップを設けて，事前に省力回答者を入念に排除しておくことも欠かせない（Alvarez et al. 2019; Berinsky et al. 2014; 三浦・小林 2015）。技術的な解決策としては，非

戦略的誤回答によるバイアスの補正手法（Atsusaka and Stevenson 2023；Blair et al. 2019）がある。非戦略的誤回答の本質的な原因を群間で項目数が異なることに求めて，当てはまる人の割合がほぼ0になる項目をプラセボとして統制群のリストに入れることを提案した研究もある（Riambau and Ostwald 2021）。しかし，この方法ではバイアスを消すことができないことが指摘されている（Agerberg and Tannenberg 2021；Kuhn and Vivyan 2022）。

　非戦略的誤回答の存在を認めた上で，それに対する結果の頑健性を評価するアプローチもある。Kasuya and Miwa（2023）は，Riambau and Ostwald（2021）とKuhn and Vivyan（2022）から着想を得た独自の実験デザインによって，非戦略的誤回答者の割合に関する仮定を変えることで，リスト実験による機微回答の推定値がどう影響されるかを調べる感度分析（sensitivity analysis）を行った。具体的には，回答者を処置群，統制群，プラセボ群に分けて，処置群と統制群では通常のリスト実験を行い，プラセボ群にはプラセボ入りのリストを見せて当てはまる数を答えてもらった[6]。処置群と統制群の間の平均の差を$d^{(T)}$，プラセボ群と統制群の間の平均の差を$d^{(P)}$，非戦略的誤回答者の割合をλとすると，$\hat{\pi} = (d^{(T)} - d^{(P)})/(1-\lambda)$となる。$\lambda = 0$であれば$d^{(P)} = 0$のはずであり，$\hat{\pi} = d^{(T)}$となり通常の平均の差推定量に一致する。$d^{(P)} > 0$であれば$\lambda > 0$が示唆され，$\lambda$の値を変えることで$\hat{\pi}$がどう動くかを分析できる。Kasuya and Miwa（2023）は，この方法で2021年2～3月時点のフィリピンにおけるドゥテルテ大統領の支持率を調査し，仮にλが0.5近くあったとしても，ドゥテルテ大統領の支持率を過大にする機微性バイアスを確認できることを示した。

3　政治意識研究方法論の今後

　方法論は非常に進歩が早い分野であり，間接質問法に対する近年の批判からもうかがえるように，数年前の常識が今日の非常識となることも少なくない。過去に行われた，処置後バイアスの疑いがある研究，実験の文脈の具体性が十分に正当化されていない研究，情報等価性に無頓着な研究，検定力が不足した

6）　Kasuya and Miwa（2023）では，同時期に2つの調査を実施し，一方で処置群と統制群，他方でプラセボ群と統制群を設けたが，実際は1つの調査内で3群に分ける方が推定の効率が勝る。

第Ⅲ部　課題の中の政治意識

間接質問法による研究などは，今後見直しと追試が必要である。また，実験者要求効果に関するMummolo and Peterson (2019)，反復測定デザインに関するClifford et al. (2021) などは，それぞれ1つの論文だけで決着をつけられる論点とは思われず，後続研究によるさらなる評価が待たれる。

　方法論の分野では，新しい手法の開発が大きな貢献になることはもちろんであるが，より適切な手法による過去の研究の追試や新しい提案に対する追評価によっても寄与できる。本章の読者の多くは，方法論の開発者でなく消費者だと自認しているかもしれないが，自分の研究の説得力を高めるためだけでなく，他人の研究を正しく評価するためにも，本章で紹介した話題に限らず方法論に関して広くアンテナを張り，可能であれば方法論的な貢献として位置づけられる研究を発表していくことが望まれる。

　謝　辞
　草稿に対して有益なコメントをいただいた勝又裕斗先生にお礼を申し上げる。

引用文献

欧文文献

Abdelgadir, Aala and Vasiliki Fouka, 2020, "Political Secularism and Muslim Integration in the West: Assessing the Effects of the French Headscarf Ban," *American Political Science Review*, 114(3): 707-723.

Abramowitz, Alan I. and Kyle L. Saunders, 2008, "Is Polarization a Myth?," *The Journal of Politics*, 70(2): 542-555.

Abramowitz, Alan I. and Steven W. Webster, 2018, "Negative Partisanship: Why Americans Dislike Parties But Behave Like Rabid Partisans," *Political Psychology*, 39(S1): 119-135.

Acharya, Avidit, Matthew Blackwell and Maya Sen, 2016, "The Political Legacy of American Slavery," *The Journal of Politics*, 78(3): 621-641.

Acharya, Avidit, Matthew Blackwell and Maya Sen, 2018, "Analyzing Causal Mechanisms in Survey Experiments," *Political Analysis*, 26(4): 357-378.

Achen, Christopher H., 1975, "Mass Political Attitudes and the Survey Response," *American Political Science Review*, 69(4): 1218-1231.

Achen, Christopher H. and Larry M. Bartels, 2017, *Democracy for Realists: Why Elections do not Produce Responsive Government*, Princeton University Press.

Adamczyk, Amy and Cassady Pitt, 2009, "Shaping Attitudes About Homosexuality: The Role of Religion and Cultural Context," *Social Science Research*, 38(2): 338-351.

Agadjanian, Alexander and Dean Lacy, 2021, "Changing Votes, Changing Identities? Racial Fluidity and Vote Switching in the 2012-2016 US Presidential Elections," *Public Opinion Quarterly*, 85(3): 737-752.

Agerberg, Mattias and Marcus Tannenberg, 2021, "Dealing with Measurement Error in List Experiments: Choosing the Right Control List Design," *Research & Politics*, 8(2)(Retrieved September 24, 2024, https://doi.org/10.1177/20531680211013154).

Ahler, Douglas J. and Gaurav Sood, 2018, "The Parties in Our Heads: Misperceptions about Party Composition and Their Consequences," *The Journal of Politics*, 80(3): 964-981.

Ahlquist, John S., 2018, "List Experiment Design, Non-Strategic Respondent Error, and Item Count Technique Estimators," *Political Analysis*, 26(1): 34-53.

Ahn, Chloe and Diana C. Mutz, 2023, "The Effects of Polarized Evaluations on Political Participation: Does Hating the Other Side Motivate Voters?," *Public Opinion Quarterly*, 87(2): 243-266.

Akkerman, Agnes, Cas Mudde and Andrej Zaslove, 2014, "How Populist Are the People? Measuring Populist Attitudes in Voters," *Comparative Political Studies*, 47(9): 1324-1353.

Aldrich, John H., John L. Sullivan and Eugene Borgida, 1989, "Foreign Affairs and Issue Voting: Do Presidential Candidates 'Waltz Before a Blind Audience?'," *American Political Science Review*, 83(1): 123-141.

Alesina, Alesina, and Marco Tabellini, 2024, "The Political Effects of Immigration: Culture or Economics?," *Journal of Economic Literature*, 62(1): 5-46.

Algara, Carlos and Roi Zur, 2023, "The Downsian Roots of Affective Polarization," *Electoral Studies*, 82: 102581.

Alizade, Jeyhun and Fabio Ellger, 2022, "Do Politicians Discriminate Against Constituents with an Immigration Background? Field Experimental Evidence from Germany," *The Journal of Politics*, 84(3): 1823-1827.

Allen, Michael A., Michael E. Flynn, Carla Martinez Machain and Andrew Stravers, 2020, "Outside the Wire: U.S. Military Deployments and Public Opinion in Host States," *American Political Science Review*, 114(2): 326-341.

Allison, Graham T., 1971, *Essence of Decision: Explaining the Cuban Missile Crisis*, Little, Brown.

Allport, Gordon, [1954] 1974, *The Nature of Prejudice: 25th Anniversary Edition*, Basic Books.

Almond, Gabriel A, 1950, *The American People and Foreign Policy*, Harcourt, Brace.

Almond, Gabriel A. and Sidney Verba, 1963, *The Civic Culture : Political Attitudes and Democracy in Five Nations*, Princeton University Press (石川一雄・薄井秀二・中野実・岡沢憲芙・深谷満雄・木村修三・山崎隆志・神野勝弘・片岡寛光訳, 1974, 『現代市民の政治文化——五ヵ国における政治的態度と民主主義』勁草書房).

Alvarez, R. Michael, Lonna Rae Atkeson, Ines Levin and Yimeng Li, 2019, "Paying Attention to Inattentive Survey Respondents," *Political Analysis*, 27(2): 145-162.

Alvarez, R. Michael, Ines Levin and Lucas Núñez, 2017, "The Four Faces of Political Participation in Argentina: Using Latent Class Analysis to Study Political Behavior," *The Journal of Politics*, 79(4): 1386-1402.

Alwin, Duane F., Ronald L. Cohen and Theodore M. Newcomb, 1991, *Political Attitudes over the Life Span: The Bennington Women after Fifty Years*, University of Wisconsin Press.

Anderson, Christopher J., 2007, "The End of Economic Voting? Contingency Dilemmas and the Limits of Democratic Accountability," *Annual Review Political Science*, 10: 271-296.

Anderson, Christopher J., André Blais, Shaun Bowler, Todd Donovan and Ola Listhaug, 2005, *Losers' Consent: Elections and Democratic Legitimacy*, Oxford University Press.

Anderson, Christopher J., Silvia M. Mendes and Yuliya V. Tverdova, 2004, "Endogenous Economic Voting: Evidence from the 1997 British Election," *Electoral Studies*, 23(4): 683-708.

Andersen, David J. and Tessa Ditonto, 2018, "Information and Its Presentation: Treatment Effects in Low-Information vs. High-Information Experiments," *Political Analysis*, 26(4): 379-398.

Andersson, Henrik and Sirus H. Dehdari, 2021, "Workplace Contact and Support for Anti-Immigration Parties," *American Political Science Review*, 115(4): 1159-1174.

Ansolabehere, Stephen, Jonathan Rodden and James M. Snyder Jr., 2006, "Purple America," *Journal of Economic Perspectives*, 20(2): 97-118.

Armaly, Miles T. and Adam M. Enders, 2021, "The Role of Affective Orientations in Promoting Perceived Polarization," *Political Science Research and Methods*, 9(3): 615-626.

Arnesen, Sveinung and Yvette Peters, 2018, "The Legitimacy of Representation: How Descriptive, Formal and Responsiveness Representation Affect the Acceptability of Political Decisions," *Comparative Political Studies*, 51(7): 868-899.

Aronow, Peter M., Jonathon Baron and Lauren Pinson, 2019, "A Note on Dropping Experimental Subjects Who Fail a Manipulation Check," *Political Analysis*, 27(4): 572-589.

Aronow, Peter M., Alexander Coppock, Forrest W. Crawford and Donald P. Green, 2015, "Combining List Experiment and Direct Question Estimates of Sensitive Behavior Prevalence," *Journal of Survey Statistics and Methodology*, 3(1): 43-66.

Ashworth, Scott, 2012, "Electoral Accountability: Recent Theoretical and Empirical Work," *Annual*

Review of Political Science, 15: 183-201.

Atsusaka, Yuki and Randolph T. Stevenson, 2023, "A Bias-Corrected Estimator for the Crosswise Model with Inattentive Respondents," *Political Analysis*, 31(1): 134-148.

Aytaç, S. Erdem, Eli Gavin Rau and Susan Stokes, 2020, "Beyond Opportunity Costs: Campaign Messages, Anger and Turnout among the Unemployed," *British Journal of Political Science*, 50 (4): 1325-1339.

Azzollini, Leo, 2021, "The Scar Effects of Unemployment on Electoral Participation: Withdrawal and Mobilization across European Societies," *European Sociological Review*, 37(6): 1007-1026.

Baccini, Leonardo and Stephen Weymouth, 2021, "Gone For Good: Deindustrialization, White Voter Backlash, and US Presidential Voting," *American Political Science Review*, 115(2): 550-567.

Badas, Alex and Katelyn E. Stauffer, 2019, "Voting for Women in Nonpartisan and Partisan Elections," *Electoral Studies*, 57: 245-255.

Bafumi, Joseph and Michael C. Herron, 2010, "Leapfrog Representation and Extremism: A Study of American Voters and Their Members in Congress," *American Political Science Review*, 104 (3): 519-542.

Baker, William D. and John R. Oneal, 2001, "Patriotism or Opinion Leadership?: The Nature and Origins of the 'Rally 'Round the Flag' Effect," *The Journal of Conflict Resolution*, 45(5): 661-687.

Bakshy, Eytan, Solomon Messing and Lada A. Adamic, 2015, "Exposure to Ideologically Diverse News and Opinion on Facebook," *Science*, 348(6239): 1130-1132.

Balcells, Laia, Lesley-Ann Daniels and Alexander Kuo, 2024, "Territorial Disputes and Affective Polarization," *European Journal of Political Research*, 63(3): 906-926.

Baldassarri, Delia and Andrew Gelman, 2008, "Partisans without Constraint: Political Polarization and Trends in American Public Opinion," *American Journal of Sociology*, 114(2): 408-446.

Ballard-Rosa, Cameron, Amalie Jensen and Kenneth Scheve, 2022, "Economic Decline, Social Identity, and Authoritarian Values in the United States," *International Studies Quarterly*, 66 (1): sqab027.

Ballard-Rosa, Cameron, Mashail A. Malik, Stephanie J. Rickard and Kenneth Scheve, 2021, "The Economic Origins of Authoritarian Values: Evidence From Local Trade Shocks in United Kingdom," *Comparative Political Studies*, 54(13): 2321-2353.

Banda, Kevin K. and John Cluverius, 2018, "Elite Polarization, Party Extremity and Affective Polarization," *Electoral Studies*, 56: 90-101.

Bansak, Kirk, Jens Hainmueller, Daniel J. Hopkins and Teppei Yamamoto, 2021, "Beyond the Breaking Point? Survey Satisficing in Conjoint Experiments," *Political Science Research and Methods*, 9(1): 53-71.

Barabas, Jason, Jennifer Jerit, William Pollock and Carlisle Rainey, 2014, "The Question(s)of Political Knowledge," *American Political Science Review*, 108(4): 840-855.

Barberá, Pablo, John T. Jost, Jonathan Nagler, Joshua A. Tucker and Richard Bonneau, 2015, "Tweeting From Left to Right: Is Online Political Communication More Than an Echo Chamber?," *Psychological Science*, 26(10): 1531-1542.

Barnhart, Joslyn N., 2017, "Humiliation and Third-Party Aggression," *World Politics*, 69(3): 532-568.

Barnhart, Joslyn N., Robert F. Trager, Elizabeth N. Saunders and Allan Dafoe, 2020, "The Suffragist Peace," *International Organization*, 74(4): 633-670.

Barrera, Oscar, Sergei Guriev, Emeric Henry and Ekaterina Zhuravskaya, 2020, "Facts, Alternative

Facts, and Fact Checking in Times of Post-Truth Politics," *Journal of Public Economics*, 182: 104123.

Barry, Brian, 2001, *Culture and Equality: An Egalitarian Critique of Multiculturalism*, Harvard University Press.

Bartels, Larry M., 1996, "Uninformed Votes : Information Effects in Presidential Elections," *American Journal of Political Science*, 40(1): 194-230.

Bartels, Larry M., 2002, "Beyond the Running Tally: Partisan Bias in Political Perceptions," *Political Behavior*, 24(2): 117-150.

Baum, Matthew A., 2002a, "Sex, Lies, and War: How Soft News Brings Foreign Policy to the Inattentive Public," *American Political Science Review*, 96(1): 91-109.

Baum, Matthew A., 2002b, "The Constituent Foundations of the Rally-Round-the-Flag Phenomenon," *International Studies Quarterly*, 46(2): 263-298.

Baum, Matthew A., 2003, *Soft News Goes to War: Public Opinion and American Foreign Policy in the New Media Age*, Princeton University Press.

Baum, Matthew A. and Tim J. Groeling, 2009, *War Stories: The Causes and Consequences of Public Views of War*, Princeton University Press.

Baum, Matthew A. and Tim Groeling, 2010, "Reality Asserts Itself: Public Opinion on Iraq and the Elasticity of Reality," *International Organization*, 64(3): 443-479.

Bauman, Christopher W. and Linda J. Skitka, 2009, "Moral Disagreement and Procedural Justice: Moral Mandates as Constraints to Voice Effects," *Australian Journal of Psychology*, 61(1): 40-49.

Becker, Amy B., 2020, "Applying Mass Communication Frameworks to Study Humor's Impact: Advancing the Study of Political Satire," *Annals of the International Communication Association*, 44(3): 273-288.

Becker, Gary S., 1957, *The Economics of Discrimination*, University of Chicago Press.

Bell, Mark S. and Kai Quek, 2018, "Authoritarian Public Opinion and the Democratic Peace," *International Organization*, 72(1): 227-242.

Bellemare, Marc F., Takaaki Masaki and Thomas B. Pepinsky, 2017, "Lagged Explanatory Variables and the Estimation of Causal Effect," *The Journal of Politics*, 79(3): 949-963.

Bengtsson, Åsa and Henrik Christensen, 2016, "Ideals and Actions: Do Citizens' Patterns of Political Participation Correspond to their Conceptions of Democracy?," *Government and Opposition*, 51 (2): 234-260.

Bennett, W. Lance and Shanto Iyengar, 2008, "A New Era of Minimal Effects? The Changing Foundations of Political Communication," *Journal of Communication*, 58(4): 707-731.

Berinsky, Adam J., 2009, *In Time of War: Understanding American Public Opinion from World War II to Iraq*, University of Chicago Press.

Berinsky, Adam J., Christopher F. Karpowitz, Zeyu Chris Peng, Jonathan A. Rodden and Cara J. Wong, 2023, "How Social Context Affects Immigration Attitudes," *The Journal of Politics*, 85 (2): 372-388.

Berinsky, Adam J., Michele F. Margolis and Michael W. Sances, 2014, "Separating the Shirkers from the Workers? Making Sure Respondents Pay Attention on Self-Administered Surveys," *American Journal of Political Science*, 58(3): 739-753.

Bernardi, Luca, Mikko Mattila, Achillefs Papageorgiou and Lauri Rapeli, 2023, "Down But Not Yet Out: Depression, Political Efficacy, and Voting," *Political Psychology*, 44(2): 217-233.

Berntzen, Lars Erik, Haylee Kelsall and Eelco Harteveld, 2024, "Consequences of Affective Polarization: Avoidance, Intolerance and Support for Violence in the United Kingdom and Norway," *European Journal of Political Research*, 63(3): 927-949.

Bertsou, Eri and Daniele Caramani, 2022, "People Haven't Had Enough of Experts: Technocratic Attitudes among Citizens in Nine European Democracies," *American Journal of Political Science*, 66(1): 5-23.

Bertsou, Eri, 2019a, "Political Distrust and Its Discontents: Exploring the Meaning, Expression and Significance of Political Distrust," *Societies*, 9(4): 72.

Bertsou, Eri, 2019b, "Rethinking Political Distrust," *European Political Science Review*, 11(2): 213-230.

Bettarelli, Luca, Andres Reiljan and Emilie Van Haute, 2023, "A Regional Perspective to the Study of Affective Polarization," *European Journal of Political Research*, 62(2): 645-659.

Bhatti, Yosef, Edward Fieldhouse and Kasper M. Hansen, 2020, "It's a Group Thing: How Voters go to the Polls Together," *Political Behavior*, 42(1): 1-34.

Bies, Robert J., 2005, "Are Procedural Justice and Interactional Justice Conceptually Distinct?," Jerald Greenberg and Jason A. Colquitt eds., *Handbook of Organizational Justice*, Lawrence Erlbaum Associates Publishers, 85-112.

Bies, Robert J., 2015, "Interactional Justice: Looking Backward, Looking Forward," Russell S. Cropanzano and Maureen L. Ambrose eds., *The Oxford Handbook of Justice in the Workplace*, Oxford University Press.

Bies, Robert J. and J. F. Moag, 1986, "Interactional Justice: Communication Criteria of Fairness," Sheppard, Blair H., Max H. Bazerman and Roy J. Lewicki eds., *Research on Negotiations in Organizations*, Vol. 1, JAI Press, 43-55.

Biggers, Daniel R., Shaun Bowler, 2023, "How Priming Fairness and Priming Constitutionality Impact the Effect of Partisan Self-Interest on Citizen Support for Election Reforms," *Public Opinion Quarterly*, 87(1): 156-169.

Bisgaard, Martin, 2019, "How Getting the Facts Right Can Fuel Partisan-Motivated Reasoning," *American Journal of Political Science*, 63(4): 824-839.

Blader, Steven L. and Tom R. Tyler, 2003, "A Four-Component Model of Procedural Justice: Defining the Meaning of a "Fair" Process," *Personality and Social Psychology Bulletin*, 29(6): 747-758.

Blair, Graeme, Winston Chou and Kosuke Imai, 2019, "List Experiments with Measurement Error," *Political Analysis*, 27(4): 455-480.

Blair, Graeme, Alexander Coppock and Margaret Moor, 2020, "When to Worry about Sensitivity Bias: A Social Reference Theory and Evidence from 30 Years of List Experiments," *American Political Science Review*, 114(4): 1297-1315.

Blair, Graeme and Kosuke Imai, 2012, "Statistical Analysis of List Experiments," *Political Analysis*, 20(1): 47-77.

Blair, Graeme, Kosuke Imai and Jason Lyall, 2014, "Comparing and Combining List and Endorsement Experiments: Evidence from Afghanistan," *American Journal of Political Science*, 58(4): 1043-1063.

Blair, Graeme, Kosuke Imai and Yang-Yang Zhou, 2015, "Design and Analysis of the Randomized Response Technique," *Journal of the American Statistical Association*, 110(511): 1304-1319.

Blalock Hubert M., 1967, *Toward a Theory of Minority-Group Relations*, John Wiley & Sons.

Blood, Deborah J. and Peter C. B. Phillips, 1995, "Recession Headline News, Consumer Sentiment, the State of the Economy and Presidential Popularity: A Time Series Analysis 1989–1993," *International Journal of Public Opinion Research*, 7(1): 2–22.

Blumer, Herbert, 1958, "Race Prejudice as a Sense of Group Position," *The Pacific Sociological Review*, 1(1): 3–7.

Bobocel, D. Ramona and Leanne Gosse, 2015, "Procedural Justice: A Historical Review and Critical Analysis," Russell S. Cropanzano and Maureen L. Ambrose eds., *The Oxford Handbook of Justice in the Workplace*, Oxford University Press.

Boisjoly, Johanne, Greg J. Duncan, Michael Kremer, Dan M. Levy and Jacque Eccles, 2006, "Empathy or Antipathy? The Impact of Diversity," *American Economic Review*, 96(5): 1890–1905.

Borbáth, Endre, 2024, "Differentiation in Protest Politics: Participation by Political Insiders and Outsiders," *Political Behavior*, 46: 727–750.

Bornschier, Simon, 2010, *Cleavage Politics and the Populist Right : The New Cultural Conflict in Western Europe*, Temple University Press.

Boruch, Robert F., 1971, "Assuring Confidentiality of Responses in Social Research: A Note on Strategies," *The American Sociologist*, 6(4): 308–311.

Bos, Linda, Sanne Kruikemeier and Claes de Vreese, 2016, "Nation Binding: How Public Service Broadcasting Mitigates Political Selective Exposure," *PLOS ONE*, 11(5): e0155112.

Bougher, Lori D., 2017, "The Correlates of Discord: Identity, Issue Alignment and Political Hostility in Polarized America," *Political Behavior*, 39(3): 731–762.

Boulianne, Shelley, 2016, "Online News, Civic Awareness, and Engagement in Civic and Political Life," *New Media & Society*, 18(9): 1840–1856.

Bove, Vincenzo and Tobias Böhmelt, 2016, "Does Immigration Induce Terrorism?," *The Journal of Politics*, 78(2): 572–588.

Boxell, Levi, Matthew Gentzkow and Jesse M. Shapiro, 2024, "Cross-Country Trends in Affective Polarization," *The Review of Economics and Statistics*, 106(2): 557–565.

Brady, Henry E., Sidney Verba and Kay Lehman Schlozman, 1995, "Beyond Ses: A Resource Model of Political Participation," *American Political Science Review*, 89(2): 271–294.

Bramson, Aaron, Patrick Grim, Daniel J. Singer, William J. Berger, Graham Sack, Steven Fisher, Carissa Flocken and Bennett Holman, 2017, "Understanding Polarization: Meanings, Measures and Model Evaluation," *Philosophy of Science*, 84(1): 115–159.

Brandell, Mary E. and Shelly Hinck, 1997, "Service Learning: Connecting Citizenship with the Classroom," *NASSP Bulletin*, 81(591): 49–56.

Bratsberg, Bernt, Jeremy Ferwerda, Henning Finseraas and Andreas Kotsadam, 2021, "How Settlement Locations and Local Networks Influence Immigrant Political Integration," *American Journal of Political Science*, 65(3), 551–565.

Brockner, Joel and Batia Wiesenfeld, 2005, "How, When and Why Does Outcome Favorability Interact with Procedural Fairness?," Jerald Greenberg and Jason A. Colquitt eds., *Handbook of Organizational Justice*, Lawrence Erlbaum Associates Publishers, 525–553.

Brody, Richard A., 1991, *Assessing the President: The Media, Elite Opinion and Public Support*, Stanford University Press.

Brody, Richard A. and Paul M. Sniderman, 1977, "From Life Space to Polling Place: The Relevance of Personal Concerns for Voting Behavior," *British Journal of Political Science*, 7(3): 337-360.

Bromme, Laurits, Tobias Rothmund and Flávio Azevedo, 2022, "Mapping Political Trust and Involvement in the Personality Space — A Meta-Analysis and New Evidence," *Journal of Personality*, 90(6): 846-872.

Broockman, David E., 2016, "Approaches to Studying Policy Representation," *Legislative Studies Quarterly*, 41(1): 181-215.

Broockman, David E., Joshua L. Kalla and Sean J. Westwood, 2023, "Does Affective Polarization Undermine Democratic Norms or Accountability? Maybe Not," *American Journal of Political Science*, 67(3): 808-828.

Brooks, Deborah Jordan and Benjamin A. Valentino, 2011, "A War of One's Own: Understanding the Gender Gap in Support for War," *Public Opinion Quarterly*, 75(2): 270-286.

Brown, Jacob R. and Ryan D. Enos, 2021, "The Measurement of Partisan Sorting for 180 Million Voters," *Nature Human Behaviour*, 5(8): 998-1008.

Brutger, Ryan and Joshua D. Kertzer, 2018, "A Dispositional Theory of Reputation Costs," *International Organization*, 72(3): 693-724.

Brutger, Ryan, Joshua D. Kertzer, Jonathan Renshon, Dustin Tingley and Chagai M. Weiss, 2023, "Abstraction and Detail in Experimental Design," *American Journal of Political Science*, 67 (4): 979-995.

Bullock, John G., Alan S. Gerber, Seth J. Hill and Gregory A. Huber, 2015, "Partisan Bias in Factual Beliefs about Politics," *Quarterly Journal of Political Science*, 10(4): 519-578.

Bullock, Will, Kosuke Imai and Jacob N. Shapiro, 2011, "Statistical Analysis of Endorsement Experiments: Measuring Support for Militant Groups in Pakistan," *Political Analysis*, 19(4): 363-384.

Bullock, John G. and Gabriel Lenz, 2019, "Partisan Bias in Surveys," *Annual Review of Political Science*, 22: 325-342.

Burden, Barry C. and Amber Wichowsky, 2014, "Economic Discontent as a Mobilizer: Unemployment and Voter Turnout," *The Journal of Politics*, 76(4): 887-898.

Burgers, Christian and Britta C. Brugman, 2022, "How Satirical News Impacts Affective Responses, Learning and Persuasion: A Three-Level Random-Effects Meta-Analysis," *Communication Research*, 49(7): 966-993.

Bursztyn, Leonardo, Georgy Egorov, and Stefano Fiorin, 2020, "From Extreme to Mainstream: The Erosion of Social Norms," *American Economic Review*, 110(11): 3522-3548.

Busby, Ethan C., Adam J. Howat, Jacob E. Rothschild and Ricarhd M. Shafranek, 2021, *The Partisan Next Door*, Cambridge University Press.

Butler, Daniel M. and David E. Broockman, 2011, "Do Politicians Racially Discriminate against Constituents? A Field Experiment on State Legislators," *American Journal of Political Science*, 55(3): 463-477.

Campbell, Angus, Philip E. Converse, Warren E. Miller and Donald E. Stokes, 1960, *The American Voter*, John Wiley & Sons.

Campbell, David E., 2008, "Voice in the Classroom: How an Open Classroom Climate Fosters Political Engagement among Adolescents," *Political Behavior*, 30(4): 437-454.

Cantril, Hadley, Hazel Gaudet and Herta Herzog, 1940, *The Invasion from Mars: A Study in the Pscyhology of Panic*, Princeton UniversityPress（高橋祥友訳，2017，『火星からの侵略——パニッ

クの心理学的研究』金剛書房).

Cappella, Joseph N. and Kathleen Hall Jamieson, 1997, *Spiral of Cynicism: The Press and the Public Good*, Oxford University Press (平林紀子・山田一成監訳, 2005, 『政治報道とシニシズム――戦略型フレーミングの影響過程』ミネルヴァ書房).

Caramani, Daniele, 2017, "Will vs. Reason: The Populist and Technocratic Forms of Political Representation and Their Critique to Party Government," *American Political Science Review*, 111(1): 54-67.

Carpena, Fenella and Francesca R. Jensenius, 2021, "Age of Marriage and Women's Political Engagement: Evidence from India," *The Journal of Politics*, 83(4): 1823-1828.

Carpenter, Charli and Alexander H. Montgomery, 2020, "The Stopping Power of Norms: Saturation Bombing, Civilian Immunity and U.S. Attitudes toward the Laws of War," *International Security*, 45(2): 140-169.

Caruana, Nicholas J., R. Michael McGregor and Laura B. Stephenson, 2015, "The Power of the Dark Side: Negative Partisanship and Political Behaviour in Canada," *Canadian Journal of Political Science/Revue Canadienne de Science Politique*, 48(4): 771-789.

Cassese, Erin C., 2021, "Partisan Dehumanization in American Politics," *Political Behavior*, 43(1): 29-50.

Castles, Stephen and Mark J. Miller, 2009, *The Age of Migration: International Population Movements in the Modern World*, 4th Edition, Palgrave Macmillan.

Catalinac, Amy, 2018, "Positioning under Alternative Electoral Systems: Evidence from Japanese Candidate Election Manifestos," *American Political Science Review*, 112(1): 31-48.

Caughey, Devin, Tom O'Grady and Christopher Warshaw, 2019, "Policy Ideology in European Mass Publics, 1981-2016," *American Political Science Review*, 113(3): 674-693.

Cebula, Richard J., 2008, "Influence of the Number of Statewide Referenda Involving Emotionally-Charged Issues on Voter Turnout, 2006," *Atlantic Economic Journal*, 36(4): 383-393.

Cebula, Richard J., 2017, "Unemployment and Voter Turnout Revisited: A Brief Note," *Electoral Studies*, 48: 149-152.

Cebula, Richard J., 2019, "The Voter Turnout/Relative Unemployment Rate Hypothesis," *International Economics*, 72(3): 255-280.

Ceobanu, Alin M. and Xavier Escandell, 2010, "Comparative Analyses of Public Attitudes Toward Immigrants and Immigration Using Multinational Survey Data: A Review of Theories and Research," *Annual Review of Sociology*, 36: 309-328.

Chanley, Virginia A., Thomas J. Rudolph and Wendy M. Rahn, 2000, "The Origins and Consequences of Public Trust in Government: A Time Series Analysis," *Public Opinion Quarterly*, 64(3): 239-256.

Chapman, Terrence L., 2011, *Securing Approval: Domestic Politics and Multilateral Authorization for War*, University of Chicago Press.

Charles, Kerwin Kofi and Melvin Stephens, Jr., 2013, "Employment, Wages, and Voter Turnout," *American Economic Journal: Applied Economics*, 5(4): 111-143.

Charnysh, Volha, Eugene Finkel and Scott Gehlbach, 2023, "Historical Political Economy: Past, Present, and Future," *Annual Review of Political Science*, 26: 175-191.

Charnysh, Volha and Leonid Peisakhin, 2022, "The Role of Communities in the Transmission of Political Values: Evidence from Forced Population Transfers," *British Journal of Political*

引用文献

Science, 52(1): 238-258.

Chapman, Terrence L. and Stephen Chaudoin, 2020, "Public Reactions to International Legal Institutions: The International Criminal Court in a Developing Democracy," *The Journal of Politics*, 82(4): 1305-1320.

Chen, Kevin, 1992, *Political Alienation and Voting Turnout in the United States, 1960-1988*, Mellon Research University Press.

Chiru, Mihail and Zslot Enyedi, 2021, "Who Wants Technocrats? A Comparative Study of Citizen Attitudes in Nine Young and Consolidated Democracies," *The British Journal of Politics and International Relations*, 24(1): 95-112.

Choi, Donghyun Danny, Mathias Poertner and Nicholas Sambanis, 2023, "The Hijab Penalty: Feminist Backlash to Muslim Immigrants, "*American Journal of Political Science*, 67(2): 291-306.

Christensen, Henrik Serup, 2016, "All the Same? Examining the Link between Three Kinds of Political Dissatisfaction and Protest," *Comparative European Politics*, 14: 781-801.

Chu, Jonathan A and Stefano Recchia, 2022, "Does Public Opinion Affect the Preferences of Foreign Policy Leaders? Experimental Evidence from the UK Parliament," *The Journal of Politics*, 84 (3): 1874-1877.

Cinelli, Matteo, Gianmarco De Francisci Morales, Alessandro Galeazzi, Walter Quattrociocchi and Michele Starnini, 2021, "The Echo Chamber Effect on Social Media," *Proceedings of the National Academy of Sciences*, 118(9): e2023301118.

Cirone, Alexandra and Thomas B. Pepinsky, 2022, "Historical Persistence," *Annual Review of Political Science*, 25: 241-259.

Citrin, Jack, 1974, "Comment: The Political Relevance of Trust in Government," *American Political Science Review*, 68(3): 973-988.

Citrin, Jack and Laura Stoker, 2018, "Political Trust in a Cynical Age," *Annual Review of Political Science*, 21: 49-70.

Ciuk, David J., 2023, "Value Disagreement and Partisan Sorting in the American Mass Public," *Political Research Quarterly*, 76(1): 60-74.

Claassen, Christopher and Lauren McLaren, 2022, "Does Immigration Produce a Public Backlash or Public Acceptance? Time-Series, Cross-Sectional Evidence from Thirty European Democracies," *British Journal of Political Science*, 52(3): 1013-1031.

Claassen, Christopher and Pedro C. Magalhães, 2023, "Public Support for Democracy in the United States Has Declined Generationally," *Public Opinion Quarterly*, 87(3): 719-732.

Claassen, Ryan L., Paul A. Djupe, Andrew R. Lewis and Jacob R. Neiheisel, 2021, "Which Party Represents My Group? The Group Foundations of Partisan Choice and Polarization," *Political Behavior*, 43(2): 615-636.

Clayton, Amanda, Diana Z. O'Brien and Jennifer M. Piscopo, 2019, "All Male Panels? Representation and Democratic Legitimacy," *American Journal of Political Science*, 63(1): 113-129.

Clifford, Scott, Geoffrey Sheagley and Spencer Piston, 2021, "Increasing Precision without Altering Treatment Effects: Repeated Measures Designs in Survey Experiments," *American Political Science Review*, 115(3): 1048-1065.

Coffé, Hilde and Ank Michels, 2014, "Education and Support for Representative, Direct and Stealth Democracy," *Electoral Studies*, 35: 1-11.

Colaresi, Michael, 2007, "The Benefit of the Doubt: Testing an Informational Theory of the Rally Effect," *International Organization*, 61(1): 99-143.

Colantone, Italo and Piero Stanig, 2018, "The Trade Origins of Economic Nationalism: Import Competition and Voting Behavior in Western Europe," *American Journal of Political Science*, 62(4): 936-953.

Colquitt, Jason A., 2001, "On the Dimensionality of Organizational Justice: A Construct Validation of a Measure," *Journal of Applied Psychology*, 86(3): 386-400.

Colquitt, Jason A., Jerald Greenberg and Cindy P. Zapata-Phelan, 2005, "What is Organizational Justice? : A Historical Overview," Jerald Greenberg and Jason A. Colquitt eds., *Handbook of Organizational Justice*, Lawrence Erlbaum Associates Publishers, 3-56.

Comellas Bonsfills, Josep Maria, 2022, "When Polarised Feelings towards Parties Spread to Voters: The Role of Ideological Distance and Social Sorting in Spain," *Electoral Studies*, 79: 102525.

Conover, Michael, Jacob Ratkiewicz, Matthew Francisco, Bruno Goncalves, Filippo Menczer and Alessandro Flammini, 2021, "Political Polarization on Twitter," *Proceedings of the International AAAI Conference on Web and Social Media*, 5(1): 89-96.

Conover, Pamela Johnston and Virginia Sapiro, 1993, "Gender, Feminist Consciousness and War," *American Journal of Political Science*, 37(4): 1079-1099.

Converse, Philip E., 1964, "The Nature of Belief Systems in Mass Publics," David Ernest Apter ed., *Ideology and Discontent*, Free Press, 206-261.

Converse, Philip E., 1976, *The Dynamics of Party Support: Cohort-Analyzing Party Identification*, Sage Library of Social Research.

Converse, Philip E., 2000, "Assessing the Capacity of Mass Electorates," *Annual Review of Political Science*, 3: 331-353.

Converse, Philip E. and Richard G. Niemi, 1971, "Non-Voting Among Young Adults in the United States," William J. Crotty, Donald M. Freeman and Douglas S. Gatlin ed., *Political Parties and Political Behaviour*, 2nd Edition, Allyn and Bacon, 38-109.

Converse, Philip E. and Roy Pierce, 1993, "Comment on Fleury and Lewis-Beck: "Anchoring the French Voter: Ideology versus Party" ," *The Journal of Politics*, 55(4): 1110-1117.

Cook, Timothy E., 1985, "The Bear Market in Political Socialization and the Costs of Misunderstood Psychological Theories," *American Political Science Review*, 79(4): 1079-1093.

Cools, Sara, Henning Finseraas and Ole Rogeberg, 2021, "Local Immigration and Support for Anti-Immigration Parties: A Meta-Analysis," *American Journal of Political Science*, 65(4): 988-1006.

Coppock, Alexander, Kimberly Gross, Ethan Porter, Emily Thorson and Thomas J. Wood, 2023, "Conceptual Replication of Four Key Findings about Factual Corrections and Misinformation during the 2020 US Election: Evidence from Panel-Survey Experiments," *British Journal of Political Science*, 53(4): 1328-1341.

Coppock, Alexander, Thomas J. Leeper and Kevin J. Mullinix, 2018, "Generalizability of Heterogeneous Treatment Effect Estimates across Samples," *Proceedings of the National Academy of Sciences of the United States of America*, 115(49): 12441-12446.

Corstange, Daniel, 2009, "Sensitive Questions, Truthful Answers? Modeling the List Experiment with LISTIT," *Political Analysis*, 17(1): 45-63.

Costa, Mia, 2017, "How Responsive are Political Elites? A Meta-Analysis of Experiments on Public Officials," *Journal of Experimental Political Science*, 4(3): 241-254.

引用文献

Coutts, Elisabeth and Ben Jann, 2011, "Sensitive Questions in Online Surveys: Experimental Results for the Randomized Response Technique (RRT) and the Unmatched Count Technique (UCT)," *Sociological Methods & Research*, 40(1): 169-193.

Craig, Stephen C., Richard G. Niemi and Glenn E. Silver, 1990, "Political Efficacy and Trust: A Report on the NES Pilot Study Items," *Political Behavior*, 12: 289-314.

Crawford, Kerry F., Eric D. Lawrence and James H. Lebovic, 2017, "Aversion, Acceptance, or Apprehension? The Effects of Gender on US Public Opinion Concerning US-inflicted Civilian Casualties," *Journal of Global Security Studies*, 2(2): 150-169.

Crawfurd, Lee and Ukasha Ramli, 2022, "Discrimination by Politicians against Religious Minorities: Experimental Evidence from the UK," *Party Politics*, 28(5): 826-833.

Cremaschi, Simone and Juan Masullo, 2024, "The Political Legacies of Wartime Resistance: How Local Communities in Italy Keep Anti-fascist Sentiments Alive," *Comparative Political Studies*, 1-44 (Retrieved October 24, 2024, https://doi.org/10.1177/00104140241252094).

Crewe, Ivor, Tony Fox and Jim Alt, 1977, "Non-Voting in British General Elections 1966-October 1974," Colin Crouch ed., *British Political Sociology Yearbook*, Vol. 3, Croom Helm, 38-109.

Curini, Luigi, Airo Hino and Atsushi Osaki, 2018, "The Intensity of Government-Opposition Divide as Measured through Legislative Speeches and What We Can Learn from It: Analyses of Japanese Parliamentary Debates, 1953-2013," *Government and Opposition*, 55(2): 184-201.

Cutler, Neal E. and Vern L. Bengtson, 1974, "Age and Political Alienation: Maturation, Generation and Period Effects," *The Annals of the American Academy of Political and Social Science*, 415(1): 160-175.

Cutts, David and Edward Fieldhouse, 2009, "What Small Spatial Scales Are Relevant as Electoral Contexts for Individual Voters? The Importance of the Household on Turnout at the 2001 General Election," *American Journal of Political Science*, 53(3): 726-739.

Dafoe, Allan, Baobao Zhang and Devin Caughey, 2018, "Information Equivalence in Survey Experiments," *Political Analysis*, 26(4): 399-416.

Dahlgaard, Jens O., 2018, "Trickle-Up Political Socialization: The Causal Effect on Turnout of Parenting a Newly Enfranchised Voter," *American Political Science Review*, 112(3): 698-705.

Dahlgaard, Jens Olav, Yosef Bhatti, Jonas Hedegaard Hansen and Kasper M. Hansen, 2022, "Living Together, Voting Together: Voters Moving in Together Before an Election Have Higher Turnout," *British Journal of Political Science*, 52(2): 631-648.

Dahlgaard, Jens Olav and Kasper M. Hansen, 2021, "Twice the Trouble: Twinning and the Cost of Voting," *The Journal of Politics*, 83(3): 1173-1177.

Dalton, Russell J., 2004, *Democratic Challenges, Democratic Choices: The Erosion of Political Support in Advanced Industrial Democracies*, Oxford University Press.

Dalton, Russell J., 2008, "The Quantity and the Quality of Party Systems: Party System Polarization, Its Measurement and Its Consequences," *Comparative Political Studies*, 41(7): 899-920.

Dalton, Russell J. and Christian Welzel, 2014, *The Civic Culture Transformed: From Allegiant to Assertive Citizens*, Cambridge University Press.

Dancygier, Rafaela M. and David D. Laitin, 2014, "Immigration into Europe : Economic Discrimination, Violence, and Public Policy," *Annual Review of Political Science*, 17: 43-64.

Dancygier, Rafaela M., Karl-Oskar Lindgren, Sven Oskarsson and Kåre Vernby, 2015, "Why Are Immigrants Underrepresented in Politics? Evidence from Sweden," *American Political Science*

Review, 109(4): 703-724.

Dancygier, Rafaela, Karl-Oskar Lindgren, Pär Nyman and Kåre Vernby, 2021, "Candidate Supply Is Not a Barrier to Immigrant Representation: A Case-Control Study," *American Journal of Political Science*, 65(3): 683-698.

Daniele, Gianmarco, Arnstein Aassve and Marco Le Moglie, 2023, "Never Forget the First Time: The Persistent Effects of Corruption and the Rise of Populism in Italy," *The Journal of Politics*, 85(2): 468-483.

Dassonneville, Ruth and Michael S. Lewis-Beck, 2014, "Macroeconomics, Economic Crisis and Electoral Outcomes: A National European Pool," *Acta Politica*, 49: 372-394.

Davies, Graeme A. M. and Robert Johns, 2013, "Audience Costs among the British Public: The Impact of Escalation, Crisis Type and Prime Ministerial Rhetoric," *International Studies Quarterly*, 57(4): 725-737.

Davis, William, 2012, "Swords into Ploughshares: The Effect Of Pacifist Public Opinion on Foreign Policy in Western Democracies," *Cooperation and Conflict*, 47(3): 309-330.

Dawson, Richard E., Kenneth Prewitt and Karen S. Dawson, [1969] 1977, *Political Socialization: An Analytic Study*, 2nd Edition, Brown and Company（加藤秀治郎・中村昭雄・青木英実・永山博之訳, 1989, 『政治の社会化──市民形成と政治教育』芦書房）.

de Benedictis-Kessner, Justin, Matthew A. Baum, Adam J. Berinsky and Teppei Yamamoto, 2019, "Persuading the Enemy: Estimating the Persuasive Effects of Partisan Media with the Preference-Incorporating Choice and Assignment Design," *American Political Science Review*, 113(4): 902-916.

de Blok, Lisanne and Staffan Kumlin, 2022, "Losers' Consent in Changing Welfare States: Output Dissatisfaction, Experienced Voice and Political Distrust," *Political Studies*, 70(4): 867-886.

De Boef, Suzanna and Paul M. Kellstedt, 2004, "The Political(and Economic)Origins of Consumer Confidence," *American Journal of Political Science*, 48(4): 633-649.

de Rooij, Eline A., Matthew J. Goodwin and Mark Pickup, 2018, "A Research Note: The Differential Impact of Threats on Ethnic Prejudice Toward Three Minority Groups in Britain," *Political Science Research and Methods*, 6(4): 837-845.

Dehdari, Sirus H., Karl-Oskar Lindgren, Sven Oskarsson and Kåre Vernby, 2022, "The Ex-Factor: Examining the Gendered Effect of Divorce on Voter Turnout," *American Political Science Review*, 116(4): 1293-1308.

Deimel, Daniel, Bryony Hoskins and Hermann J. Abs, 2020, "How Do Schools Affect Inequalities in Political Participation: Compensation of Social Disadvantage or Provision of Differential Access?," *Educational Psychology*, 40(2): 146-166.

Denver, David, 2008, "Another Reason to Support Marriage? Turnout and the Decline of Marriage in Britain," *The British Journal of Politics and International Relations*, 10(4): 666-680.

Devine, Christopher J., 2015, "Ideological Social Identity: Psychological Attachment to Ideological In-Groups as a Political Phenomenon and a Behavioral Influence," *Political Behavior*, 37(3): 509-535.

Devine, Daniel, 2024, "Does Political Trust Matter? A Meta-Analysis on the Consequences of Trust," *Political Behavior*(Retrieved September 24, 2024, https://doi.org/10.1007/s11109-024-09916-y).

Devine, Daniel, Viktor Valgarðsson, Jessica Smith, Will Jennings, Michele Scotto di Vettimo, Hannah

Bunting and Lawrence McKay, 2024, "Political Trust in the First Year of the COVID-19 Pandemic: A Meta-Analysis of 67 Studies," *Journal of European Public Policy*, 31(3): 657-679.

Dias, Nicholas and Yphtach Lelkes, 2022, "The Nature of Affective Polarization: Disentangling Policy Disagreement from Partisan Identity," *American Journal of Political Science*, 66(3): 775-790.

Diehl, Claudia, Matthias Koenig and Kerstin Ruckdeschel, 2009, "Religiosity and Gender Equality: Comparing Natives and Muslim Migrants in Germany," *Ethnic and Racial Studies*, 32(2): 278-301.

Dill, Janina, 2019, "Distinction, Necessity and Proportionality: Afghan Civilians' Attitudes toward Wartime Harm," *Ethics & International Affairs*, 33(3): 315-342.

DiMaggio, Paul, John Evans and Bethany Bryson, 1996, "Have American's Social Attitudes Become More Polarized?," *American Journal of Sociology*, 102(3): 690-755.

Dinas, Elias, 2013, "Opening 'Openness to Change': Political Events and the Increased Sensitivity of Young Adults," *Political Research Quarterly*, 66(4): 868-882.

Dinas, Elias and Laura Stoker, 2014, "Age-Period-Cohort Analysis: A Design-Based Approach," *Electoral Studies*, 33: 28-40.

Dinesen, Peter Thisted, Malte Dahl and Mikkel Schiøler, 2021, "When Are Legislators Responsive to Ethnic Minorities? Testing the Role of Electoral Incentives and Candidate Selection for Mitigating Ethnocentric Responsiveness," *American Political Science Review*, 115(2): 450-466.

Djerf-Pierre, Monika and Adam Shehata, 2017, "Still an Agenda Setter: Traditional News Media and Public Opinion During the Transition From Low to High Choice Media Environments," *Journal of Communication*, 67(5): 733-757.

Doherty, David, Conor M. Dowling and Michael G. Miller, 2019, "Do Local Party Chairs Think Women and Minority Candidates Can Win? Evidence from a Conjoint Experiment," *The Journal of Politics*, 81(4): 1282-1297.

Doherty, David and Jennifer Wolak, 2012, "When Do the Ends Justify the Means? Evaluating Procedural Fairness," *Political Behavior*, 34(2): 301-323.

Donbavand, Steven and Bryony Hoskins, 2021, "Citizenship Education for Political Engagement: A Systematic Review of Controlled Trials," *Social Sciences*, 10(5): 151.

Donovan, Kathleen, Paul M. Kellstedt, Ellen M. Key and Matthew J. Lebo, 2020, "Motivated Reasoning, Public Opinion, and Presidential Approval," *Political Behavior*, 42: 1201-1221.

Donovan, Kathleen M., Paul M. Kellstedt, Ellen M. Key and Matthew J. Lebo, 2023, "Weakened Ties: The Economy and Presidential Approval in the Twenty-First-Century United States," Timothy Hellwig and Matthew Singer eds., *Economics and Politics Revisited: Executive Approval and the New Calculus of Support*, Oxford University Press, 305-326.

Downs, Anthony, 1957, *An Economic Theory of Democracy*, Harper & Row.

Downs, George W. and David M. Rocke, 1994, "Conflict, Agency and Gambling for Resurrection: The Principal-Agent Problem Goes to War," *American Journal of Political Science*, 38(2): 362-380.

Doyle, Michael W., 1986, "Liberalism and World Politics," *American Political Science Review*, 80(4): 1151-1169.

Dragojlovic, Nick, 2015, "Listening to Outsiders: The Impact of Messenger Nationality on Transnational Persuasion in the United States," *International Studies Quarterly*, 59(1): 73-85.

Driscoll, Amanda, Gabriel Cepaluni, Feliciano de Sa Guimaraes and Paolo Spada, 2018, "Prejudice,

Strategic Discrimination, and the Electoral Connection: Evidence from a Pair of Field Experiments in Brazil," *American Journal of Political Science*, 62(4): 781-795.

Droitcour, Judith, Rachel A. Caspar, Michael L. Hubbard, Teresa L. Parsley, Wendy Visscher and Trena M. Ezzati, 1991, "The Item-Count Technique as a Method of Indirect Questioning: A Review of Its Development and a Case Study Application," Paul P. Biemer, Robert M. Groves, Lars E. Lyberg, Nancy A. Mathiowetz and Seymour Sudman eds., *Measurement Errors in Surveys*, John Wiley & Sons, 185-210.

Druckman, James N., Samara Klar, Yanna Krupnikov, Matthew Levendusky and John Barry Ryan, 2022, "(Mis)estimating Affective Polarization," *The Journal of Politics*, 84(2): 1106-1117.

Druckman, James N. and Thomas J. Leeper, 2012, "Learning More from Political Communication Experiments: Pretreatment and Its Effects," *American Journal of Political Science*, 56(4): 875-896.

Druckman, James N. and Matthew S. Levendusky, 2019, "What Do We Measure When We Measure Affective Polarization?," *Public Opinion Quarterly*, 83(1): 114-122.

Druckman, James N., Matthew S. Levendusky and Audrey McLain, 2018, "No Need to Watch: How the Effects of Partisan Media Can Spread via Interpersonal Discussions," *American Journal of Political Science*, 62(1): 99-112.

Dubois, Elizabeth and Grant Blank, 2018, "The Echo Chamber is Overstated: The Moderating Effect of Political Interest and Diverse Media," *Information, Communication & Society*, 21(5): 729-745.

Duch, Raymond M. and Paul M. Kellstedt, 2011, "The Heterogeneity of Consumer Sentiment in an Increasingly Heterogeneous Global Economy," *Electoral Studies*, 30(3): 399-405.

Duch, Raymond M., Harvey D. Palmer and Christopher J. Anderson, 2000, "Heterogeneity in Perceptions of National Economic Conditions," *American Journal of Political Science*, 44(4): 635-652.

Duch, Raymond M. and Randolph T. Stevenson, 2008, *The Economic Vote: How Political and Economic Institutions Condition Election Results*, Cambridge University Press.

Durmuşoğlu, Linet R., 2023, "Puzzling Parents? The Perception and Adoption of Parental Political Orientations in the Dutch Multiparty Setting," *Electoral Studies*, 85: 102673.

Easton, David and Jack Dennis, 1969, *Children in the Political System: Origins of Political Legitimacy*, McGraw-Hill.

Egami, Naoki and Erin Hartman, 2023, "Elements of External Validity: Framework, Design, and Analysis," *American Political Science Review*, 117(3): 1070-1088.

Egan, Patrick J., 2020, "Identity as Dependent Variable: How Americans Shift Their Identities to Align with Their Politics," *American Journal of Political Science*, 64(3): 699-716.

Ehler, Ingmar, Felix Wolter and Justus Junkermann, 2021, "Sensitive Questions in Surveys: A Comprehensive Meta-Analysis of Experimental Survey Studies on the Performance of the Item Count Technique," *Public Opinion Quarterly*, 85(1): 6-27.

Eichenberg, Richard C., 2003, "Gender Differences in Public Attitudes toward the Use of Force by the United States, 1990-2003," *International Security*, 28(1): 110-141.

Eichenberg, Richard C., 2016, "Gender Difference in American Public Opinion on the Use of Military Force, 1982-2013," *International Studies Quarterly*, 60(1): 138-148.

Eichenberg, Richard C. and Richard Stoll, 2003, "Representing Defense: Democratic Control of the

Defense Budget in the United States and Western Europe," *The Journal of Conflict Resolution*, 47(4): 399-422.

Eichenberg, Richard C. and Richard J. Stoll, 2017, "The Acceptability of War and Support for Defense Spending: Evidence from Fourteen Democracies, 2004-2013," *The Journal of Conflict Resolution*, 61(4): 788-813.

Ekman, Mattias, 2019, "Anti-Immigration and Racist Discourse in Social Media," *European Journal of Communication*, 34(6): 606-618.

Elder, Glen H. Jr., 1985, *Life Course Dynamics: Trajectories and Transitions, 1968-1980*, Cornell University Press.

Ellis, Christopher and James A. Stimson, 2012, *Ideology in America*, Cambridge University Press.

Emmenegger, Patrick, Paul Marx and Dominik Schraff, D., 2017, "Off to a Bad Start: Unemployment and Political Interest during Early Adulthood," *The Journal of Politics*, 79(1): 315-328.

Enders, Adam M. and Miles T. Armaly, 2019, "The Differential Effects of Actual and Perceived Polarization," *Political Behavior*, 41(3): 815-839.

Enders, Adam M. and Robert N. Lupton, 2021, "Value Extremity Contributes to Affective Polarization in the US," *Political Science Research and Methods*, 9(4): 857-866.

Endo, Masahisa and Willy Jou, 2014, "How Does Age Affect Perceptions of Parties' Ideological Locations?," *Japanese Journal of Electoral Studies*, 30(1): 96-112.

English, Patrick, 2019, "Visibly Restricted: Public Opinion and the Representation of Immigrant Origin Communities across Great Britain," *Ethnic and Racial Studies*, 42(9): 1437-1455.

Enns, Peter K., Paul M. Kellstedt and Gregory E. McAvoy, 2012, "The Consequences of Partisanship in Economic Perceptions," *Public Opinion Quarterly*, 76(2): 287-310.

Enos, Ryan D., 2014, "The Causal Effect of Intergroup Contact on Exclusionary Attitudes," *Proceedings of the National Academy of Sciences*, 111(10): 3699-3704.

Enos, Ryan D., 2016, "What the Demolition of Public Housing Teaches Us about the Impact of Racial Threat on Political Behavior," *American Journal of Political Science*, 60(1): 123-142.

Eriksson, Lina M. and Kåre Vernby, 2021, "Welcome to the Party? Ethnicity and the Interaction between Potential Activists and Party Gatekeepers," *The Journal of Politics*, 83(4): 1861-1866.

Erkulwater, Jennifer L., 2012, "Political Participation over the Life Cycle," Kay Lehman Schlozman, Sidney Verba, Henry E. Brady eds., *The Unheavenly Chorus: Unequal Political Voice and the Broken Promise of American Democracy*, Princeton University Press, 199-231.

Esaiasson, Peter, Mikael Gilljam and Mikael Persson, 2012, "Which Decision-Making Arrangements Generate the Strongest Legitimacy Beliefs? Evidence from a Randomized Field Experiment," *European Journal of Political Research*, 51(6): 785-808.

Esaiasson, Peter, Mikael Persson, Mikael Gilljam and Torun Lindholm, 2019, "Reconsidering the Role of Procedures for Decision Acceptance," *British Journal of Political Science*, 49(1): 291-314.

Esses, Victoria M., 2021, "Prejudice and Discrimination Toward Immigrants," *Annual Review of Psychology*, 72: 503-531.

Esteban, Joan-María and Debraj Ray, 1994, "On the Measurement of Polarization," *Econometrica*, 62 (4): 819-851.

Evans, Geoffrey and Mark Pickup, 2010, "Reversing the Causal Arrow: The Political Conditioning of Economic Perceptions in the 2000-2004 U.S. Presidential Election Cycle," *The Journal of Politics*, 72(4): 1236-1251.

Fang, Songying, 2008, "The Informational Role of International Institutions and Domestic Politics," *American Journal of Political Science*, 52(2): 304-321.

Fearon, James D., 1994, "Domestic Political Audiences and the Escalation of International Disputes," *American Political Science Review*, 88(3): 577-592.

Federico, Christopher M., 2020, "Ideology and Public Opinion," Adam J. Berinsky ed., *New Directions in Public Opinion*, 3rd Edition, Routledge, 75-98.

Feldman, Lauren, Josh Pasek, Daniel Romer and Kathleen Hall Jamieson, 2007, "Identifying Best Practices in Civic Education: Lessons from the Student Voices Program," *American Journal of Education*, 114(1): 75-100.

Ferrin, Mónica, Moreno Mancosu and Teresa M. Cappiali, 2020, "Terrorist Attacks and Europeans' Attitudes towards Immigrants: An Experimental Approach," *European Journal of Political Research*, 59(3): 491-516.

Finifter, Ada W., 1970, "Dimensions of Political Alienation," *American Political Science Review*, 64 (2): 389-410.

Finseraas, Henning and Andreas Kotsadam, 2017, "Does Personal Contact with Ethnic Minorities Affect Anti-immigrant Sentiments? Evidence From a Field Experiment," *European Journal of Political Research*, 56(3): 703-722.

Finseraas, Henning, Torbjørn Hanson, Åshild A. Johnsen andreas Kotsadam and Gaute Torsvik, 2019, "Trust, Ethnic Diversity and Personal Contact: A Field Experiment," *Journal of Public Economics*, 173: 72-84.

Fiorina, Morris P., 1981, *Retrospective Voting in American National Elections*, Yale University Press.

Fiorina, Morris P. and Samuel J. Abrams, 2008, "Political Polarization in the American Public," *Annual Review of Political Science*, 11: 563-588.

Fiorina, Morris P., Samuel J. Abrams and Jeremy C. Pope, 2005, *Culture War?: The Myth of A Polarized America*, Pearson Longman.

Fisher, Stephen D., Anthony F. Heath, David Sanders and Maria Sobolewska, 2015, "Candidate Ethnicity and Vote Choice in Britain," *British Journal of Political Science*, 45(4): 883-905.

Fisk, Kerstin, Jennifer L. Merolla and Jennifer M. Ramos, 2019, "Emotions, Terrorist Threat and Drones: Anger Drives Support for Drone Strikes," *The Journal of Conflict Resolution*, 63(4): 976-1000.

Flanagan, Constance A., Patricio Cumsille, Sukhdeep Gill and Leslie S. Gallay, 2007, "School and Community Climates and Civic Commitments: Patterns for Ethnic Minority and Majority Students," *Journal of Educational Psychology*, 99(2): 421-431.

Flanagan, Constance, Andrea Finlay, Leslie Gallay and Taehan Kim, 2012, "Political Incorporation and the Protracted Transition to Adulthood: The Need for New Institutional Inventions," *Parliamentary Affairs*, 65(1): 29-46.

Flanagan, Scott C., 1987, "Value Change in Industrial Societies," *American Political Science Review*, 81(4): 1303-1319.

Fletcher, Joseph F., Heather Bastedo and Jennifer Hove, 2009, "Losing Heart: Declining Support and the Political Marketing of the Afghanistan Mission," *Canadian Journal of Political Science/ Revue Canadienne de Science Politique*, 42(4): 911-937.

引用文献

Fleury, Christopher J., and Michael S. Lewis-Beck, 1993, "Anchoring the French Voter: Ideology versus Party," *The Journal of Politics*, 55(4): 1100-1109.

Flynn, D. J., Brendan Nyhan and Jason Reifler, 2017, "The Nature and Origins of Misperceptions: Understanding False and Unsupported Beliefs about Politics," *Political Psychology*, 38: 127-150.

Folger, Robert, 1977, "Distributive and Procedural Justice: Combined Impact of Voice and Improvement on Experienced Inequity," *Journal of Personality and Social Psychology*, 35(2): 108-119.

Folger, Robert, David Rosenfield, Janet Grove and Louise Corkran, 1979, "Effects of "Voice" and Peer Opinions on Responses to Inequity," *Journal of Personality and Social Psychology*, 37 (12): 2253-2261.

Fox, Stuart, 2015, "Apathy, Alienation and Young People: The Political Engagement of British Millennials," Thesis(University of Nottingham only), University of Nottingham.

Foyle, Douglas, 2017, "Public Opinion and Foreign Policy," *Oxford Research Encyclopedia of Politics* (Retrieved September 24, 2024, https://doi.org/10.1093/acrefore/9780190228637.013.472).

Fraga, Bernard L., 2016a, "Redistricting and the Causal Impact of Race on Voter Turnout," *The Journal of Politics*, 78(1): 19-34.

Fraga, Bernard L., 2016b, "Candidates or Districts? Reevaluating the Role of Race in Voter Turnout," *American Journal of Political Science*, 60(1): 97-122.

Fraga, Bernard L. and Hans J. G. Hassell, 2021, "Are Minority and Women Candidates Penalized by Party Politics? Race, Gender, and Access to Party Support," *Political Research Quarterly*, 74 (3): 540-555.

Frey, Arun, 2022, "Getting under the Skin: The Impact of Terrorist Attacks on Native and Immigrant Sentiment," *Social Forces*, 101(2): 943-973.

Fridkin, Kim L. and Patrick Kenney, 2011, "Variability in Citizens' Reactions to Different Types of Negative Campaigns," *American Journal of Political Science*, 55(2): 307-325.

Frye, Timothy, Scott Gehlbach, Kyle L. Marquardt and Ora John Reuter, 2017, "Is Putin's Popularity Real?," *Post-Soviet Affairs*, 33(1): 1-15.

Fussell, Elizabeth, 2014, "Warmth of the Welcome: Attitudes Toward Immigrants and Immigration Policy in the United States," *Annual Review of Sociology*, 40: 479-498.

Gadarian, Shana Kushner, 2010, "The Politics of Threat: How Terrorism News Shapes Foreign Policy Attitudes," *The Journal of Politics*, 72(2): 469-483.

Gainous, Jason and Allison M. Martens, 2012, "The Effectiveness of Civic Education: Are "Good" Teachers Actually Good for "All" Students?," *American Politics Research*, 40(2): 232-266.

Gangl, Amy, 2003, "Procedural Justice Theory and Evaluations of the Lawmaking Process," *Political Behavior*, 25(2): 119-149.

Garrett, Kristin N. and Alexa Bankert, 2020, "The Moral Roots of Partisan Division: How Moral Conviction Heightens Affective Polarization," *British Journal of Political Science*, 50(2): 621-640.

Gartner, Scott Sigmund, 2008, "The Multiple Effects of Casualties on Public Support for War: An Experimental Approach," *American Political Science Review*, 102(1): 95-106.

Garzia, Diego, Frederico Ferreira da Silva and Simon Maye, 2023, "Affective Polarization in Comparative and Longitudinal Perspective," *Public Opinion Quarterly*, 87(1): 219-231.

Geboers, Ellen, Femke Geijsel, Wilfried Admiraal and Geert ten Dam, 2013, "Review of the Effects of Citizenship Education," *Educational Research Review*, 9: 158-173.

Gelpi, Christopher F. and Michael Griesdorf, 2001, "Winners or Losers? Democracies in International Crisis, 1918-94," *American Political Science Review*, 95(3): 633-647.

Gelpi, Christopher, Jason Reifler and Peter Feaver, 2007, "Iraq the Vote: Retrospective and Prospective Foreign Policy Judgments on Candidate Choice and Casualty Tolerance," *Political Behavior*, 29(2): 151-174.

Gerber, Alan S., Gregory A. Huber, David Doherty, Conor M. Dowling and Shange E. Ha, 2010, "Personality and Political Attitudes: Relationships across Issue Domains and Political Contexts," *American Political Science Review*, 104(1): 111-133.

Gerber, Alan S., Dean Karlan and Daniel Bergan, 2009, "Does the Media Matter? A Field Experiment Measuring the Effect of Newspapers on Voting Behavior and Political Opinions," *American Economic Journal: Applied Economics*, 1(2): 35-52.

Germann, Micha, Sofie Marien and Lala Muradova, 2024, "Scaling Up? Unpacking the Effect of Deliberative Mini-Publics on Legitimacy Perceptions," *Political Studies*, 72(2): 677-700.

Gidron, Noam, James Adams and Will Horne, 2020, *American Affective Polarization in Comparative Perspectives*, Cambridge University Press.

Gidron, Noam, James Adams and Will Horne, 2023, "Who Dislikes Whom? Affective Polarization between Pairs of Parties in Western Democracies," *British Journal of Political Science*, 53(3): 997-1015.

Gidron, Noam, Lior Sheffer and Guy Mor, 2022a, "The Israel Polarization Panel Dataset, 2019-2021," *Electoral Studies*, 80: 102512.

Gidron, Noam, Lior Sheffer and Guy Mor, 2022b, "Validating the Feeling Thermometer as a Measure of Partisan Affect in Multi-Party Systems," *Electoral Studies*, 80: 102542.

Gift, Karen and Thomas Gift, 2015, "Does Politics Influence Hiring? Evidence from a Randomized Experiment," *Political Behavior*, 37(3): 653-675.

Gil De Zúñiga, Homero, Brian Weeks and Alberto Ardèvol-Abreu, 2017, "Effects of the News-Finds-Me Perception in Communication: Social Media Use Implications for News Seeking and Learning About Politics," *Journal of Computer-Mediated Communication*, 22(3): 105-123.

Gimpel, James G. and Iris S. Hui, 2015, "Seeking Politically Compatible Neighbors? The Role of Neighborhood Partisan Composition in Residential Sorting," *Political Geography*, 48: 130-142.

Gingerich, Daniel W., Virginia Oliveros, Ana Corbacho and Mauricio Ruiz-Vega, 2016, "When to Protect? Using the Crosswise Model to Integrate Protected and Direct Responses in Surveys of Sensitive Behavior," *Political Analysis*, 24(2): 132-156.

Glaser, William A., 1959, "The Family and Voting Turnout," *Public Opinion Quarterly*, 23(4): 563-570.

Glenn, Norval D., 1974, "Aging and Conservatism," *The Annals of the American Academy of Political and Social Science*, 415(1): 176-186.

Glenn, Norval D., 1977, *Cohort Analysis*, SAGE Publications（藤田英典訳, 1984,『コーホート分析法』朝倉書店）.

Glynn, Adam N., 2013, "What Can We Learn with Statistical Truth Serum? Design and Analysis of the List Experiment," *Public Opinion Quarterly*, 77(S1): 159-172.

Godefroidt, Amélie, 2023, "How Terrorism Does (and Does Not) Affect Citizens' Political Attitudes: A Meta-Analysis," *American Journal of Political Science*, 67(1): 22-38.

Godfrey, Erin B. and Justina K. Grayman, 2014, "Teaching Citizens: The Role of Open Classroom

Climate in Fostering Critical Consciousness Among Youth," *Journal of Youth and Adolescence*, 43(11): 1801-1817.

Golby, James, Peter Feaver and Kyle Dropp, 2018, "Elite Military Cues and Public Opinion About the Use of Military Force," *Armed Forces & Society*, 44(1): 44-71.

Goldscheider, F. and Goldscheider, C., 1994, "Leaving and Returning Home in Twentieth Century America," *Population Bulletin*, 48: 1-35.

Gomez, Brad T. and J. Matthew Wilson, 2001, "Political Sophistication and Economic Voting in the American Electorate: A Theory of Heterogeneous Attribution," *American Journal of Political Science*, 45(4): 899-914.

Goodwin, Matthew and Caitlin Milazzo, 2017, "Taking Back Control? Investigating the Role of Immigration in the 2016 Vote for Brexit," *The British Journal of Politics and International Relations*, 19(3): 450-464.

Golder, Matt, 2016, "Far Right Parties in Europe," *Annual Review of Political Science*, 19: 477-497.

Gottfried, Jeffrey A., Bruce W. Hardy, R. Lance Holbert, Kenneth M. Winneg and Kathleen Hall Jamieson, 2017, "The Changing Nature of Political Debate Consumption: Social Media, Multitasking, and Knowledge Acquisition," *Political Communication*, 34(2): 172-199.

Goyanes, Manuel, Alberto Ardèvol-Abreu and Homero Gil de Zúñiga, 2023, "Antecedents of News Avoidance: Competing Effects of Political Interest, News Overload, Trust in News Media, and "News Finds Me" Perception," *Digital Journalism*, 11(1): 1-18.

Graham, Matthew H. and Milan W. Svolik, 2020, "Democracy in America? Partisanship, Polarization and the Robustness of Support for Democracy in the United States," *American Political Science Review*, 114(2): 392-409.

Grande, Edgar, Tobias Schwarzbözl and Matthias Fatke, 2019, "Politicizing immigration in Western Europe," *Journal of European Public Policy*, 26(10): 1444-1463.

Grasso, Maria T., Stephen Farrall, Emily Gray, Colin Hay and Will Jennings, 2019, "Socialization and Generational Political Trajectories: An Age, Period and Cohort Analysis of Political Participation in Britain," *Journal of Elections, Public Opinion and Parties*, 29(2): 199-221.

Gravelle, Timothy B., Jason Reifler and Thomas J. Scotto, 2017, "The Structure of Foreign Policy Attitudes in Transatlantic Perspective: Comparing the United States, United Kingdom, France and Germany," *European Journal of Political Research*, 56(4): 757-776.

Grechyna, Daryna, 2023, "Parenthood and Political Engagement," *European Journal of Political Economy*, 76: 1022-1038.

Green, Donald P. and Alan S. Gerber, 2015, *Get Out the Vote: How to Increase Voter Turnout*, 3rd Edition, Brookings Institution Press.

Green, Donald P., Dylan W. Groves, Constantine Manda, Beatrice Montano and Bardia Rahmani, 2024, "The Effects of Independent Local Radio on Tanzanian Public Opinion: Evidence from a Planned Natural Experiment," *The Journal of Politics*, 86(1): 231-240.

Greenstein, Fred I., 1965, *Children and Politics*, Yale University Press（松原治郎・高橋均訳, 1972, 『子どもと政治――その政治的社会化』福村出版).

Greenstein, Fred I., 1968, "Political Socialization," David L. Sills ed., *International Encyclopedia of the Social Sciences*, Vol. 14, The Macmillan Company, 551-555.

Greenstein, Fred I., 1969, *Personality and Politics: Problems of Evidence, Inference, and Conceptualization*, Markham Publishing Company.

Grieco, Joseph M., Christopher Gelpi, Jason Reifler and Peter D. Feaver, 2011, "Let's Get a Second Opinion: International Institutions and American Public Support for War," *International Studies Quarterly*, 55(2): 563-583.

Grimes, Marcia, 2006, "Organizing Consent: The Role of Procedural Fairness in Political Trust and Compliance," *European Journal of Political Research*, 45(2): 285-315.

Grimes, Marcia, 2017, "Procedural Fairness and Political Trust," Sonja Zmerli and Tom W. G. van der Meer eds., *Handbook on Political Trust*, Edward Elgar Publishing, 256-269.

Groeling, Tim and Matthew A. Baum, 2008, "Crossing the Water's Edge: Elite Rhetoric, Media Coverage and the Rally-Round-the-Flag Phenomenon," *The Journal of Politics*, 70(4): 1065-1085.

Groenendyk, Eric, Erik O. Kimbrough, and Mark Pickup, 2023, "How Norms Shape the Nature of Belief Systems in Mass Publics," *American Journal of Political Science*, 67(3): 623-638.

Gross, Justin H., 2015, "Testing What Matters(If You Must Test at All): A Context-Driven Approach to Substantive and Statistical Significance," *American Journal of Political Science*, 59(3): 775-788.

Guardino, Matt and Danny Hayes, 2018, "Foreign Voices, Party Cues and U.S. Public Opinion about Military Action," *International Journal of Public Opinion Research*, 30(3): 504-516.

Guay, Brian and Christopher D. Johnston, 2022, "Ideological Asymmetries and the Determinants of Politically Motivated Reasoning," *American Journal of Political Science*, 66(2): 285-301.

Guedes-Neto, João V., 2023, "The Effects of Political Attitudes on Affective Polarization: Survey Evidence from 165 Elections," *Political Studies Review*, 21(2): 238-259.

Guess, Andrew M., 2021, "(Almost) Everything in Moderation: New Evidence on Americans' Online Media Diets," *American Journal of Political Science*, 65(4): 1007-1022.

Guess, Andrew, Jonathan Nagler and Joshua Tucker, J., 2019, "Less than You Think: Prevalence and Predictors of Fake News Dissemination on Facebook," *Science Advances*, 5(1): eaau4586.

Guisinger, Alexandra and Elizabeth N. Saunders, 2017, "Mapping the Boundaries of Elite Cues: How Elites Shape Mass Opinion across International Issues," *International Studies Quarterly*, 61(2): 425-441.

Gul, Sami, 2023, "Parliamentary Representation of Radical Right and Anti-Immigration Attitudes," *Electoral Studies*, 86: 102680.

Guriev, Sergei and Elias Papaionnou, 2022, "The Political Economy of Populism," *Journal of Economic Literature*, 60(3): 753-832.

Gulevich, Olga, Julia Borovikova and Maria Rodionova, 2024, "The Relationship between Political Procedural Justice and Attitudes toward the Political System: A Meta-Analysis," *Political Psychology*, 45(3): 537-557.

Hagenaars, Jacques A. and Loe C. Halman, 1989, "Searching for Ideal Types: The Potentialities of Latent Class Analysis," *European Sociological Review*, 5(1): 81-96.

Haggard, Stephen and Robert Kaufman, 2021, *Backsliding: Democratic Regress in the Contemporary World*, Cambridge University Press.

Haidt, Jonathan, 2008, "Morality," *Perspectives on Psychological Science*, 3(1): 65-72.

Haidt, Jonathan, 2012, *The Righteous Mind: Why Good People Are Divided by Politics and Religion*, Pantheon Books（高橋洋訳, 2014,『社会はなぜ左と右にわかれるのか──対立を超えるための道徳心理学』紀伊國屋書店）.

Haim, Mario, Johannes Breuer and Sebastian Stier, 2021, "Do News Actually "Find Me"? Using Digital Behavioral Data to Study the News-Finds-Me Phenomenon," *Social Media + Society*, 7 (3) (Retrieved September 24, 2024, https://doi.org/10.1177/20563051211033820).

Hainmueller, Jens and Michael J. Hiscox, 2010, "Attitudes toward Highly Skilled and Low-skilled Immigration: Evidence from a Survey Experiment," *American Political Science Review*, 104 (1): 61-84.

Hainmueller, Jens and Daniel J. Hopkins, 2014, "Public Attitudes Toward Immigration," *Annual Review of Political Science*, 17: 225-249.

Halimatusa'diyah, Iim and Ella Prihatini, 2021, "Young Voters and Political Participation in Indonesia: Revisiting a Marriage Gap," *Social Science Quarterly*, 102(6): 2552-2564.

Halperin, Eran, Alexandra G. Russell, Carol S. Dweck and James J. Gross, 2011, "Anger, Hatred and the Quest for Peace: Anger Can Be Constructive in the Absence of Hatred," *The Journal of Conflict Resolution*, 55(2): 274-291.

Hansen, Jonas Hedegaard, 2016, "Residential Mobility and Turnout: The Relevance of Social Costs, Timing and Education," *Political Behavior*, 38(4): 769-791.

Hare, Christopher, David A. Armstrong II, Ryan Bakker, Royce Carroll and Keith T. Poole, 2015, "Using Bayesian Aldrich-McKelvey Scaling to Study Citizens' Ideological Preferences and Perceptions," *American Journal of Political Science*, 59(3): 759-774.

Harteveld, Eelco, 2021a, "Fragmented Foes: Affective Polarization in the Multiparty Context of the Netherlands," *Electoral Studies*, 71: 102332.

Harteveld, Eelco, 2021b, "Ticking All the Boxes? A Comparative Study of Social Sorting and Affective Polarization," *Electoral Studies*, 72: 102337.

Harteveld, Eelco, Lars Erik Berntzen, Andrej Kokkonen, Haylee Kelsall, Jonas Linde and Stefan Dahlberg, 2023, "The (Alleged) Consequences of Affective Polarization: A Survey Experiment in 9 Countries," OSF Preprints (Retrieved September 24, 2024, https://doi.org/10.31219/osf. io/64uwd).

Harteveld, Eelco and Markus Wagner, 2023, "Does Affective Polarisation Increase Turnout? Evidence from Germany, The Netherlands and Spain," *West European Politics*, 46(4): 732-759.

Hartman, Erin and F. Daniel Hidalgo, 2018, "An Equivalence Approach to Balance and Placebo Tests," *American Journal of Political Science*, 62(4): 1000-1013.

Hassell, Hans J. G. and Neil Visalvanich, 2019, "The Party's Primary Preferences: Race, Gender, and Party Support of Congressional Primary Candidates," *American Journal of Political Science*, 63 (4): 905-919.

Hatemi, Peter K., Charles Crabtree, and Kevin B. Smith, 2019, "Ideology Justifies Morality: Political Beliefs Predict Moral Foundations," *American Journal of Political Science*, 63(4): 788-806.

Hatemi, Peter K., Rose McDermott, Lindon J. Eaves, Kenneth S. Kendler and Michael C. Neale, 2013, "Fear as a Disposition and an Emotional State: A Genetic and Environmental Approach to Out-Group Political Preferences," *American Journal of Political Science*, 57(2): 279-293.

Hatemi, Peter K. and Christopher Ojeda, 2021, "The Role of Child Perception and Motivation in Political Socialization," *British Journal of Political Science*, 51(3): 1097-1118.

Hayes, Danny and Matt Guardino, 2011, "The Influence of Foreign Voices on U.S. Public Opinion," *American Journal of Political Science*, 55(4): 830-850.

Hayes, Matthew and Matthew V. Hibbing, 2017, "The Symbolic Benefits of Descriptive and

Substantive Representation," *Political Behavior*, 39(1): 31-50.

Haynes, Kyle, 2017, "Diversionary Conflict: Demonizing Enemies or Demonstrating Competence?," *Conflict Management and Peace Science*, 34(4): 337-358.

Healy, Andrew and Neil Malhotra, 2009, "Myopic Voters and Natural Disaster Policy," *American Political Science Review*, 103(3): 387-406.

Healy, Andrew and Neil Malhotra, 2013, "Retrospective Voting Reconsidered," *Annual Review of Political Science*, 16: 285-306.

Healy, Andrew J., Mikael Persson and Erik Snowberg, 2017, "Digging into the Pocketbook: Evidence on Economic Voting from Income Registry Data Matched to a Voter Survey," *American Political Science Review*, 111(4): 771-785.

Helbling, Marc, Felix Jäger and Richard Traunmüller, 2022, "Muslim Bias or Fear of Fundamentalism? A Survey Experiment in Five Western European Democracies," *Research & Politics*, 9(1) (Retrieved September 24, 2024, https://doi.org/10.1177/20531680221088491).

Helbling, Marc and Hanspeter Kriesi, 2014, "Why Citizens Prefer High- Over Low-Skilled Immigrants. Labor Market Competition, Welfare State, and Deservingness," *European Sociological Review*, 30(5): 595-614.

Helbling, Marc and Daniel Meierrieks, 2022, "Terrorism and Migration: An Overview," *British Journal of Political Science*, 52(2): 977-996.

Helbling, Marc and Richard Traunmüller, 2020, "What is Islamophobia? Disentangling Citizens' Feelings Toward Ethnicity, Religion and Religiosity Using a Survey Experiment," *British Journal of Political Science*, 50(3): 811-828.

Hennessey, Beth A., 2007, "Promoting Social Competence in School-Aged Children: The Effects of the Open Circle Program," *Journal of School Psychology*, 45(3): 349-360.

Herrmann, Richard K. and Vaughn P. Shannon, 2001, "Defending International Norms: The Role of Obligation, Material Interest and Perception in Decision Making," *International Organization*, 55(3): 621-654.

Hess, Robert D. and Judith V. Torney, 1967, *The Development of Political Attitudes in Children*, Aldine Publishing Company.

Hetherington, Marc J. and Thomas J. Rudolph, 2008, "Priming, Performance, and the Dynamics of Political Trust," *The Journal of Politics*, 70(2): 498-512.

Hetherington, Marc J. and Thomas J. Rudolph, 2015, *Why Washington Won't Work: Polarization, Political Trust and the Governing Crisis*, University of Chicago Press.

Hibbing, John R. and Elizabeth Theiss-Morse, 2002, *Stealth Democracy: Americans' Beliefs About How Government Should Work*, Cambridge University Press.

Highton, Benjamin, 2000, "Residential Mobility, Community Mobility, and Electoral Participation," *Political Behavior*, 22(2): 109-120.

Highton, Benjamin and Raymond E. Wolfinger, 2001, "The First Seven Years of the Political Life Cycle," *American Journal of Political Science*, 45(1): 202-209.

Himelboim, Itai, Stephen McCreery and Marc Smith, 2013, "Birds of a Feather Tweet Together: Integrating Network and Content Analyses to Examine Cross-Ideology Exposure on Twitter," *Journal of Computer-Mediated Communication*, 18(2): 40-60.

Hirose, Kentaro, Kosuke Imai and Jason Lyall, 2017, "Can Civilian Attitudes Predict Insurgent Violence? Ideology and Insurgent Tactical Choice in Civil War," *Journal of Peace Research*, 54

引用文献

(1) : 47-63.

Höglinger, Marc and Andreas Diekmann, 2017, "Uncovering a Blind Spot in Sensitive Question Research: False Positives Undermine the Crosswise-Model RRT," *Political Analysis*, 25(1) : 131-137.

Holbein, John B., 2017, "Childhood Skill Development and Adult Political Participation," *American Political Science Review*, 111(3) : 572-583.

Holbein, John B. and D. Sunshine Hillygus, 2020, *Making Young Voters: Converting Civic Attitudes into Civic Action*, Cambridge University Press.

Holbert, R. Lance, R. Kelly Garrett and Laurel S. Gleason, 2010, "A New Era of Minimal Effects? A Response to Bennett and Iyengar," *Journal of Communication*, 60(1) : 15-34.

Holsti, Ole R., 1992, "Public Opinion and Foreign Policy: Challenges to the Almond-Lippmann Consensus Mershon Series: Research Programs and Debates," *International Studies Quarterly*, 36(4) : 439-466.

Holsti, Ole R., 2004, *Public Opinion and American Foreign Policy*, University of Michigan Press.

Holsti, Ole R. and James N. Rosenau, 1990, "The Structure of Foreign Policy Attitudes among American Leaders," *The Journal of Politics*, 52(1) : 94-125.

Homola, Jonathan, Jon C. Rogowski, Betsy Sinclair, Michelle Torres, Patrick D. Tucker and Steven W. Webster, 2023, "Through the Ideology of the Beholder: How Ideology Shapes Perceptions of Partisan Groups," *Political Science Research and Methods*, 11(2) : 275-292.

Hooghe, Marc and Ruth Dassonneville, 2018a, "A Spiral of Distrust: A Panel Study on the Relation between Political Distrust and Protest Voting in Belgium," *Government and Opposition*, 53(1) : 104-130.

Hooghe, Marc and Ruth Dassonneville, 2018b, "Explaining the Trump Vote: The Effect of Racist Resentment and Anti-Immigrant Sentiments," *PS: Political Science & Politics*, 51(3) : 528-534.

Hooghe, Marc and Sofie Marien, 2013, "A Comparative Analysis of the Relation Between Political Trust and Forms of Political Participation in Europe," *European Societies*, 15(1) : 131-152.

Horiuchi, Yusaku and Atsushi Tago, 2023, "U.S. Military Should Not Be in My Backyard: Conjoint Experiments in Japan," *The Journal of Conflict Resolution* (Retrieved September 24, 2024, https://doi.org/10.1177/00220027231203607).

Hoskins Bryony, Jan Germen Janmaat and Gabriella Melis, 2017, "Tackling Inequalities in Political Socialisation: A Systematic Analysis of Access to and Mitigation Effects of Learning Citizenship at School," *Social Science Research*, 68: 88-101.

Huang, Haifeng, 2018, "The Pathology of Hard Propaganda," *The Journal of Politics*, 80(3) : 1034-1038.

Huber, Gregory A., Seth J. Hill and Gabriel S. Lenz, 2012, "Sources of Bias in Retrospective Decision Making: Experimental Evidence on Voters' Limitations in Controlling Incumbents," *American Political Science Review*, 106(4) : 720-741.

Huber, Gregory A. and Neil Malhotra, 2017, "Political Homophily in Social Relationships: Evidence from Online Dating Behavior," *The Journal of Politics*, 79(1) : 269-283.

Huckfelt, Robert and John Sprague, 1995, *Citizens, Politics, and Social Communication: Information and Influence in an Election Campaign*, Cambridge University Press.

Huddy, Leonie, Stanley Feldman and Erin Cassese, 2007, "On the Distinct Political Effects of Anxiety and Anger," W. Russell Neuman, George E. Marcus, Michael MacKuen and Ann N.

Crigler eds., *The Affect Effect: Dynamics of Emotion in Political Thinking and Behavior*, The University of Chicago Press, 202-230.

Huddy, Leonie, Stanley Feldman, Charles Taber and Gallya Lahav, 2005, "Threat, Anxiety, and Support of Antiterrorism Policies," *American Journal of Political Science*, 49(3): 593-608.

Hurd, Ian, 2008, *After Anarchy: Legitimacy and Power in the United Nations Security Council*, Princeton University Press.

Hurwitz, Jon and Mark Peffley, 1987, "How Are Foreign Policy Attitudes Structured?," *American Political Science Review*, 81(4): 1099-1120.

Hyman, Herbert, 1959, *Political Socialization: A Study in the Psychology of Political Behavior*, The Free Press.

Igarashi, Akira and James Laurence, 2021, "How Does Immigration Affect Anti-Immigrant Sentiment and Who is Affected Most? A Longitudinal Analysis of the UK and Japan Cases," *Comparative Migration Studies*, 9(1): 1-26.

Igarashi, Akira and Ryota Mugiyama, 2023, "Whose Tastes Matter? Discrimination against Immigrants in the Japanese Labour Market," *Journal of Ethnic and Migration Studies*, 49(13): 3365-3388.

Igarashi, Akira, Hirofumi Miwa and Yoshikuni Ono, 2022, "Why Do Citizens Prefer Highly Skilled Immigrants to Low-Skilled Immigrants? Identifying Causal Mechanisms of Immigration Preferences with a Survey Experiment," *Research & Politics*, 9(2) (Retrieved September 24, 2024, https://doi.org/10.1177/20531680221091439).

Igarashi, Akira and Yoshikuni Ono, 2022, "Neoliberal Ideology and Negative Attitudes toward Immigrants: Evidence from a Survey and Survey Experiment in Japan," *Journal of Applied Social Psychology*, 52(1): 1146-1157.

Ignazi, Piero, 1992, "The Silent Counter-Revolution Hypotheses on the Emergence of Extreme Right-Wing Parties in Europe," *European Journal of Political Research*, 22(1): 3-34.

Imai, Kosuke, 2011, "Multivariate Regression Analysis for the Item Count Technique," *Journal of the American Statistical Association*, 106(494): 407-416.

Imai, Kosuke, Luke Keele, Dustin Tingley and Teppei Yamamoto, 2011, "Unpacking the Black Box of Causality: Learning about Causal Mechanisms from Experimental and Observational Studies," *American Political Science Review*, 105(4): 765-789.

Imai, Kosuke, Bethany Park and Kenneth F. Greene, 2015, "Using the Predicted Responses from List Experiments as Explanatory Variables in Regression Models," *Political Analysis*, 23(2): 180-196.

Inglehart, Ronald, 1977, *The Silent Revolution: Changing Values and Political Styles Among Western Publics*, Princeton University Press.

Inglehart, Ronald, 2018, *Cultural Evolution: People's Motivations Are Changing, and Reshaping the World*, Cambridge University Press.

International Organization for Migration (IOM), 2021, *2021 Annual Report*, IOM.

Iyengar, Shanto, 2014, "A Typology of Media Effects," in Kate Kenski and Kathleen Hall Jamieson eds., *The Oxford Handbook of Political Communication*, Vol. 1, Oxford University Press.

Iyengar, Shanto, Donald R. Kinder, Mark D. Peters and Jon A. Krosnick, 1984, "The Evening News and Presidential Evaluations," *Journal of Personality and Social Psychology*, 46(4): 778-787.

Iyengar, Shanto, Tobias Konitzer and Kent Tedin, 2018, "The The Home as a Political Fortress:

Family Agreement in an Era of Polarization," *The Journal of Politics*, 80(4): 1326-1338.

Iyengar, Shanto and Masha Krupenkin, 2018, "The Strengthening of Partisan Affect," *Political Psychology*, 39(S1): 201-218.

Iyengar, Shanto, Yphtach Lelkes, Matthew Levendusky, Neil Malhotra, and Sean J. Westwood, 2019, "The Origins and Consequences of Affective Polarization in the United States," *Annual Review of Political Science*, 22: 129-146.

Iyengar, Shanto, Gaurav Sood and Yphtach Lelkes, 2012, "Affect, Not Ideology: A Social Identity Perspective on Polarization," *Public Opinion Quarterly*, 76(3): 405-431.

Iyengar, Shanto and Sean J. Westwood, 2015, "Fear and Loathing across Party Lines: New Evidence on Group Polarization," *American Journal of Political Science*, 59(3): 690-707.

Jahoda, Marie, Paul F. Lazarsfeld and Hans Zeisel, 2002, *Marienthal: The Sociography of an Unemployed Community*, Tavistock Publications.

James, Patrick, 1987, "Conflict and Cohesion: A Review of the Literature and Recommendations for Future Research," *Cooperation and Conflict*, 22(1): 21-33.

Jankowski, Thomas B. and John M. Strate, 1995, "Modes of Participation over the Adult Life Span," *Political Behavior*, 17(1): 89-106.

Jenke, Libby, 2024, "Affective Polarization and Misinformation Belief," *Political Behavior*, 46(2): 825-884.

Jenkins, Jeffery A. and Jared Rubin eds. 2022, *The Oxford Handbook of Historical Political Economy*, Oxford University Press.

Jennings, M. Kent, 1979, "Another Look at the Life Cycle and Political Participation," *American Journal of Political Science*, 23(4): 755-771.

Jennings, M. Kent, 1992, "Ideological Thinking Among Mass Publics and Political Elites," *Public Opinion Quarterly*, 56(4): 419-441.

Jennigs, M. Kent and Richard G. Niemi, 1981, *Generations and Politics: A Panel Study of Young Adults and Their Parents*, Princeton University Press.

Jennings, M. Kent and Richard G. Niemi, 1968, "The Transmission of Political Values from Parent to Child," *American Political Science Review*, 62(1): 169-184.

Jennings, M. Kent, Laura Stoker and Jake Bowers, 2009, "Politics across Generations: Family Transmission Reexamined," *The Journal of Politics*, 71(3): 782-799.

Jennings, Will, Gerry Stoker, Viktor Valgarðsson, Daniel Devine and Jennifer Gaskell, 2021, "How Trust, Mistrust and Distrust Shape the Governance of the COVID-19 Crisis," *Journal of European Public Policy*, 28(8): 1174-1196.

Jerome, Lee, Faiza Hyder, Yaqub Hilal and Ben Kisby, 2024, "A Systematic Literature Review of Research Examining the Impact of Citizenship Education on Active Citizenship Outcomes," *Review of Education*, 12(2): e3472.

Jervis, Robert, 1976, *Perception and Misperception in International Politics*, Princeton University Press.

Johns, Robert and Graeme AM Davies, 2014, "Coalitions of the Willing? International Backing and British Public Support for Military Action," *Journal of Peace Research*, 51(6): 767-781.

Johnston, Ron, Kelvyn Jones, Carol Propper, Rebecca Sarker, Simon Burgess and Anne Bolster, 2005, "A Missing Level in the Analyses of British Voting Behaviour: The Household as Context as Shown by Analyses of a 1992-1997 Longitudinal Survey," *Electoral Studies*, 24(2): 201-225.

Jones, Philip Edward, 2020, "Partisanship, Political Awareness, and Retrospective Evaluations, 1956-2016," *Political Behavior*, 42: 1295-1317.

Jost, John T., 2021, *Left and Right: The Psychological Significance of a Political Distinction*, Oxford University Press.

Jost, John T., Jack Glaser, Arie W. Kruglanski, and Frank J. Sulloway, 2003, "Political Conservatism as Motivated Social Cognition," *Psychological Bulletin*, 129(3): 339-375.

Jost, Tyler and Joshua D. Kertzer, 2023, "Armies and Influence: Elite Experience and Public Opinion on Foreign Policy," *The Journal of Conflict Resolution* (Retrieved September 24, 2024, https://doi.org/10.1177/00220027231203565).

Jung, Jae-Hee, 2020, "The Mobilizing Effect of Parties' Moral Rhetoric," *American Journal of Political Science*, 64(2): 341-355.

Jung, Jae-Hee, and Scott Clifford, 2024, "Varieties of Values: Moral Values Are Uniquely Divisive," *American Political Science Review*, 1-17 (Retrieved October 24, 2024, https://doi.org/10.1017/S0003055424000443).

Jung, Sung Chul, 2014, "Foreign Targets and Diversionary Conflict," *International Studies Quarterly*, 58(3): 566-578.

Jungkunz, Sebastian and Paul Marx, 2024, "Material Deprivation in Childhood and Unequal Political Socialization: The Relationship between Children's Economic Hardship and Future Voting," *European Sociological Review*, 40(1): 72-84.

Kaase, Max, 1999, "Interpersonal Trust, Political Trust and Non-institutionalised Political Participation in Western Europe," *West European Politics*, 22(3): 1-21.

Kagotani, Koji and Wen-Chin Wu, 2022, "When Do Diplomatic Protests Boomerang? Foreign Protests against US Arms Sales and Domestic Public Support in Taiwan," *International Studies Quarterly*, 66(3): sqac043.

Kahne, Joseph, Bernadette Chi and Ellen Middaugh, 2006, "Building Social Capital for Civic and Political Engagement: The Potential of High-School Civics Courses," *Canadian Journal of Education/Revue Canadienne De L'Éducation*, 29(2): 387-409.

Kalmoe, Nathan P. and Lilliana Mason, 2022, *Radical American Partisanship: Mapping Violent Hostility, Its Causes, and the Consequences for Democracy*, University of Chicago Press.

Kaltwasser, Cristóbal Rovira, 2012, "The Ambivalence of Populism: Threat and Corrective for Democracy," *Democratization*, 19(2): 184-208.

Kaltwasser, Cristóbal Rovira and Steven M. Van Hauwaert, 2020, "The Populist Citizen: Empirical Evidence from Europe and Latin America," *European Political Science Review*, 12(1): 1-18.

Kam, Cindy D., Sara M. Kirshbaum and Lauren M. Chojnacki, 2023, "Babies and Ballots: Timing of Childbirth and Voter Turnout," *The Journal of Politics*, 85(1): 314-319.

Kane, John V. and Jason Barabas, 2019, "No Harm in Checking: Using Factual Manipulation Checks to Assess Attentiveness in Experiments," *American Journal of Political Science*, 63(1): 234-249.

Kapur, Devesh, 2014, "Political Effects of International Migration," *Annual Review of Political Science*, 17: 479-502.

Kasuya, Yuko and Hirofumi Miwa, 2023, "Pretending to Support? Duterte's Popularity and Democratic Backsliding in the Philippines," *Journal of East Asian Studies*, 23(3): 411-437.

Kasuya, Yuko, Hirofumi Miwa and Ikuma Ogura, 2023, "Re-examining the Relationship between

引用文献

Polarization and Democratic Backsliding," Paper presented at the Comparative Politics Seminar (Keio University).

Kauffmann, Chaim, 2004, "Threat Inflation and the Failure of the Marketplace of Ideas: The Selling of the Iraq War," *International Security*, 29(1): 5-48.

Kayser, Mark Andreas and Michael Peress, 2012, "Benchmarking across Borders: Electoral Accountability and the Necessity of Comparison," *American Political Science Review*, 106(3): 661-684.

Keele, Luke, 2007, "Social Capital and the Dynamics of Trust in Government," *American Journal of Political Science*, 51(2): 241-254.

Kekkonen, Arto and Tuomas Ylä-Anttila, 2021, "Affective Blocs: Understanding Affective Polarization in Multiparty Systems," *Electoral Studies*, 72: 102367.

Kenwick, Michael R. and Sarah Maxey, 2022, "You and Whose Army? How Civilian Leaders Leverage the Military's Prestige to Shape Public Opinion," *The Journal of Politics*, 84(4): 1963-1978.

Kern, Holger Lutz, 2010, "The Political Consequences of Transitions out of Marriage in Great Britain," *Electoral Studies*, 29(2): 249-58.

Kertzer, Joshua D., 2017, "Microfoundations in International Relations," *Conflict Management and Peace Science*, 34(1): 81-97.

Kertzer, Joshua D., 2023, "Public Opinion about Foreign Policy," Leonie Huddy, David O. Sears, Jack S. Levy, Jennifer Jerit and David O. Sears eds., *The Oxford Handbook of Political Psychology Third Edition*, Oxford University Press.

Kertzer, Joshua D. and Ryan Brutger, 2016, "Decomposing Audience Costs: Bringing the Audience Back into Audience Cost Theory," *American Journal of Political Science*, 60(1): 234-249.

Kertzer, Joshua D., Kathleen E. Powers, Brian C. Rathbun and Ravi Iyer, 2014, "Moral Support: How Moral Values Shape Foreign Policy Attitudes," *The Journal of Politics*, 76(3): 825-840.

Kertzer, Joshua D. and Dustin Tingley, 2018, "Political Psychology in International Relations: Beyond the Paradigms," *Annual Review of Political Science*, 21: 319-339.

Kertzer, Joshua D. and Thomas Zeitzoff, 2017, "A Bottom-up Theory of Public Opinion about Foreign Policy," *American Journal of Political Science*, 61(3): 543-558.

Key, Valdimer Orlando, 1966, *The Responsible Electorate: Rationality in Presidential Voting 1936-1960*, Harvard University Press.

Khalil, Samir and Elias Naumann, 2022, "Does Contact with Foreigners Reduce Worries about Immigration? A Longitudinal Analysis in Germany," *European Sociological Review*, 38(2): 189-201.

Kinder, Donald R., 2006, "Politics and the Life Cycle," *Science*, 312(5782): 1905-1908.

Kinder, Donald R., and Cindy D. Kam. 2010, *Us against Them: Ethnocentric Foundations of American Opinion*, University of Chicago Press.

Kinder, Donald R. and Nathan P. Kalmoe, 2017, N*either Liberal nor Conservative: Ideological Innocence in the American Public*, University of Chicago Press.

Kinder, Donald R. and D. Roderick Kiewiet, 1981, "Sociotropic Politics: The American Case," *British Journal of Political Science*, 11(2): 129-161.

Kinder, Donald R. and David O. Sears, 1985. "Public Opinion and Political Action," Gardner Lindzey and Elliot Aronson eds., *The Handbook of Social Psychology*, 3rd Edition, Vol. 2, Random House,

659-741.

Kingzette, Jon, James N. Druckman, Samara Klar, Yanna Krupnikov, Matthew Levendusky and John Barry Ryan, 2021, "How Affective Polarization Undermines Support for Democratic Norms," *Public Opinion Quarterly*, 85(2): 663-677.

Kitschelt, Herbert and Anthony J. McGann, 1997, *The Radical Right in Western Europe: A Comparative Analysis*, University of Michigan Press.

Klapper, Joseph T., 1960, *The Effects of Mass Communication*, Free Press.

Klar, Samara, Yanna Krupnikov and John Barry Ryan, 2018, "Affective Polarization or Partisan Disdain? Untangling a Dislike for the Opposing Party from a Dislike of Partisanship," *Public Opinion Quarterly*, 82(2): 379-390.

Knowles, Ryan T., Judith Torney-Purta and Carolyn Barber, 2018, "Enhancing Citizenship Learning with International Comparative Research: Analyses of IEA Civic Education Datasets," *Citizenship Teaching & Learning*, 13(1): 7-30.

Kobayashi, Tetsuro, Takahiro Hoshino and Takahisa Suzuki, 2020, "Inadvertent Learning on a Portal Site: A Longitudinal Field Experiment," *Communication Research*, 47(5): 729-749.

Kobayashi, Tetsuro and Kazunori Inamasu, 2015, "The Knowledge Leveling Effect of Portal Sites," *Communication Research*, 42(4): 482-502.

Kobayashi, Tetsuro, Asako Miura and Kazunori Inamasu, 2017, "Media Priming Effect: A Preregistered Replication Experiment," *Journal of Experimental Political Science*, 4(1): 81-94.

Kobayashi, Tetsuro and Tomoya Yokoyama, 2018, "Missing Effect of Party Cues in Japan: Evidence from a Survey Experiment," *Japanese Journal of Political Science*, 19(1): 61-79.

Koch, Lisa Langdon and Matthew Wells, 2021, "Still Taboo? Citizens' Attitudes toward the Use of Nuclear Weapons," *Journal of Global Security Studies*, 6(3): ogaa024.

Kohama, Shoko, Kai Quek and Atsushi Tago, 2024, "Managing the Costs of Backing Down: A "Mirror Experiment" on Reputations and Audience Costs in a Real-World Conflict," *The Journal of Politics*, 86(1): 388-393.

Kostelka, Filip and André Blais, 2021, "The Generational and Institutional Sources of the Global Decline in Voter Turnout," *World Politics*, 73(4): 629-667.

Kramer, Gerald H., 1983, "The Ecological Fallacy Revisited: Aggregate- versus Individual-level Findings on Economics and Elections, and Sociotropic Voting," *American Political Science Review*, 77(1): 92-111.

Kramon, Eric and Keith Weghorst, 2019, "(Mis)measuring Sensitive Attitudes with the List Experiment: Solutions to List Experiment Breakdown in Kenya," *Public Opinion Quarterly*, 83 (S1): 236-263.

Kreps, Sarah and Sarah Maxey, 2018, "Mechanisms of Morality: Sources of Support for Humanitarian Intervention," *The Journal of Conflict Resolution*, 62(8): 1814-1842.

Krosnick, Jon A., 1991, "Response Strategies for Coping with the Cognitive Demands of Attitude Measures in Surveys," *Applied Cognitive Psychology*, 5(3): 213-236.

Krosnick, Jon A. and Donald R. Kinder, 1990, "Altering the Foundations of Support for the President Through Priming," *American Political Science Review*, 84(2): 497-512.

Krupnikov, Yanna and John Barry Ryan, 2022, *The Other Divide: Polarization and Disagreement in American Politics*, Cambridge University Press.

Kuhn, Patrick M. and Nick Vivyan, 2022, "The Misreporting Trade-off between List Experiments

引用文献

and Direct Questions in Practice: Partition Validation Evidence from Two Countries," *Political Analysis*, 30(3): 381-402.

Kurizaki, Shuhei and Taehee Whang, 2015, "Detecting Audience Costs in International Disputes," *International Organization*, 69(4): 949-980.

Kymlicka, Will, 1995, *Multicultural Citizenship: A Liberal Theory of Minority Rights*, Oxford University Press.

Ladd, Jonathan M., 2012, *Why Americans Hate the Media and How It Matters*, Princeton University Press.

Lai, Brian and Dan Reiter, 2005, "Rally 'Round the Union Jack? Public Opinion and the Use of Force in the United Kingdom, 1948-2001," *International Studies Quarterly*, 49(2): 255-272.

Lake, David A., 1992, "Powerful Pacifists: Democratic States and War," *American Political Science Review*, 86(1): 24-37.

Lambert, Alan J., Laura D. Scherer, John Paul Schott, Kristina R. Olson, Rick K. Andrews, Thomas C. O'Brien and Alison R. Zisser, 2010, "Rally Effects, Threat and Attitude Change," *Journal of Personality and Social Psychology*, 98(6): 886-903.

Lancaster, Caroline M., 2022, "Value Shift: Immigration Attitudes and the Sociocultural Divide," *British Journal of Political Science*, 52(1): 1-20.

Lancee, Bram and Sergi Pardos-Prado, 2013, "Group Conflict Theory in a Longitudinal Perspective: Analyzing the Dynamic Side of Ethnic Competition," *International Migration Review*, 47(1): 106-131.

Landgrave, Michelangelo and Nicholas Weller, 2022, "Do Name-Based Treatments Violate Information Equivalence? Evidence from a Correspondence Audit Experiment," *Political Analysis*, 30(1): 142-148.

Lane, Robert E., 1962, *Political Ideology: Why the Common Man Believes What He Does*, Free Press.

Langsæther, Peter Egge, Geoffrey Evans and Tom O'Grady, 2022, "Explaining the Relationship Between Class Position and Political Preferences: A Long-Term Panel Analysis of Intra-Generational Class Mobility," *British Journal of Political Science*, 52(2): 958-967.

Langton, Kenneth P. and M. Kent Jennings, 1968, "Political Socialization and the High School Civics Curriculum in the United States," *American Political Science Review*, 62(3): 852-867.

Larsson Taghizadeh, Jonas, Angelica Åström and Per Adman, 2022, "Do Politicians Discriminate against Ethnic Minority Constituents? A Field Experiment on Social Interactions between Citizens and Swedish Local Politicians," *Parliamentary Affairs*, 75(1): 154-172.

Lau, Richard R., 1985, "Two Explanations for Negativity Effects in Political Behavior," *American Journal of Political Science*, 29(1): 119-138.

Lau, Richard R., Lee Sigelman and Ivy Brown Rovner, 2007, "The Effects of Negative Political Campaigns: A Meta-Analytic Reassessment," *The Journal of Politics*, 69(4): 1176-1209.

Laurence, James, 2011, "The Effect of Ethnic Diversity and Community Disadvantage on Social Cohesion: A Multi-Level Analysis of Social Capital and Interethnic Relations in UK Communities," *European Sociological Review*, 27(1): 70-89.

Laurence, James, Akira Igarashi and Kenji Ishida, 2022, "The Dynamics of Immigration and Anti-Immigrant Sentiment in Japan: How and Why Changes in Immigrant Share Affect Attitudes toward Immigration in a Newly Diversifying Society," *Social Forces*, 101(1): 369-403.

Lebo, Matthew J. and Daniel Cassino, 2007, "The Aggregated Consequences of Motivated Reasoning and the Dynamics of Partisan Presidential Approval," *Political Psychology*, 28(6): 719-746.

Lee, Jong R., 1977, "Rallying around the Flag: Foreign Policy Events and Presidential Popularity," *Presidential Studies Quarterly*, 7(4): 252-256.

Leep, Matthew and Jeremy Pressman, 2019, "Foreign Cues and Public Views on the Israeli-Palestinian Conflict," *The British Journal of Politics and International Relations*, 21(1): 169-188.

Leeper, Thomas J. and Rune Slothuus, 2014, "Political Parties, Motivated Reasoning and Public Opinion Formation," *Political Psychology*, 35(1): 129-156.

Lees, Jeffrey and Mina Cikara, 2020, "Inaccurate Group Meta-Perceptions Drive Negative out-Group Attributions in Competitive Contexts," *Nature Human Behaviour*, 4(3): 279-286.

Legewie, Joscha, 2013, "Terrorist Events and Attitudes toward Immigrants : A Natural Experiment," *American Journal of Sociology*, 118(5): 1199-1245.

Leidner, Bernhard, Emanuele Castano and Jeremy Ginges, 2013, "Dehumanization, Retributive and Restorative Justice and Aggressive Versus Diplomatic Intergroup Conflict Resolution Strategies," *Personality and Social Psychology Bulletin*, 39(2): 181-192.

Lelkes, Yphtach, 2018, "Affective Polarization and Ideological Sorting: A Reciprocal, Albeit Weak, Relationship," *The Forum*, 16(1): 67-79.

Lelkes, Yphtach, 2021, "Policy over Party: Comparing the Effects of Candidate Ideology and Party on Affective Polarization," *Political Science Research and Methods*, 9(1): 189-196.

Lelkes, Yphtach, Gaurav Sood and Shanto Iyengar, 2017, "The Hostile Audience : The Effect of Access to Broadband Internet on Partisan Affect," *American Journal of Political Science*, 61(1): 5-20.

Lelkes, Yphtach and Sean J. Westwood, 2017, "The Limits of Partisan Prejudice," *The Journal of Politics*, 79(2): 485-501.

Lensvelt-Mulders, Gerty J. L. M, Joop J. Hox, Peter G. M. van der Heijden and Cora J. M. Maas, 2005, "Meta-Analysis of Randomized Response Research: Thirty-Five Years of Validation," *Sociological Methods & Research*, 33(3): 319-348.

Lenz, Gabriel S., 2009, "Learning and Opinion Change, Not Priming: Reconsidering the Priming Hypothesis," *American Journal of Political Science*, 53(4): 821-837.

Lenzi, Michela, Alessio Vieno, Jill Sharkey, Ashley Mayworm, Luca Scacchi, Massimiliano Pastore and Massimo Santinello, 2014, "How School can Teach Civic Engagement Besides Civic Education: The Role of Democratic School Climate," *American Journal of Community Psychology*, 54(3-4): 251-261.

Leung, kwok, Kwok-Kit Tong and E. Allan Lind, 2007, "Realpolitik Versus Fair Process: Moderating Effects of Group Identification on Acceptance of Political Decisions," *Journal of Personality and Social Psychology*, 92(3): 476-489.

Levendusky, Matthew, 2009, *The Partisan Sort: How Liberals Became Democrats and Conservatives Became Republicans*, University of Chicago Press.

Levendusky, Matthew S., 2013, "Why Do Partisan Media Polarize Viewers?," *American Journal of Political Science*, 57(3): 611-623.

Levendusky, Matthew, 2023, *Our Common Bonds: Using What Americans Share to Help Bridge the Partisan Divide*, University of Chicago Press.

Levendusky, Matthew S. and Michael C. Horowitz, 2012, "When Backing Down Is the Right Decision: Partisanship, New Information and Audience Costs," *The Journal of Politics*, 74(2):

323-338.

Levendusky, Matthew and Neil Malhotra, 2016, "Does Media Coverage of Partisan Polarization Affect Political Attitudes?," *Political Communication*, 33(2) : 283-301.

Leventhal, Gerald S., 1980, "What Should be Done with Equity Theory? New Approaches to the Study of Fairness in Social Relations," Kenneth J. Gergen, Martin S. Greenberg and Richard H. Willis eds., *Social Exchange: Advances in Theory and Research*, Plenum Press, 27-55.

Levin, Dov H. and Robert F. Trager, 2019, "Things You Can See From There You Can't See From Here: Blind Spots in the American Perspective in IR and Their Effects," *Journal of Global Security Studies*, 4(3) : 345-357.

Levin, Shana, Colette Van Laar and Jim Sidanius, 2003, "The Effects of Ingroup and Outgroup Friendships on Ethnic Attitudes in College: A Longitudinal Study," *Group Processes & Intergroup Relations*, 6(1) : 76-92.

LeVine, Robert, A. and Campbell, Donald T., 1972, *Ethnocentrism: Theories of Conflict, Ethnic Attitudes, and Group Behavior*, John Wiley & Sons.

Levy, Jack S., 1989, "The Diversionary Theory of War: A Critique," Manus I. Midlarsky ed., *Handbook of War Studies*, Unwin Hyman, 259-288.

Levy, Jack S., Michael K. McKoy, Paul Poast and Geoffrey P. R. Wallace, 2015, "Commitments and Consistency in Audience Costs Theory," *American Journal of Political Science*, 59(4) : 988-1001.

Levy, Ro'ee, 2021, "Social Media, News Consumption, and Polarization: Evidence from a Field Experiment," *American Economic Review*, 111(3) : 831-870.

Lewis-Beck, Michael S. and Martin Paldam, 2000, "Economic Voting: An Introduction," *Electoral Studies*, 19(2-3) : 113-121.

Lewis-Beck, Michael S. and Mary Stegmaier, 2018, "Economic Voting," Roger D. Congleton, Bernard Grofman and Stefan Voigt eds., *The Oxford Handbook of Public Choice* 1, 247-265,

Li, Xiaojun and Dingding Chen, 2021, "Public Opinion, International Reputation and Audience Costs in an Authoritarian Regime," *Conflict Management and Peace Science*, 38(5) : 543-560.

Li, Yimeng, 2019, "Relaxing the No Liars Assumption in List Experiment Analyses," *Political Analysis*, 27(4) : 540-555.

Licht, Jenny de Fine, 2014, "Transparency Actually: How Transparency Affects Public Perceptions of Political Decision-making," *European Political Science Review*, 6(2) : 309-330.

Lichtin, Florian, Wouter van der Brug and Roderik Rekker, 2023, "Generational Replacement and Green Party Support in Western Europe," *Electoral Studies*, 83: 102602.

Lickona, Thomas, 1993, "The Return of Character Education," *Educational Leadership*, 51(3) : 6-11.

Light, Michael T. and Julia T. Thomas, 2021, "Undocumented Immigration and Terrorism: Is there a Connection?," *Social Science Research*, 94: 102512.

Lin, Alex, 2015, "Citizenship Education in American Schools and Its Role in Developing Civic Engagement: A Review of the Research," *Educational Review*, 67(1) : 35-63.

Lind, E. Allan, Ruth Kanfer and P. Christopher Earley, 1990, "Voice, Control and Procedural Justice: Instrumental and Noninstrumental Concerns in Fairness Judgments," *Journal of Personality and Social Psychology*, 59(5) : 952-959.

Lind, E. Allan and Tom R. Tyler, 1988, *The Social Psychology of Procedural Justice*, Plenum Press（菅原郁夫・大渕憲一訳, 1995,『フェアネスと手続きの社会心理学──裁判, 政治, 組織への応用』ブレーン出版).

Lindner, Evelin and Morton Deutsch, 2006, *Making Enemies: Humiliation And International Conflict*, Praeger Pub Text.

Lin-Greenberg, Erik, 2019, "Backing Up, Not Backing Down: Mitigating Audience Costs through Policy Substitution," *Journal of Peace Research*, 56(4): 559-574.

Lin-Greenberg, Erik, 2021, "Soldiers, Pollsters and International Crises: Public Opinion and the Military's Advice on the Use of Force," *Foreign Policy Analysis*, 17(3): orab009.

Lippmann, Walter, 1922, *Public Opinion: The Original 1922 Edition*, Suzeteo Enterprises.

Löwenheim, Oded and Gadi Heimann, 2008, "Revenge in International Politics," *Security Studies*, 17 (4): 685-724.

Lucassen, Geertje and Marcel Lubbers, 2012, "Who Fears What? Explaining Far-Right-Wing Preference in Europe by Distinguishing Perceived Cultural and Economic Ethnic Threats," *Comparative Political Studies*, 45(5): 547-574.

Lupton, Danielle L. and Clayton Webb, 2022, "Wither Elites? The Role of Elite Credibility and Knowledge in Public Perceptions of Foreign Policy," *International Studies Quarterly*, 66(3): sqac057.

Luttig, Matthew D., 2017, "Authoritarianism and Affective Polarization: A New View on the Origins of Partisan Extremism," *Public Opinion Quarterly*, 81(4): 866-895.

Luttig, Matthew D., 2018, "The 'Prejudiced Personality' and the Origins of Partisan Strength, Affective Polarization and Partisan Sorting," *Political Psychology*, 39(S1): 239-256.

Lyu, Zeyu, 2020, "Ideological and Behavioral Perspectives on Online Political Polarization: Evidence from Japan," *Sociological Theory and Methods*, 35(2): 170-183.

MacCoun, Robert J., 2005, "Voice, Control and Belonging: The Double-Edged Sword of Procedural Fairness," *Annual Review of Law and Social Science*, 1: 171-201.

MacKuen, Michael B., Robert S. Erikson and James A. Stimson, 1992, "Peasants or Bankers? The American Electorate and the U.S. Economy," *American Political Science Review*, 86(3): 597-611.

Magalhães, Pedro C. and Luís Aguiar-Conraria, 2019, "Procedural Fairness, the Economy and Support for Political Authorities," *Political Psychology*, 40(1): 165-181.

Malhotra, Neil and Alexander G. Kuo, 2008, "Attributing Blame: The Public's Response to Hurricane Katrina," *The Journal of Politics*, 70(1): 120-135.

Malhotra, Neil, Yotam Margalit and Cecilia Hyunjung Mo, 2013, "Economic Explanations for Opposition to Immigration: Distinguishing between Prevalence and Conditional Impact," *American Journal of Political Science*, 57(2): 391-410.

Manin, Bernard, Adam Przeworski and Susan C. Stokes, 1999, "Elections and Representation," Adam Przeworski, Susan C. Stokes and Bernard Manin eds., *Democracy, Accountability and Representation*, Cambridge University Press, 29-54.

Maoz, Zeev and Bruce Russett, 1993, "Normative and Structural Causes of Democratic Peace, 1946-1986," *American Political Science Review*, 87(3): 624-638.

Marcus, George E., 2000, "Emotions in Politics," *Annual Review of Political Science*, 3: 221-250.

Margalit, Yotam, 2019, "Political Responses to Economic Shocks," *Annual Review of Political Science*, 22: 277-295.

Margalit, Yotam, Shir Raviv and Omer Solodoch, 2024, "The Cultural Origins of Populism," *The Journal of Politics* (Retrieved October 24, 2024, https://doi.org/10.1086/732985).

Marien, Sofie, 2017, "The Measurement Equivalence of Political Trust," Sonja Zmerli and Tom W. G.

引用文献

van der Meer eds., *Handbook on Political Trust*, Edward Elgar Publishing, 89-103.

Marien, Sofie and Marc Hooghe, 2011, "Does Political Trust Matter? An Empirical Investigation into the Relation between Political Trust and Support for Law Compliance," *European Journal of Political Research*, 50(2): 267-291.

Marien, Sofie and Anna Kern, 2018, "The Winner Takes It All: Revisiting the Effect of Direct Democracy on Citizens' Political Support," *Political Behavior*, 40(4): 857-882.

Marsh, David, 1971, "Political Socialization: The Implicit Assumptions Questioned," *British Journal of Political Science*, 1(4): 453-465.

Martherus, James L. andres G. Martinez, Paul K. Piff and Alexander G. Theodoridis, 2021, "Party Animals? Extreme Partisan Polarization and Dehumanization," *Political Behavior*, 43(2): 517-540.

Mason, Lilliana, 2018a, "Ideologues without Issues: The Polarizing Consequences of Ideological Identities," *Public Opinion Quarterly*, 82(S1): 866-887.

Mason, Lilliana, 2018b, *Uncivil Agreement: How Politics Became Our Identity*, University of Chicago Press.

Mason, Lilliana and Julie Wronski, 2018, "One Tribe to Bind Them All: How Our Social Group Attachments Strengthen Partisanship," *Political Psychology*, 39(SI): 257-277.

Masterson, Michael, 2022, "Humiliation and International Conflict Preferences," *The Journal of Politics*, 84(2): 874-888.

Mastrorocco, Nicola and Luigi Minale, 2018, "News Media and Crime Perceptions: Evidence from a Natural Experiment," *Journal of Public Economics*, 165: 230-255.

Matsumura, Naoko and Atsushi Tago, 2019, "Negative Surprise in UN Security Council Authorization: Do the UK and French Vetoes Influence the General Public's Support of US Military Action?," *Journal of Peace Research*, 56(3): 395-409.

Matsumura, Naoko, Atsushi Tago and Joseph M. Grieco, 2023, "External Threats and Public Opinion: The East Asian Security Environment and Japanese Views on the Nuclear Option," *Journal of East Asian Studies*, 23(1): 23-44.

Mattes, Michaela, Brett Ashley Leeds and Naoko Matsumura, 2016, "Measuring Change in Source of Leader Support: The CHISOLS Dataset," *Journal of Peace Research*, 53(2): 259-267.

Mattes, Michaela and Jessica L. P. Weeks, 2019, "Hawks, Doves and Peace: An Experimental Approach," *American Journal of Political Science*, 63(1): 53-66.

Matthews, J. Scott and Mark Pickup, 2019, "Rational Learners or Impervious Partisans? Economic News and Partisan Bias in Economic Perceptions," *Canadian Journal of Political Science/Revue Canadienne de Science Politique*, 52(2): 303-321.

Mayda, Anna Maria, 2006, "Who Is Against Immigration? A Cross-Country Investigation of Individual Attitudes toward Immigrants," *The Review of Economics and Statistics*, 88(3): 510-530.

McCarthy, Nolan M., Keith T. Poole and Howard Rosenthal, 2006, *Polarized America: The Dance of Ideology and Unequal Riches*, The MIT Press.

McClendon, Gwyneth H., 2016, "Race and Responsiveness: An Experiment with South African Politicians," *Journal of Experimental Political Science*, 3(1): 60-74.

McCombs, Maxwell E. and Donald L. Shaw, 1972, "The Agenda-Setting Function of Mass Media," *Public Opinion Quarterly*, 36(2): 176-187.

McConnell, Christopher, Yotam Margalit, Neil Malhotra and Matthew Levendusky, 2018, "The

Economic Consequences of Partisanship in a Polarized Era," *American Journal of Political Science*, 62(1): 5-18.

McCoy, Jennifer, Tahmina Rahman and Murat Somer, 2018, "Polarization and the Global Crisis of Democracy: Common Patterns, Dynamics and Pernicious Consequences for Democratic Polities," *American Behavioral Scientist*, 62(1): 16-42.

McCoy, Jennifer and Murat Somer, 2019, "Toward a Theory of Pernicious Polarization and How It Harms Democracies: Comparative Evidence and Possible Remedies," *The Annals of the American Academy of Political and Social Science*, 681(1): 234-271.

McDermott, Rose and Jonathan A. Cowden, 2001, "The Effects of Uncertainty and Sex in a Crisis Simulation Game," *International Interactions*, 27(4): 353-380.

McDevitt, Michael and Steven Chaffee, 2002, "From Top-Down to Trickle-Up Influence: Revisiting Assumptions About the Family in Political Socialization," *Political Communication*, 19(3): 281-301.

McLaren, Lauren M., 2003, "Anti-Immigrant Prejudice in Europe: Contact, Threat Perception, and Preferences for the Exclusion of Migrants," *Social Forces*, 81(3): 909-936.

Mehlhaff, Isaac D., 2024, "A Group-Based Approach to Measuring Polarization," *American Political Science Review*, 118(3): 1518-1526.

Meisters, Julia, Adrian Hoffmann and Jochen Musch, 2020, "Can Detailed Instructions and Comprehension Checks Increase the Validity of Crosswise Model Estimates?," *PLOS ONE*, 15 (6): e0235403.

Mercer, Jonathan, 2010, "Emotional Beliefs," *International Organization*, 64(1): 1-31.

Metz, Edward C. and James Youniss, 2005, "Longitudinal Gains in Civic Development Through School-Based Required Service," *Political Psychology*, 26(3): 413-437.

Mian, Atif, Amir Sufi and Nasim Khoshkhou, 2023, "Partisan Bias, Economic Expectations, and Household Spending," *The Review of Economics and Statistics*, 105(3): 493-510.

Mieriņa, Inta, 2014, "The Vicious Circle: Does Disappointment with Political Authorities Contribute to Political Passivity in Latvia?," *European Societies*, 16(4): 615-637.

Mikulaschek, Christoph, Saurabh Pant and Beza Tesfaye, 2020, "Winning Hearts and Minds in Civil Wars: Governance, Leadership Change and Support for Violent Groups in Iraq," *American Journal of Political Science*, 64(4): 773-790.

Milbrath, Lester W. and Madan Lal Goel, 1977, *Political Participation: How and Why do People Get Involved in Politics?*, 2nd Edition, Rand McNally.

Miller, Arthur H., 1974, "Political Issues and Trust in Government: 1964-1970," *American Political Science Review*, 68(3): 951-972.

Miller, David, 2016, *Strangers in Our Midst: The Political Philosophy of Immigration*, Harvard University Press.

Miller, Joanne M. and Jon A. Krosnick, 2000, "News Media Impact on the Ingredients of Presidential Evaluations: Politically Knowledgeable Citizens Are Guided by a Trusted Source," *American Journal of Political Science*, 44(2): 301-315.

Miller, W. L., 1978, "Social Class and Party Choice in England: A New Analysis," *British Journal of Political Science*, 8(3): 259-284.

Mishler, William and Richard Rose, 2001, "What Are the Origins of Political Trust?: Testing Institutional and Cultural Theories in Post-Communist Societies," *Comparative Political Studies*, 34(1): 30-62.

引用文献

Mitteregger, Reto, 2024, "Socialized with "Old Cleavages" or "New Dimensions": An Age-Period-Cohort Analysis on Electoral Support in Western European Multiparty Systems (1949-2021)," *Electoral Studies*, 87: 102744.

Miwa, Hirofumi, 2024, "Why Voters Prefer Politicians with Particular Personal Attributes: The Role of Voter Demand for Populists," *Political Studies*(Retrieved September 24, 2024, https://doi.org/10.1177/00323217241263295).

Miwa, Hirofumi, Reiko Arami and Masaki Taniguchi, 2023a, "Detecting Voter Understanding of Ideological Labels Using a Conjoint Experiment," *Political Behavior*, 45(2): 635-657.

Miwa, Hirofumi, Ikuma Ogura and Yuko Kasuya, 2023b, "A New Measure of Country-Level Affective Polarization," *Paper presented at the Annual Meeting of the Midwest Political Science Association*.

Mondak, Jeffery J. and Matthew V. Hibbing, 2011, "Personality and Public Opinion," Adam J. Berinsky ed., *New Directions in Public Opinion*, First Edition, Routledge, 217-238.

Moniz, Philip, Rodrigo Ramirez-Perez, Erin Hartman and Stephen Jessee, 2024, "Generalizing toward Nonrespondents: Effect Estimates in Survey Experiments Are Broadly Similar for Eager and Reluctant Participants," *Political Analysis*, 32(4): 507-520.

Montgomery, Jacob M., Brendan Nyhan and Michelle Torres, 2018, "How Conditioning on Posttreatment Variables Can Ruin Your Experiment and What to Do about It," *American Journal of Political Science*, 62(3): 760-775.

Moore-Berg, Samantha L., Lee-Or Ankori-Karlinsky, Boaz Hameiri and Emile Bruneau, 2020, "Exaggerated Meta-Perceptions Predict Intergroup Hostility between American Political Partisans," *Proceedings of the National Academy of Sciences*, 117(26): 14864-14872.

Morgan, T. Clifton and Kenneth N. Bickers, 1992, "Domestic Discontent and the External Use of Force," *The Journal of Conflict Resolution*, 36(1): 25-52.

Mosca, Lorenzo and Mario Quaranta, 2016, "News Diets, Social Media Use and Non-Institutional Participation in three Communication Ecologies: Comparing Germany, Italy and the UK. Information," *Communication & Society*, 19(3): 325-345.

Moskowitz, Daniel J., 2021, "Local News, Information, and the Nationalization of U.S. Elections," *American Political Science Review*, 115(1): 114-129.

Mueller, John E., 1970, "Presidential Popularity from Truman to Johnson1," *American Political Science Review*, 64(1): 18-34.

Mueller, John E., 1973, *War, Presidents and Public Opinion*, Wiley.

Mullinix, Kevin J., Thomas J. Leeper, James Druckman and Jeremy Freese, 2015, "The Generalizability of Survey Experiments," *Journal of Experimental Political Science*, 2(2): 109-138.

Mummolo, Jonathan and Erik Peterson, 2019, "Demand Effects in Survey Experiments: An Empirical Assessment," *American Political Science Review*, 113(2): 517-529.

Muñoz, Jordi, Albert Falcó-Gimeno and Enrique Hernández, 2020, "Unexpected Event during Survey Design: Promise and Pitfalls for Causal Inference," *Political Analysis*, 28(2): 186-206.

Murray, Shoon, 2014, "Broadening the Debate about War: The Inclusion of Foreign Critics in Media Coverage and Its Potential Impact on US Public Opinion," *Foreign Policy Analysis*, 10(4): 329-350.

Myrick, Rachel, 2021, "Do External Threats Unite or Divide? Security Crises, Rivalries and Polarization in American Foreign Policy," *International Organization*, 75(4): 921-958.

Nakatani, Miho, 2023, "How do Political Decision-Making Processes Affect the Acceptability of

Decisions? Results from a Survey Experiment," *International Political Science Review*, 44(2): 244-261.

Nannestad, Peter and Martin Paldam, 1997, "The Grievance Asymmetry Revisited: A Micro Study of Economic Voting in Denmark, 1986-1992," *European Journal of Political Economy*, 13(1): 81-99.

Neuman, Russell W., Lauren Guggenheim, S. Mo Jang and Soo Young Bae, 2014, "The Dynamics of Public Attention: Agenda-Setting Theory Meets Big Data: Dynamics of Public Attention," *Journal of Communication*, 64(2): 193-214.

Neundorf, Anja and Richard G. Niemi, 2014, "Beyond political Socialization: New Approaches to Age, Period, Cohort Analysis," *Electoral Studies*, 33: 1-6.

Neundorf, Anja, Richard G. Niemi and Kaat Smets, 2016, "The Compensation Effect of Civic Education on Political Engagement: How Civics Classes Make Up for Missing Parental Socialization," *Political Behavior*, 38(4): 921-949.

Neundorf, Anja, Kaat Smets and Gema M. Garcia-Albacete, 2013, "Homemade Citizens: The Development of Political Interest during Adolescence and Young Adulthood," *Acta Politica*, 48: 92-116.

Newman, Benjamin J. and Neil Malhotra, 2019, "Economic Reasoning with a Racial Hue: Is the Immigration Consensus Purely Race Neutral?," *The Journal of Politics*, 81(1): 153-166.

Newton, Kenneth, 2001, "Trust, Social Capital, Civil Society, and Democracy," *International Political Science Review*, 22(2): 201-214.

Nezi, Roula, 2012, "Economic Voting under the Economic Crisis: Evidence from Greece," *Electoral Studies*, 31(3): 498-505.

Nickerson, David W., 2008, "Is Voting Contagious? Evidence from Two Field Experiments," *American Political Science Review*, 102(1): 49-57.

Nie, Norman H., Sidney Verba and Jae-on Kim, 1974, "Political Participation and the Life Cycle," *Comparative Politics*, 6(3): 319-340.

Nie, Norman H., Sidney Verba and John R. Petrocik, 1977, *The Changing American Voter*, Harvard University Press.

Niemi, Richard G., Stephen C. Craig and Franco Mattei, 1991, "Measuring Internal Political Efficacy in the 1988 National Election Study," *American Political Science Review*, 85(4): 1407-1413.

Niemi, Richard G., Roman Hedges and M. Kent Jennings, 1977, "The Similarity of Husbands' and Wives' Political Views," *American Politics Quarterly*, 5(2): 133-148.

Noelle-Neumann, Elisabeth, 1984, *The Spiral of Silence: Public Opinion, Our Social Skin*, University of Chicago Press.

Nomikos, William G. and Nicholas Sambanis, 2019, "What Is the Mechanism Underlying Audience Costs? Incompetence, Belligerence and Inconsistency," *Journal of Peace Research*, 56(4): 575-588.

Norris, Pippa, 1999, "Conclusions : The Growth of Critical Citizens and Its Consequences," Pippa Norris eds., *Critical Citizens: Global Support for Democratic Governance*, Oxford: Oxford University Press, 257-272.

Norris, Pippa, 2004, *Electoral Engineering: Voting Rules and Political Behavior*, Cambridge University Press.

Norris, Pippa and Ronald Inglehart, 2019, *Cultural Backlash: Trump, Brexit, and Authoritarian Populism*, Cambridge University Press.

引用文献

Nteta, Tatishe and Jull S. Greenlee, 2013, "A Change is Gonna Come: Generational Membership and White Racial Attitudes in the 21st Century," *Political Psychology*, 34(6): 877-897.

Nyhan, Brendan, Ethan Porter, Jason Reifler and Thomas J. Wood, 2019, "Taking Fact-Checks Literally But Not Seriously? The Effects of Journalistic Fact-Checking on Factual Beliefs and Candidate Favorability," *Political Behavior*, 42(3): 939-960.

O'Grady, Tom, 2019, "How do Economic Circumstances Determine Preferences? Evidence from Long-run Panel Data," *British Journal of Political Science*, 49(4): 1381-1406.

Ogura, Ikuma, 2022, "Party Identification and Social Relationships: Exploring the Causal Mechanisms," APSA Preprints (Retrieved September 24, 2024, https://doi.org/10.33774/apsa-2022-vgw52).

Ohmura, Hanako and Airo Hino, 2023, "Economic Retrospection in Japan: Both Partisanship and Economic Evaluations Matter," Timothy Hellwig and Matthew Singer eds., *Economics and Politics Revisited: Executive Approval and the New Calculus of Support*, Oxford University Press, 131-154.

Ojeda, Christopher, 2016, "The Effect of 9/11 on the Heritability of Political Trust," *Political Psychology*, 37(1): 73-88.

Ojeda, Christopher and Peter K. Hatemi, 2015, "Accounting for the Child in the Transmission of Party Identification," *American Sociological Review*, 80(6): 1150-1174.

Oktay, Sibel, 2018, "Clarity of Responsibility and Foreign Policy Performance Voting," *European Journal of Political Research*, 57(3): 587-614.

Ollerenshaw, Trent, 2023, "Affective Polarization and the Destabilization of Core Political Values," *Political Science Research and Methods* (Retrieved September 24, 2024, https://doi.org/10.1017/psrm.2023.34).

Oneal, John R. and Bruce Russett, 1999, "The Kantian Peace: The Pacific Benefits of Democracy, Interdependence and International Organizations, 1885-1992," *World Politics*, 52(1): 1-37.

Open Science Collaboration, 2015, "Estimating the Reproducibility of Psychological Science," *Science*, 349 (6251): aac4716.

Orhan, Yunus Emre, 2022, "The Relationship between Affective Polarization and Democratic Backsliding: Comparative Evidence," *Democratization*, 29(4): 714-735.

Orr, Lilla V., Anthony Fowler and Gregory A. Huber, 2023, "Is Affective Polarization Driven by Identity, Loyalty, or Substance?," *American Journal of Political Science*, 67(4): 948-962.

Orr, Lilla V. and Gregory A. Huber, 2020, "The Policy Basis of Measured Partisan Animosity in the United States," *American Journal of Political Science*, 64(3): 569-586.

Osmundsen, Mathias, Alexander Bor, Peter Bjerregaard Vahlstrup, Anja Bechmann and Michael Bang Petersen, 2021, "Partisan Polarization Is the Primary Psychological Motivation behind Political Fake News Sharing on Twitter," *American Political Science Review*, 115(3): 999-1015.

Österman, Marcus and Anton Brännlund, 2024, "Unemployment, Workplace Socialization, and Electoral Participation: Evidence from Sweden," *European Sociological Review*, 40(1): 85-98.

Ouattara, Ebe and Eefje Steenvoorden, 2023, "The Elusive Effect of Political Trust on Participation: Participatory Resource or (Dis) Incentive?," *Political Studies*, 1-19.

Pacheco, Julianna Sandell and Eric Plutzer, 2007, "Stay in School, Don't Become a Parent: Teen Life Transitions and Cumulative Disadvantages for Voter Turnout," *American Politics Research*, 35 (1): 32-56.

209

Page, Benjamin I. and Robert Y. Shapiro, 1983, "Effects of Public Opinion on Policy," *American Political Science Review*, 77(1): 175-190.

Page, Benjamin I. and Robert Y. Shapiro, 1992, *The Rational Public: Fifty Years of Trends in Americans' Policy Preferences*, University of Chicago Press.

Pager, Devah and Hana Shepherd, 2008, "The Sociology of Discrimination: Racial Discrimination in Employment, Housing, Credit, and Consumer Markets," *Annual Review of Sociology*, 34: 181-209.

Palmer, H. D. and Duch, R. M., 2001, "Do Surveys Provide Representative or Whimsical Assessments of the Economy?," *Political Analysis*, 9(1): 58-77.

Paluck, Elizabeth Levy, Seth A. Green and Donald P. Green, 2019, "The Contact Hypothesis Re-Evaluated," *Behavioural Public Policy*, 3(2): 129-158.

Pardos-Prado, Sergi and, Carla Xena, 2019, "Skill Specificity and Attitudes toward Immigration," *American Journal of Political Science*, 63(2): 286-304.

Park, Ju Yeon, 2019, "Punishing without Rewards? A Comprehensive Examination of the Asymmetry in Economic Voting," *Electoral Studies*, 57: 1-18.

Pattie, Charles and Ron Johnston, 2000, "'People Who Talk Together Vote Together': An Exploration of Contextual Effects in Great Britain," *Annals of the Association of American Geographers*, 90 (1): 41-66.

Pedulla, David S., Sophie Allen and Livia Baer-Bositis, 2023, "Can Customers Affect Racial Discrimination in Hiring?," *Social Psychology Quarterly*, 86(1): 30-52.

Pennycook, Gordon, Tyrone Cannon and David G. Rand, 2018, "Prior Exposure Increases Perceived Accuracy of Fake News," *Journal of Experimental Psychology: General*, 147(12): 1865-1880.

Persson, Mikael, Peter Esaiasson and Mikael Gilljam, 2013, "The Effects of Direct Voting and Deliberation on Legitimacy Beliefs: An Experimental Study of Small Group Decision-Making," *European Political Science Review*, 5(3): 381-399.

Perugini, Marco, Marcello Gallucci and Giulio Costantini, 2018, "A Practical Primer to Power Analysis for Simple Experimental Designs," *International Review of Social Psychology*, 31(1): Article 20.

Peterson, Erik and Shanto Iyengar, 2021, "Partisan Gaps in Political Information and Information-Seeking Behavior: Motivated Reasoning or Cheerleading?," *American Journal of Political Science*, 65(1): 133-147.

Pettigrew, Thomas F. and Linda R. Tropp, 2006, "A Meta-Analytic Test of Intergroup Contact Theory," *Journal of Personality and Social Psychology*, 90(5): 751-783.

Pettigrew, Thomas F. and Linda R. Tropp, 2008, "How Does Intergroup Contact Reduce Prejudice? Meta-Analytic Tests of Three Mediators," *European Journal of Social Psychology*, 38(6): 922-934.

Phillips, Joseph., 2022, "Affective Polarization: Over Time, Through the Generations and During the Lifespan," *Political Behavior*, 44(3): 1483-1508.

Phillips, Joseph B., 2024, "Affective Polarization and Habits of Political Participation," *Electoral Studies*, 87: 102733.

Pickering, Jeffrey and Emizet F. Kisangani, 2010, "Diversionary Despots? Comparing Autocracies' Propensities to Use and to Benefit from Military Force," *American Journal of Political Science*, 54(2): 477-493.

Pickup, Mark and Geoffrey Evans, 2013, "Addressing the Endogeneity of Economic Evaluations in

Models of Political Choice," *Public Opinion Quarterly*, 77(3): 735-754.

Pitkin, Hanna Fenichel, 1967, *The Concept of Representation*, University of California Press（早川誠訳，2017，『代表の概念』名古屋大学出版会）.

Plutzer, Eric, 2002, "Becoming a Habitual Voter: Inertia, Resources, and Growth in Young Adulthood," *American Political Science Review*, 96(1): 41-56.

Polo, Sara M. T. and Julian Wucherpfennig, 2022, "Trojan Horse, Copycat, or Scapegoat? Unpacking the Refugees-Terrorism Nexus," *The Journal of Politics*, 84(1): 33-49.

Portmann, Lea, 2022, "Do Stereotypes Explain Discrimination Against Minority Candidates or Discrimination in Favor of Majority Candidates?," *British Journal of Political Science*, 52(2): 501-519.

Portmann, Lea and Nenad Stojanović, 2022, "Are Immigrant-Origin Candidates Penalized Due to Ingroup Favoritism or Outgroup Hostility?," *Comparative Political Studies*, 55(1): 154-186.

Pottie-Sherman, Yolande and Rima Wilkes, 2017, "Does Size Really Matter? On the Relationship between Immigrant Group Size and Anti-Immigrant Prejudice," *International Migration Review*, 51(1): 218-250.

Powers, Ryan and Jonathan Renshon, 2023, "International Status Concerns and Domestic Support for Political Leaders," *American Journal of Political Science*, 67(3): 732-747.

Press, Daryl G., Scott D. Sagan and Benjamin A. Valentino, 2013, "Atomic Aversion: Experimental Evidence on Taboos, Traditions and the Non-Use of Nuclear Weapons," *American Political Science Review*, 107(1): 188-206.

Prior, Markus, 2003, "Any Good News in Soft News? The Impact of Soft News Preference on Political Knowledge," *Political Communication*, 20(2): 149-171.

Prior, Markus, 2005, "News vs. Entertainment: How Increasing Media Choice Widens Gaps in Political Knowledge and Turnout," *American Journal of Political Science*, 49(3): 577-592.

Prior, Markus, 2018, *Hooked: How Politics Captures People's Interest*, Cambridge University Press.

Prior, Markus, Gaurav Sood and Kabir Khanna, 2015, "You Cannot be Serious: The Impact of Accuracy Incentives on Partisan Bias in Reports of Economic Perceptions," *Quarterly Journal of Political Science*, 10(4): 489-518.

Proudfoot, Devon and E. Allan Lind, 2015, "Fairness Heuristic Theory, the Uncertainty Management Model and Fairness at Work," Russell S. Cropanzano and Maureen L. Ambrose eds., *The Oxford Handbook of Justice in the Workplace*, Oxford University Press.

Putnam, Robert D., 2000, *Bowling Alone: The Collapse and Revival of American Community*, Simon & Schuster（柴内康文訳，2006,『孤独なボウリング──米国コミュニティの崩壊と再生』柏書房）.

Quek, Kai and Alastair Iain Johnston, 2018, "Can China Back down? Crisis de-Escalation in the Shadow of Popular Opposition," *International Security*, 42(3): 7-36.

Quillian, Lincoln, 1995, "Prejudice as a Response to Perceived Group Threat: Population Composition and Anti-Immigrant and Racial Prejudice in Europe," *American Sociological Review*, 60(4): 586-611.

Quintelier, Ellen, 2007, "Differences in Political Participation between Young and Old People," *Contemporary Politics*, 13(2): 165-180.

Raghavarao, Damaraju and Walter T. Federer, 1979, "Block Total Response as an Alternative to the Randomized Response Method in Surveys," *Journal of the Royal Statistical Society Series B (Methodological)*, 41(1): 40-45.

Rainey, Carlisle, 2014, "Arguing for a Negligible Effect," *American Journal of Political Science*, 58 (4) : 1083-1091.

Rapeli, Lauri, Achillefs Papageorgiou and Mikko Mattila, 2023, "When Life Happens : The Impact of Life Events on Turnout," *Political Studies*, 71 (4) : 1243-1260.

Rathbun, Brian C. and Rachel Stein, 2020, "Greater Goods : Morality and Attitudes toward the Use of Nuclear Weapons," *The Journal of Conflict Resolution*, 64 (5) : 787-816.

Recchia, Stefano, 2016, "Why Seek International Organisation Approval under Unipolarity? Averting Issue Linkage vs. Appeasing Congress," *International Relations*, 30 (1) : 78-101.

Reiljan Andres, 2020, "'Fear and Loathing across Party Lines' (also) in Europe : Affective Polarisation in European Party Systems," *European Journal of Political Research*, 59 (2) : 376-396.

Reiljan Andres, Diego Garzia, Frederico Ferreira da Silva and Alexander H. Trechse, 2024, "Patterns of Affective Polarization toward Parties and Leaders across the Democratic World," *American Political Science Review*, 118 (2) : 654-670.

Reinemann, Carsten, James Stanyer, Sebastian Scherr and Guido Legnante, 2012, "Hard and Soft News : A Review of Concepts, Operationalizations and Key Findings," *Journalism*, 13 (2) : 221-239.

Reiter, Dan and Allan C. Stam, 2002, *Democracies at War*, Princeton University Press.

Rhodes-Purdy, Matthew, 2021, "Procedures Matter : Strong Voice, Evaluations of Policy Performance and Regime Support," *Political Studies*, 69 (2) : 412-433.

Riambau, Guillem and Kai Ostwald, 2021, "Placebo Statements in List Experiments : Evidence from a Face-to-Face Survey in Singapore," *Political Science Research and Methods*, 9 (1) : 172-179.

Richards, Diana, T. Clifton Morgan, Rick K. Wilson, Valerie L. Schwebach and Garry D. Young, 1993, "Good Times, Bad Times and the Diversionary Use of Force : A Tale of Some Not-So-Free Agents," *The Journal of Conflict Resolution*, 37 (3) : 504-535.

Rico, Guillem, Marc Guinjoan and Eva Anduiza, 2020, "Empowered and Enraged : Political Efficacy, Anger and Support for Populism in Europe," *European Journal of Political Research*, 59 (4) : 797-816.

Riera, Pedro and Amuitz Garmendia Madariaga, 2023, "Overlapping Polarization : On the Contextual Determinants of the Interplay between Ideological and Affective Polarization," *Electoral Studies*, 84 : 102628.

Riley, Matilda White, 1973, "Aging and Cohort Succession : Interpretations and Misinterpretations," *Public Opinion Quarterly*, 37 (1) : 35-49.

Riley, Matilda White, 1978, "Aging, Social Change, and the Power of Ideas," *Daedalus*, 107 : 39-52.

Robinson, Gregory, John E. McNulty and Jonathan S. Krasno, 2009, "Observing the Counterfactual? The Search for Political Experiments in Nature," *Political Analysis*, 17 (4) : 341-357.

Robison, Joshua and Rachel L. Moskowitz, 2019, "The Group Basis of Partisan Affective Polarization," *The Journal of Politics*, 81 (3) : 1075-1079.

Rodrik, Dani, 2021. "Why Does Globalization Fuel Populism? Economics, Culture, and the Rise of Right-Wing Populism," *Annual Review of Economics*, 13 : 133-170.

Rogowski, Jon C. and Joseph L. Sutherland, 2016, "How Ideology Fuels Affective Polarization," *Political Behavior*, 38 (2) : 485-508.

Rooduijn, Matthijs, Wouter van der Brug, and Sarah L. de Lange, 2016, "Expressing or Fuelling Discontent? The Relationship between Populist Voting and Political Discontent," *Electoral Studies*, 43 : 32-40.

引用文献

Rosenau, James N., 1961, *Public Opinion and Foreign Policy: An Operational Formulation*, Random House.

Rosenfeld, Bryn, Kosuke Imai and Jacob N. Shapiro, 2016, "An Empirical Validation Study of Popular Survey Methodologies for Sensitive Questions," *American Journal of Political Science*, 60(3): 783-802.

Rosenstone, Steven J., 1982, "Economic Adversity and Voter Turnout," *American Journal of Political Science*, 26(1): 25-46.

Rosenstone, Steven J. and John Mark Hansen, 1993, *Mobilization, Participation, and Democracy in America*, Macmillan.

Rothschild, Jacob E., Adam J. Howat, Richard M. Shafranek and Ethan C. Busby, 2019, "Pigeonholing Partisans: Stereotypes of Party Supporters and Partisan Polarization," *Political Behavior*, 41(2): 423-443.

Rozenas, Arturas, Sebastian Schutte and Yuri Zhukov, 2017, "The Political Legacy of Violence: The Long-Term Impact of Stalin's Repression in Ukraine," *The Journal of Politics*, 79(4): 1147-1161.

Ruder, Alexander I. and Neal D. Woods, 2020, "Procedural Fairness and the Legitimacy of Agency Rulemaking," *Journal of Public Administration Research and Theory*, 30(3): 400-414.

Rudolph, Thomas J., 2002, "The Economic Sources of Congressional Approval," *Legislative Studies Quarterly*, 27(4): 577-599.

Ruggeri, Kai, Bojana Većkalov, Lana Bojanić, Thomas L. Andersen, Sarah Ashcroft-Jones, Nélida Ayacaxli, Paula Barea-Arroyo et al., 2021, "The General Fault in Our Fault Lines," *Nature Human Behaviour*, 5(10): 1369-1380.

Russett, Bruce, 1990, *Controlling the Sword: The Democratic Governance of National Security*, Harvard University Press.

Ryan, Timothy J., 2014, "Reconsidering Moral Issues in Politics," *The Journal of Politics*, 76(2): 380-397.

Sagan, Scott D. and Benjamin A. Valentino, 2017, "Revisiting Hiroshima in Iran: What Americans Really Think about Using Nuclear Weapons and Killing Noncombatants," *International Security*, 42(1): 41-79.

Samuels, David, Fernando Mello and Cesar Zucco, 2024, "Partisan Stereotyping and Polarization in Brazil," *Latin American Politics and Society*, 66(2): 47-71.

Sandell, Julianna and Eric Plutzer, 2005, "Families, Divorce and Voter Turnout in the US," *Political Behavior*, 27(2): 133-162.

Sartori, Giovanni, 1976, *Parties and Party Systems: A Framework for Analysis*, Cambridge University Press（岡沢憲芙・川野秀之訳, 2000,『現代政党学——政党システム論の分析枠組み〔普及版〕』早稲田大学出版部）.

Savelkoul, Michael, Manfred te Grotenhuis and Peer Scheepers, 2022, "Has the Terrorist Attack on Charlie Hebdo Fuelled Resistance towards Muslim Immigrants in Europe? Results from a Natural Experiment in Six European Countries," *Acta Sociologica*, 65(4): 357-373.

Scales, Peter C., Dale A. Blyth, Thomas H. Berkas and James C. Kielsmeier, 2000, "The Effects of Service-Learning on Middle School Students' Social Responsibility and Academic Success," *The Journal of Early Adolescence*, 20(3): 332-358.

Schäfer, Armin, 2022, "Cultural Backlash? How (Not) to Explain the Rise of Authoritarian Populism," *British Journal of Political Science*, 52(4): 1977-1993.

Scheiring, Gábor, Manuel Serrano-Alarcón, Alexandru Moise, Courtney McNamara and David Stuckler, 2024, "The Populist Backlash Against Globalization: A Meta-Analysis of the Causal Evidence," *British Journal of Political Science*, 54(3): 892-916.

Scheve, Kenneth F. and Matthew J. Slaughter, 2001, "Labor Market Competition and Individual Preferences Over Immigration Policy," *The Review of Economics and Statistics*, 83(1): 133-145.

Schnaudt, Christian, Caroline Hahn and Elias Heppner, 2021, "Distributive and Procedural Justice and Political Trust in Europe," *Frontiers in Political Science*, 3 May 2021. Sec. Political Participation(Retrieved September 24, 2024, https://doi.org/10.3389/fpos.2021.642232).

Schultz, Kenneth A., 2001, "Looking for Audience Costs," *The Journal of Conflict Resolution*, 45(1): 32-60.

Schumacher, Gijs and Matthijs Rooduijn, 2013, "Sympathy for the 'Devil'? Voting for Populists in the 2006 and 2010 Dutch General Elections," *Electoral Studies*, 32(1): 124-133.

Schur, Lisa, Todd Shields, Douglas Kruse and Kay Schriner, 2002, "Enabling Democracy: Disability and Voter Turnout," *Political Research Quarterly*, 55(1): 167-190.

Schwartz, David C., 1973, *Political Alienation and Political Behavior*, Transaction Publishers.

Schwartz, Joshua A. and Christopher W. Blair, 2020, "Do Women Make More Credible Threats? Gender Stereotypes, Audience Costs and Crisis Bargaining," *International Organization*, 74(4): 872-895.

Schwindt-Bayer, Leslie A. and William Mishler, 2005, "An Integrated Model of Women's Representation," *The Journal of Politics*, 67(2): 407-428.

Scotto, Thomas J., Carla Xena and Jason Reifler, 2021, "Alternative Measures of Political Efficacy: The Quest for Cross-Cultural Invariance With Ordinally Scaled Survey Items," *Frontiers in Political Science*, 3 (Retrieved September 24, 2024, https://doi.org/10.3389/fpos.2021.665532).

Searing, Donald D., Joel J. Schwartz and Alden E. Lind, 1973, "The Structuring Principle: Political Socialization and Belief Systems," *American Political Science Review*, 67(2): 415-432.

Searing, Donald, Gerald Wright and George Rabinowitz. 1976. "The Primacy Principle: Attitude Change and Political Socialization," *British Journal of Political Science*, 6(1): 83-113.

Sears, David O. and Christia Brown, 2013, "Childhood and Adult Political Development," Leonie Huddy, David O. Sears and Jack S. Levy eds., *The Oxford Handbook of Political Psychology*, 2nd Edition, Oxford University Press.

Sears, David O. and Carolyn L. Funk, 1991, "The Role of Self-Interest in Social and Political Attitudes," *Advances in Experimental Social Psychology*, 24: 1-91.

Segev, Elad, Atsushi Tago and Kohei Watanabe, 2022, "Could Leaders Deflect from Political Scandals? Cross-National Experiments on Diversionary Action in Israel and Japan," *International Interactions*, 48(5): 1056-1069.

Seimel, Armin, 2024, "Political Communication in the Real World: Evidence from a Natural Experiment in Germany," *Political Science Research and Methods*, 1-16 (Retrieved September 24, 2024, https://doi.org/10.1017/psrm.2024.3).

Sekhon, Jasjeet S. and Rocio Titiunik, 2012, "When Natural Experiments Are Neither Natural nor Experiments," *American Political Science Review*, 106(1): 35-57.

Semyonov, Moshe, Rebeca Raijman and Anastasia Gorodzeisky, 2006, "The Rise of Anti-Foreigner Sentiment in European Societies, 1988-2000," *American Sociological Review*, 71(3): 426-449.

Seo, Tae Jun and Yusaku Horiuchi, 2024, "Natural Experiments of the Rally 'Round the Flag Effects

Using Worldwide Surveys," *The Journal of Conflict Resolution*, 67(2-3): 269-293.

Settle, Jamie E., 2018, *Frenemies: How Social Media Polarizes America*, Cambridge University Press.

Shafranek, Richard M., 2021, "Political Considerations in Nonpolitical Decisions: A Conjoint Analysis of Roommate Choice," *Political Behavior*, 43(1): 271-300.

Sheagley, Geoffrey and Scott Clifford, 2023, "No Evidence that Measuring Moderators Alters Treatment Effects," *American Journal of Political Science* (Retrieved September 24, 2024, https://doi.org/10.1111/ajps.12814).

Shehata, Adam, Dennis Andersson, Isabella Glogger, David Nicolas Hopmann, Kim Andersen, Sanne Kruikemeier and Johannes Johansson, 2021, "Conceptualizing Long-Term Media Effects on Societal Beliefs," *Annals of the International Communication Association*, 45(1): 75-93.

Shehata, Adam and Jesper Strömbäck, 2013, "Not(Yet)a New Era of Minimal Effects: A Study of Agenda Setting at the Aggregate and Individual Levels," *The International Journal of Press/Politics*, 18(2): 234-255.

Shehata, Adam and Jesper Strömbäck, 2018, "Learning Political News From Social Media: Network Media Logic and Current Affairs News Learning in a High-Choice Media Environment," *Communication Research*, 48(1): 125-147.

Sherif, Muzafer, 1966, *Group Conflict and Co-operation: Their Social Psychology*, Psychology Press.

Sherif, Muzafer and Carolyn W. Sherif, 1953, *Groups in Harmony and Tension: An Integration of Studies of Intergroup Relations*, Harper Brothers.

Sides, John and Jack Citrin, 2007, "European Opinion about Immigration: The Role of Identities, Interests and Information," *British Journal of Political Science*, 37(3): 477-504.

Sigel, Roberta S., 1989, *Political Learning in Adulthood: A Sourcebook of Theory and Research*, University of Chicago Press.

Simas, Elizabeth N., Scott Clifford and Justin H. Kirkland, 2020, "How Empathic Concern Fuels Political Polarization," *American Political Science Review*, 114(1): 258-269.

Singer, Matthew M. and Ryan E. Carlin, 2013, "Context Counts: The Election Cycle, Development, and the Nature of Economic Voting," *The Journal of Politics*, 75(3): 730-742.

Skitka, Linda J., 2002, "Do the Means Always Justify the Ends, or Do the Ends Sometimes Justify the Means? A Value Protection Model of Justice Reasoning," *Personality and Social Psychology Bulletin*, 28(5): 588-597.

Skitka, Linda J. and Elizabeth Mullen, 2002, "Understanding Judgments of Fairness in a Real-World Political Context: A Test of the Value Protection Model of Justice Reasoning," *Personality and Social Psychology Bulletin*, 28(10): 1419-1429.

Skovsgaard, Morten and Kim Andersen, 2020, "Conceptualizing News Avoidance: Towards a Shared Understanding of Different Causes and Potential Solutions," *Journalism Studies*, 21(4): 459-476.

Slothuus, Rune, 2016, "Assessing the Influence of Political Parties on Public Opinion: The Challenge from Pretreatment Effects," *Political Communication*, 33(2): 302-327.

Smetana, Michal, 2024, "Microfoundations of Domestic Audience Costs in Nondemocratic Regimes: Experimental Evidence from Putin's Russia," *Journal of Peace Research*, 1-7(Retrieved September 24, 2024, https://doi.org/10.1177/00223433231220252).

Smetana, Michal and Marek Vranka, 2021, "How Moral Foundations Shape Public Approval of

Nuclear, Chemical and Conventional Strikes: New Evidence from Experimental Surveys," *International Interactions*, 47(2): 374-390.

Smets, Kaat, 2016, "Revisiting the Political Life-Cycle Model: Later Maturation and Turnout Decline among Young Adults," *European Political Science Review*, 8(2): 225-249.

Smets, Kaat and Anja Neundorf, 2014, "The Hierarchies of Age-Period-Cohort Research: Political Context and the Development of Generational Turnout Patterns," *Electoral Studies*, 33: 41-51.

Smith, Alastair, 1996, "Diversionary Foreign Policy in Democratic Systems," *International Studies Quarterly*, 40(1): 133-153.

Sniderman, Paul M., Louk Hagendoorn and Markus Prior, 2004, "Predisposing Factors and Situational Triggers: Exclusionary Reactions to Immigrant Minorities," *American Political Science Review*, 98(1): 35-49.

Snyder, Richard C., H. W. Bruck and Burton Sapin eds., 1962, *Foreign Policy Decision-Making: An Approach to the Study of International Politics*, Free Press of Glencoe.

Somer, Murat, Jennifer L. McCoy and Russell E. Luke, 2021, "Pernicious Polarization, Autocratization and Opposition Strategies," *Democratization*, 28(5): 929-948.

Sommet, Nicolas, David L. Weissman, Nicolas Cheutin and Andrew J. Elliot, 2023, "How Many Participants Do I Need to Test an Interaction? Conducting an Appropriate Power Analysis and Achieving Sufficient Power to Detect an Interaction," *Advances in Methods and Practices in Psychological Science*, 6(3)(Retrieved September 24, 2024, https://doi.org/10.1177/2515245923 1178728).

Sondheimer, Rachel Milstein and Donald P. Green, 2010, "Using Experiments to Estimate the Effects of Education on Voter Turnout," *American Journal of Political Science*, 54(1): 174-189.

Song, Haeyeop, Jaemin Jung and Youngju Kim, 2017, "Perceived News Overload and Its Cognitive and Attitudinal Consequences for News Usage in South Korea," *Journalism & Mass Communication Quarterly*, 94(4): 1172-1190.

Song, Sarah, 2018, "Political Theories of Migration," *Annual Review of Political Science*, 21: 385-402.

Soroka, Stuart N., 2014, *Negativity in Democratic Politics: Causes and Consequences*, Cambridge University Press.

Squire, Peverill, Raymond E. Wolfinger and David P. Glass, 1987, "Residential Mobility and Voter Turnout," *American Political Science Review*, 81(1): 45-65.

Stein, Rachel M., 2015, "War and Revenge: Explaining Conflict Initiation by Democracies," *American Political Science Review*, 109(3): 556-573.

Steinbruner, John D., 1974, *The Cybernetic Theory of Decision: New Dimensions of Political Analysis*, Princeton University Press.

Steiner, Nils D., 2023, "Generational Change in Party Support in Germany: The Decline of the Volksparteien, the Rise of the Greens, and the Transformation of the Education Divide," *Electoral Studies*, 86: 102706.

Stoker, Laura and M. Kent Jennings, 1995, "Life-Cycle Transitions and Political Participation: The Case of Marriage," *American Political Science Review*, 89(2): 421-433.

Strate, John M., Charles J. Parrish, Charles D. Elder and Coit Ford, 1989, "Life Span Civic Development and Voting Participation," *American Political Science Review*, 83(2): 443-464.

Strauß, Nadine, Brigitte Huber and Homero Gil de Zúñiga, 2021, "Structural Influences on the News Finds Me Perception: Why People Believe They Don't Have to Actively Seek News Anymore,"

Social Media + Society, 7(2)(Retrieved September 24, 2024, https://doi.org/10.1177/20563051211024966).

Sullivan, John L., James Piereson and George E. Marcus, 1979, "An Alternative Conceptualization of Political Tolerance: Illusory Increases 1950s-1970s," *American Political Science Review*, 73(3): 781-794.

Sunstein, Cass R., 2001, *Republic.com*, Princeton University Press.

Suzuki, Motoshi, 1994, "Economic Interdependence, Relative Gains, and International Cooperation: The Case of Monetary Policy Coordination," *International Studies Quarterly*, 38(3): 475-498.

Syvertsen, Amy K., Michael D. Stout, Constance A. Flanagan, Dana L. Mitra, Mary Beth Oliver and S. Shyam Sundar, 2009, "Using Elections as Teachable Moments: A Randomized Evaluation of the Student Voices Civic Education Program," *American Journal of Education*, 116(1): 33-67.

Tago, Atsushi, 2024, "Public Diplomacy and Foreign Policy," Juliet Kaarbo and Cameron G. Thies eds., *The Oxford Handbook of Foreign Policy Analysis*, Oxford University Press, 379-396.

Tago, Atsushi and Maki Ikeda, 2015, "An `A'for Effort: Experimental Evidence on UN Security Council Engagement and Support for US Military Action in Japan," *British Journal of Political Science*, 45(2): 391-410.

Tanaka, Seiki, 2016, "The Microfoundations of Territorial Disputes: Evidence from a Survey Experiment in Japan," *Conflict Management and Peace Science*, 33(5): 516-538.

Tandoc, Edson C., 2019, "The Facts of Fake News: A Research Review," *Sociology Compass*, 13 (9): e12724.

Taniguchi, Masaki, 2016, "The Multi-Store Model for Economic Voting Rome Wasn't Built in a Day," *Electoral Studies*, 41: 179-189.

Tannenwald, Nina, 1999, "The Nuclear Taboo: The United States and the Normative Basis of Nuclear Non-Use," *International Organization*, 53(3): 433-468.

Tenn, Steven, 2007, "The Effect of Education on Voter Turnout," *Political Analysis*, 15(4): 446-464.

Theiler, Tobias, 2018, "The Microfoundations of Diversionary Conflict," *Security Studies*, 27(2): 318-343.

Thibaut, John W. and Laurens Walker, 1975, *Procedural Justice: A Psychological Analysis*, Lawrence Erlbaum Associates.

Thibaut, John W. and Laurens Walker, 1978, "A Theory of Procedure," *California Law Review*, 66: 541-566.

Thomas, Melanee and Marc André Bodet, 2013, "Sacrificial Lambs, Women Candidates and District Competitiveness in Canada," *Electoral Studies*, 32(1): 153-166.

Thompson, Alexander, 2006, "Coercion Through IOs: The Security Council and the Logic of Information Transmission," *International Organization*, 60(1): 1-34.

Tichelbaecker, Thomas, Noam Gidron, Will Horne and James Adams, 2023, "What Do We Measure When We Measure Affective Polarization across Countries?," *Public Opinion Quarterly*, 87(3): 803-815.

Tingley, Dustin, 2017, "Rising Power on the Mind," *International Organization*, 71(S1): S165-S188.

Togeby, Lise, 1994, "The Gender Gap in Foreign Policy Attitudes," *Journal of Peace Research*, 31 (4): 375-392.

Tomz, Michael, 2007, "Domestic Audience Costs in International Relations: An Experimental Approach," *International Organization*, 61(4): 821-840.

Tomz, Michael R and Jessica L. P. Weeks, 2013, "Public Opinion and the Democratic Peace," *American Political Science Review*, 107(4): 849-865.

Tomz, Michael and Jessica L. P. Weeks, 2021, "Military Alliances and Public Support for War," *International Studies Quarterly*, 65(3): 811-824.

Tomz, Michael, Jessica Weeks and Keren Yarhi-Milo, 2020, "Public Opinion and Decisions about Military Force in Democracies," *International Organization*, 74(1): 119-143.

Torcal, Mariano, Emily Carty, Josep Maria Comellas, Oriol J. Bosch, Zoe Thomson and Danilo Serani, 2023, "The Dynamics of Political and Affective Polarisation: Datasets for Spain, Portugal, Italy, Argentina and Chile (2019-2022)," *Data in Brief*, 48: 109219.

Torney-Purta, Judith and Jo-Ann Amadeo, 2013, "The Contributions of International Large-Scale Studies in Civic Education and Engagement," Matthias von Davier, Eugenio Gonzalez, Irwin Kirsch and Kentaro Yamamoto eds., *The Role of International Large-Scale Assessments: Perspectives from Technology, Economy, and Educational Research*, Springer, 87-114.

Torney-Purta, Judith, Rainer Lehmann, Hans Oswald and Wolfram Schulz, 2001, *Citizenship and Education in Twenty-eight Countries: Civic Knowledge and Engagement at Age Fourteen*, IEA.

Trager, Robert F. and Lynn Vavreck, 2011, "The Political Costs of Crisis Bargaining: Presidential Rhetoric and the Role of Party," *American Journal of Political Science*, 55(3): 526-545.

Tsuchiya, Takahiro, Yoko Hirai and Shigeru Ono, 2007, "A Study of the Properties of the Item Count Technique," *Public Opinion Quarterly*, 71(2): 253-272.

Tsukamoto, Saori and Susan T. Fiske, 2018, "Perceived Threat to National Values in Evaluating Stereotyped Immigrants," *The Journal of Social Psychology*, 158(2): 157-172.

Tyler, Matthew and Shanto Iyengar, 2023, "Learning to Dislike Your Opponents: Political Socialization in the Era of Polarization," *American Political Science Review*, 117(1): 347-354.

Tyler, Tom R., 1987, "Conditions Leading to Value-Expressive Effects in Judgments of Procedural Justice: A Test of Four Models," *Journal of Personality and Social Psychology*, 52(2): 333-344.

Tyler, Tom R., 1988, "What is Procedural Justice?: Criteria used by Citizens to Assess the Fairness of Legal Procedures," *Law & Society Review*, 22(1): 103-135.

Tyler, Tom R., 1989, "The Psychology of Procedural Justice: A Test of the Group-Value Model," *Journal of Personality and Social Psychology*, 57(5): 830-838.

Tyler, Tom R., 1994, "Governing Amid Diversity: The Effect of Fair Decision-Making Procedures on the Legitimacy of Government," *Law & Society Review*, 28(4): 809-831.

Tyler, Tom R., 2000, "Social Justice: Outcome and Procedure," *International Journal of Psychology*, 35(2): 117-125.

Tyler, Tom R., Robert J. Boeckmann, Heather J. Smith and Yuen J. Huo, 1997, *Social Justice in a Diverse Society*, Westview Press (大渕憲一・菅原郁夫監訳, 2000, 『多元社会における正義と公正』ブレーン出版).

Tyler, Tom R. and Andrew Caine, 1981, "The Influence of Outcomes and Procedures on Satisfaction with Formal Leaders," *Journal of Personality and Social Psychology*, 41(4): 642-655.

Tyler, Tom R., Peter Degoey and Heather Smith, 1996, "Understanding Why the Justice of Group Procedures Matters: A Test of the Psychological Dynamics of the Group-Value Model," *Journal of Personality and Social Psychology*, 70(5): 913-930.

Tyler, Tom R. and E. Allan Lind, 1992, "A Relational Model of Authority in Groups," *Advances in Experimental Social Psychology*, 25: 115-191.

引用文献

Tyler, Tom R., Kenneth A. Rasinski and Kathleen M. McGraw, 1985a, "The Influence of Perceived Injustice on the Endorsement of Political Leaders," *Journal of Applied Social Psychology*, 15 (8): 700-725.

Tyler, Tom R, Kenneth Rasinski and Nancy Spodick, 1985b, "Influence of Voice on Satisfaction with Leaders: Exploring the Meaning of Process Control," *Journal of Personality and Social Psychology*, 48(1): 72-81.

Tyler, Tom R. and Jojanneke van der Toorn, 2013, "Social Justice," Leonie Huddy, David O. Sears and Jack S. Levy eds., *The Oxford Handbook of Political Psychology*, 2nd Edition, Oxford University Press.

Ulbig, Stacy G., 2008, "Voice Is Not Enough: The Importance of Influence in Political Trust and Policy Assessments," *The Public Opinion Quarterly*, 72(3): 523-539.

Valentim, Vicente, 2021, "Parliamentary Representation and the Normalization of Radical Right Support," *Comparative Political Studies*, 54(14): 2475-2511.

Valentino, Nicholas A., Vincent L. Hutchings and Ismail K. White, 2002, "Cues that Matter: How Political Ads Prime Racial Attitudes During Campaigns," *American Political Science Review*, 96(1): 75-90.

Valentino, Nicholas A., Stuart N. Soroka, Shanto Iyengar, Toril Aalberg, Raymond Duch, Marta Fraile, Kyu S. Hahn, Kasper M. Hansen, Allison Harell, Marc Helbling, Simon D. Jackman and Tetsuro Kobayashi, 2019, "Economic and Cultural Drivers of Immigrant Support Worldwide," *British Journal of Political Science*, 49(4): 1201-1226.

van den Bos, Kees, 2005, "What Is Responsible for the Fair Process Effect?," Jerald Greenberg and Jason A. Colquitt eds., *Handbook of Organizational Justice*, Lawrence Erlbaum Associates Publishers, 273-300.

van der Brug, Wouter and Mark N. Franklin, 2018, "Generational Replacement," Justin Fisher, Edward Fieldhouse, Mark N. Franklin, Rachel Gibson, Marta Cantijoch and Christopher Wlezien eds., *The Routledge Handbook of Elections, Voting Behavior and Public Opinion*, Routledge, 429-449.

van der Zwan, Roos, Marcel Lubbers and Rob Eisinga, 2019, "The Political Representation of Ethnic Minorities in the Netherlands: Ethnic Minority Candidates and the Role of Party Characteristics," *Acta Politica*, 54(2): 245-267.

van Deth, Jan W., 2017, "Compliance, Trust and Norms of Citizenship," Sonja Zmerli and Tom W. G. van der Meer eds., *Handbook on Political Trust*, Edward Elgar Publishing, 212-227.

Van Dijk, Lisa and Jonas Lefevere, 2023, "Can the Use of Minipublics Backfire? Examining How Policy Adoption Shapes the Effect of Minipublics on Political Support among the General Public," *European Journal of Political Research*, 62(1): 135-155.

Van Duyn, Emily and Jessica Collier, 2019, "Priming and Fake News: The Effects of Elite Discourse on Evaluations of News Media," *Mass Communication and Society*, 22(1): 29-48.

van Ham, Carolien, Jacques Thomassen, Kees Aarts and Rudy Andeweg eds., 2017, *Myth and Reality of the Legitimacy Crisis: Explaining Trends and Cross-National Differences in Established Democracies*, Oxford University Press.

van Laar, Colette, Shana Levin, Stacey Sinclair and Jim Sidanius, 2005, "The Effect of University Roommate Contact on Ethnic Attitudes and Behavior," *Journal of Experimental Social Psychology*, 41(4): 329-345.

van Oosten, Sanne, Liza Mügge and Daphne van der Pas, 2024, "Race/Ethnicity in Candidate Experiments: a Meta-Analysis and the Case for Shared Identification," *Acta Politica*, 59(1): 19-41.

Verba, Sidney and Norman H. Nie, 1972, *Participation in America: Political Democracy and Social Equality*, Harper & Row.

Verba, Sidney, Kay L. Schlozman and Henry E. Brady, 1995, *Voice and Equality : Civic Voluntarism in American Politics*, Harvard University Press.

Vieno, Alessio, Douglas D. Perkins, Thomas M. Smith and Massimo Santinello, 2005, "Democratic School Climate and Sense of Community in School: A Multilevel Analysis," *American Journal of Community Psychology*, 36(3-4): 327-341.

Visconti, Giancarlo, 2022, "After the Flood: Disasters, Ideological Voting and Electoral Choices in Chile," *Political Behavior*, 44(4): 1985-2004.

Voelkel, Jan G., James Chu, Michael N. Stagnaro, Joseph S. Mernyk, Chrystal Redekopp, Sophia L. Pink, James N. Druckman, David G. Rand and Robb Willer, 2023, "Interventions Reducing Affective Polarization Do Not Necessarily Improve Anti-Democratic Attitudes," *Nature Human Behaviour*, 7(1): 55-64.

Voinea, Camelia Florela, 2014, "Eastern European Political Socialization Modeling Research: A Literature Review," *European Quarterly of Political Attitudes and Mentalities*, 3(1): 43-55.

Vosoughi, Soroush, Deb Roy and Sinan Aral, 2018, "The Spread of True and False News Online," *Science*, 359(6380): 1146-1151.

Wagner, Markus, 2021, "Affective Polarization in Multiparty Systems," *Electoral Studies*, 69: 102199.

Waite, Linda J. and Maggie Gallagher, 2000, *The Case for Marriage: Why Married People are Happier, Healthier and Better off Financially*, Doubleday.

Walker, Laurens, Stephen Latour, E. Allan Lind and John Thibaut, 1974, "Reactions of Participants and Observers to Modes of Adjudication," *Journal of Applied Social Psychology*, 4(4): 295-310.

Wang, Ching-Hsing, 2016, "Political Trust, Civic Duty and Voter Turnout: The Mediation Argument," *The Social Science Journal*, 53(3): 291-300.

Ward, Dalston G. and Margit Tavits, 2019, "How Partisan Affect Shapes Citizens' Perception of the Political World," *Electoral Studies*, 60: 102045.

Warner, Stanley L., 1965, "Randomized Response: A Survey Technique for Eliminating Evasive Answer Bias," *Journal of the American Statistical Association*, 60(309): 63-69.

Wasow, Omar, 2020, "Agenda Seeding: How 1960s Black Protests Moved Elites, Public Opinion and Voting," *American Political Science Review*, 114(3): 638-659.

Wayne, Carly N., 2023, "Terrified or Enraged? Emotional Microfoundations of Public Counterterror Attitudes," *International Organization*, 77(4): 824-847.

Webb, Paul, 2013, "Who Is Willing to Participate? Dissatisfied Democrats, Stealth Democrats and Populists in the United Kingdom," *European Journal of Political Research*, 52: 747-72.

Weber, Hannes, 2019, "Attitudes Towards Minorities in Times of High Immigration: A Panel Study among Young Adults in Germany," *European Sociological Review*, 35(2): 239-257.

Webster, Steven W. and Alan L. Abramowitz, 2017, "The Ideological Foundations of Affective Polarization in the U.S. Electorate," *American Politics Research*, 45(4): 621-647.

Webster, Steven W., Adam N. Glynn and Matthew P. Motta, 2024, "Partisan Schadenfreude and Candidate Cruelty," *Political Psychology*, 45(2): 259-277.

引用文献

Weeden, Jason and Robert Kurzban, 2014, *The Hidden Agenda of the Political Mind: How Self-Interest Shapes Our Opinions and Why We Won't Admit It*, Princeton University Press.

Weeks, Jessica L., 2008, "Autocratic Audience Costs: Regime Type and Signaling Resolve," *International Organization*, 62(1): 35-64.

Weiss, Jessica Chen and Allan Dafoe, 2019, "Authoritarian Audiences, Rhetoric and Propaganda in International Crises: Evidence from China," *International Studies Quarterly*, 63(4): 963-973.

Weldon, Steven A., 2006, "The Institutional Context of Tolerance for Ethnic Minorities: A Comparative, Multilevel Analysis of Western Europe," *American Journal of Political Science*, 50(2): 331-349.

Werner, Hannah and Sofie Marien, 2022, "Process vs. Outcome? How to Evaluate the Effects of Participatory Processes on Legitimacy Perceptions," *British Journal of Political Science*, 52(1): 429-436.

West, Emily A. and Shanto Iyengar, 2022, "Partisanship as a Social Identity: Implications for Polarization," *Political Behavior*, 44(2): 807-838.

Westlake, Daniel, 2018, "Multiculturalism, Political Parties, and the Conflicting Pressures of Ethnic Minorities and Far-Right Parties," *Party Politics*, 24(4): 421-433.

Westwood, Sean J., Justin Grimmer, Matthew Tyler and Clayton Nall, 2022, "Current Research Overstates American Support for Political Violence," *Proceedings of the National Academy of Sciences*, 119(12): e2116870119.

White, Ariel R., Noah L. Nathan and Julie K. Faller, 2015, "What Do I Need to Vote? Bureaucratic Discretion and Discrimination by Local Election Officials," *American Political Science Review*, 109(1): 129-142.

Whitt, Sam, Alixandra B. Yanus, Brian McDonald, John Graeber, Mark Setzler, Gordon Ballingrud and Martin Kifer, 2021, "Tribalism in America: Behavioral Experiments on Affective Polarization in the Trump Era," *Journal of Experimental Political Science*, 8(3): 247-259.

Wilcox, Clyde, Lara Hewitt and Dee Allsop, 1996, "The Gender Gap in Attitudes toward the Gulf War: A Cross-National Perspective," *Journal of Peace Research*, 33(1): 67-82.

Wilensky, Harold L., 1961, "Orderly Careers and Social Participation: The Impact of Work History on Social Integration in the Middle Mass," *American Sociological Review*, 26(4): 521-539.

Wilensky, Harold L., 2002, *Rich Democracies: Political Economy, Public Policy, and Performance*, University of California Press.

Wilking, Jennifer R., 2011, "The Portability of Electoral Procedural Fairness: Evidence from Experimental Studies in China and the United States," *Political Behavior*, 33(1): 139-159.

Wittkopf, Eugene R., 1990, *Faces of Internationalism: Public Opinion and American Foreign Policy*, Duke University Press.

Wojcieszak, Magdalena and Benjamin R. Warner, 2020, "Can Interparty Contact Reduce Affective Polarization? A Systematic Test of Different Forms of Intergroup Contact," *Political Communication*, 37(6): 789-811.

Wolfinger, Nicholas H. and Raymond E. Wolfinger, 2008, "Family Structure and Voter Turnout," *Social Forces*, 86(4): 1513-1528.

Wolfinger, Raymond E. and Steven J. Rosenstone, 1980, *Who Votes?*, Yale University Press.

Wolter, Felix and Andreas Diekmann, 2021, "False Positives and the 'More-Is-Better' Assumption in Sensitive Question Research: New Evidence on the Crosswise Model and the Item Count

Technique," *Public Opinion Quarterly*, 85(3): 836-863.

Wolter, Felix and Peter Preisendörfer, 2013, "Asking Sensitive Questions: An Evaluation of the Randomized Response Technique versus Direct Questioning Using Individual Validation Data," *Sociological Methods & Research*, 42(3): 321-353.

Wu, Xuan-Na and Er-Ping Wang, 2013, "Outcome Favorability as a Boundary Condition to Voice Effect on People's Reactions to Public Policymaking," *Journal of Applied Social Psychology*, 43 (2): 329-337.

Wuttke, Alexander, Konstantin Gavras and Harald Schoen, 2022, "Have Europeans Grown Tired of Democracy? New Evidence from Eighteen Consolidated Democracies, 1981-2018," *British Journal of Political Science*, 52(1): 416-428.

Yanagi, Itaru, Isamu Okada, Yoshiaki Kubo and Hirokazu Kikuchi, 2023, "Acceptance of COVID-19-related Government Restrictions: A Vignette Experiment on Effects of Procedural Fairness," *Journal of Behavioral Public Administration*, 6(1): 1-25.

Yeung, Eddy S. F. and Kai Quek, 2024, "Self-reported Political Ideology," *Political Science Research and Methods* (Retrieved September 24, 2024, https://doi.org/10.1017/psrm.2024.2).

Yoo, Sung, Woo and Homelo Gil-de-Zúñiga, 2014, "Connecting Blog, Twitter and Facebook Use with Gaps in Knowledge and Participation," *Communication & Society*, 27(4): 33-48.

Yu, Jun-Wu, Guo-Liang Tian and Man-Lai Tang, 2008, "Two New Models for Survey Sampling with Sensitive Characteristic: Design and Analysis," *Metrika*, 67(3): 251-263.

Zaller, John R., 1992, *The Nature and Origins of Mass Opinion*, Cambridge University Press.

Zeitzoff, Thomas, 2014, "Anger, Exposure to Violence and Intragroup Conflict: A 'Lab in the Field' Experiment in Southern Israel," *Political Psychology*, 35(3): 309-335.

Zhou, Haotian and Ayelet Fishbach, 2016, "The Pitfall of Experimenting on the Web: How Unattended Selective Attrition Leads to Surprising (Yet False) Research Conclusions," *Journal of Personality and Social Psychology*, 111(4): 493-504.

Zhuravskaya, Ekaterina, Maria Petrova and Ruben Enikolopov, 2020, "Political Effects of the Internet and Social Media," *Annual Review of Economics*, 12(1): 415-438.

Zmerli, Sonja and Tom W.G. van der Meer eds., 2017, *Handbook on Political Trust*, Edward Elgar Publishing.

Zuckerman, Alan S., Josip Dasovic and Jennifer Fitzgerald, 2005, *How Family Networks Affect the Political Choices of Boundedly Rational Persons: Turnout and Voter Choice in the British Elections of 1997 and 2001*, American Political Science Association Annual Meeting.

Zuckerman, Alan S. and Laurence A. Kotler-Berkowitz, 1998, "Politics and Society: Political Diversity and Uniformity in Households as a Theoretical Puzzle," *Comparative Political Studies*, 31(4): 464-497.

Zukin, Cliff, Scott Keeter, Molly Andolina, Krista Jenkins and Michael X. Delli Carpini, 2006, *A New Engagement? Political Participation, Civic Life, and the Changing American Citizen*, Oxford University Press.

日本語文献

荒木紀一郎・泉川泰博, 2014, 「日本人はどの程度武力行使に前向きなのか？――尖閣諸島有事シミュレーションを用いた選択実験」『レヴァイアサン』54: 28-47.

有賀貞, 1989, 『講座国際政治2 外交政策』東京大学出版会.

引用文献

飯田敬輔・大西裕・鹿毛利枝子・増山幹高編, 2014, 『レヴァイアサン』54.

飯田健, 2012, 「なぜ経済的保守派は社会的に不寛容なのか――草の根レベルの保守主義の形成における政治的・社会的要因」『選挙研究』28(1): 55-71.

飯田健, 2013, 「リスク受容的有権者がもたらす政治的帰結」『選挙研究』29(2): 48-59.

井川充雄・木村忠正編, 2022, 『入門メディア社会学』ミネルヴァ書房.

池田謙一, 1997, 『転変する政治のリアリティ――投票行動の認知社会心理学』木鐸社.

池田謙一, 2000, 「98年参議院選挙における投票行動の分析――業績評価変数をめぐって」『選挙研究』15: 109-121.

伊藤理史, 2016, 「日本人の政治参加――投票外参加のコーホート分析」太郎丸博編『後期近代と価値意識の変容――日本人の意識　1973-2008』東京大学出版会, 129-148.

伊藤理史, 2017, 「日本人の政治的疎外意識」『フォーラム現代社会学』16: 15-28.

伊藤理史, 2018, 「失業と政治参加の平等性：投票参加頻度のマルチレベル順序ロジスティック回帰分析」『社会学研究』101: 61-83.

伊東亮三, 1972, 「アメリカにおける政治的社会化の研究動向と公民教育の改革」『社会科研究』20: 33-42.

稲増一憲, 2011, 「第5章　世論とマスメディア」河野勝・平野浩編『新版アクセス日本政治論』日本経済評論社, 117-142.

稲増一憲, 2022, 『マスメディアとは何か――「影響力」の正体』中央公論新社.

稲増一憲・三浦麻子, 2015, 「オンライン調査を用いた『大学生の保守化』の検証――彼らは何を保守しているのか」『関西学院大学社会学部紀要』120: 53-63.

稲増一憲・池田謙一, 2009, 「多様化するテレビ報道と, 有権者の選挙への関心および政治への関与との関連：選挙報道の内容分析と大規模社会調査の融合を通して」『社会心理学研究』25(1): 42-52.

猪口孝, 1983, 『現代日本政治経済の構図――政府と市場』東洋経済新報社.

猪口孝, 1986, 「経済状況と政策課題」綿貫譲治・三宅一郎・猪口孝・蒲島郁夫『日本人の選挙行動』東京大学出版会, 202-235.

宇野重規, 2023, 『日本の保守とリベラル――思考の座標軸を立て直す』中央公論新社.

遠藤晶久, 2009, 「業績評価と投票」山田真裕・飯田健編『投票行動研究のフロンティア』おうふう, 141-166.

遠藤晶久・ウィリー・ジョウ, 2019, 『イデオロギーと日本政治――世代で異なる「保守」と「革新」』新泉社.

遠藤晶久・三村憲弘・山﨑新, 2017, 「イデオロギーの社会的アイデンティティ――新たな測定の提案」日本選挙学会研究大会報告論文.

大嶽秀夫, 1999, 『日本政治の対立軸――93年以降の政界再編の中で』中央公論新社.

太田昌志, 2022, 「主権者教育としての話し合い活動における多数決の課題――意見表明機会が投票意向と政治的有効性感覚に与える影響」『子ども社会研究』28: 119-139.

大村華子, 2021, 「日本の内閣支持率に関する研究の動向――時事通信社による世論調査データを利用した分析の系譜」『総合政策研究』62: 33-46.

大村華子, 2023, 「日本の有権者の「党派性に動機づけられた推論(partisan motivated reasoning)」を考える」『ROLES Report』27: 1-17.

大村華子, 2024, 「日本の有権者に「党派性に動機づけられた推論」は働いているのか？――情報の受容と知識の表明に対する党派性の影響の検証」『選挙研究』39(2): 119-139.

大村華子, 2025〔近刊〕, 『日本の経済投票――なぜ日本で政権交代が起こらないのか？』有斐閣.

大村啓喬・大村華子, 2014, 「武力衝突と日本の世論の反応」『レヴァイアサン』54: 70-90.

大森翔子，2023，『メディア変革期の政治コミュニケーション――ネット時代は何を変えるのか』勁草書房．

大森翔子・平野浩，2017，「娯楽化したニュースと政治的有効性感覚――戦略型フレーム報道への接触に注目して」『選挙研究』33(2)：73-87．

大脇和志，2022，「市民性教育のための「開かれた教室風土(open classroom climate)」を特別活動でどのように保障すべきか――日本の小学生への質問紙調査の分析から」『日本特別活動学会紀要』30：33-42．

岡田葦生，2023，「政治忌避意識の心理的構造」『選挙研究』39(2)：140-156．

岡田葦生・淺野良成，2023，「疎外の意味の日米比較」2023年度日本政治学会報告論文（Retrieved September 24, 2024, https://osf.io/k5b8t/files/osfstorage）．

岡村忠夫，1969，「アメリカにおける政治的社会化研究――D・イーストンの研究を中心に」『アメリカ研究』3：107-113．

岡村忠夫，1970，「現代日本における政治的社会化――政治意識の培養と政治家像」『年報政治学』21：1-67．

加藤智，2022，「初等教育におけるサービス・ラーニング 型総合的な学習の時間が育成する非認知的スキルに関する研究」『日本福祉教育・ボランティア学習学会研究紀要』38：31-46．

金子将史・北野充，2007，『パブリック・ディプロマシー――「世論の時代」の外交戦略』PHP研究所．

蒲島郁夫，1988，『政治参加』東京大学出版会．

蒲島郁夫・竹中佳彦，1996，『現代日本人のイデオロギー』東京大学出版会．

蒲島郁夫・竹中佳彦，2012，『イデオロギー』東京大学出版会．

唐木清志・寺本誠，2007，「中学社会・公民的分野におけるサービス・ラーニング実践――単元「地方自治と路上喫煙・ポイ捨て禁止条例」を事例として」『中等社会科教育研究』26：57-70．

唐沢穣・村本由紀子編，2011，『社会と個人のダイナミクス［展望 現代の社会心理学3］』誠信書房．

金兌希，2014，「日本における政治的有効性感覚指標の再検討：指標の妥当性と政治参加への影響力の観点から」『法學政治學論究：法律・政治・社会』100：121-154．

金兌希，2016，「世代と政治的有効性感覚」小林良彰編『代議制民主主義の計量分析』木鐸社，66-94．

木村高宏，2003，「衆議院選挙における退出と抗議」『選挙研究』18：125-36．

河野勝，2018，「日本における「観衆費用」と対外政策論」『政治を科学することは可能か』中央公論新社，62-87．

小玉重夫・荻原克男・村上祐介，2016，「教育はなぜ脱政治化してきたか――戦後史における1950年代の再検討」『年報政治学』67(1)：31-52．

小林哲郎，2016，「マスメディアが世論形成に果たす役割とその揺らぎ」『放送メディア研究』13：105-128．

小林哲郎・稲増一憲，2011，「ネット時代の政治コミュニケーション――メディア効果論の動向と展望」『選挙研究』27(1)：85-100．

小林良彰，1991，『現代日本の選挙』東京大学出版会．

小林良彰，1997，『現代日本の政治過程――日本型民主主義の計量分析』東京大学出版会．

小林良彰，2000，『選挙・投票行動』東京大学出版会．

是川夕，2019，『移民受け入れと社会的統合のリアリティ――現代日本における移民の階層的地位と社会学的課題』勁草書房．

境家史郎，2008，「日本におけるソフトニュースの流通とその効果」『日本政治研究』5（1・2）：26-48．

境家史郎，2023，『戦後日本政治史――占領期から「ネオ55年体制」まで』中央公論新社．

境家史郎・依田浩実，2023，「ネオ55年体制の完成――2021年総選挙」『選挙研究』38(2)：5-19．

引用文献

笹原和俊, 2021, 『フェイクニュースを科学する——拡散するデマ, 陰謀論, プロパガンダのしくみ』化学同人.

笹原和俊・松尾朗子, 2024, 「日本人の道徳的な傾向は分断に結びついているのか——道徳的価値観による分断」池田謙一・前田幸男・山脇岳志編『日本の分断はどこにあるのか——スマートニュース・メディア価値観全国調査から検証する』勁草書房, 173-204.

佐藤英夫, 1989, 『現代政治学叢書20　対外政策』東京大学出版会.

杉本宏, 1980, 「外交政策決定における認知アプローチ」堀江湛・冨田信男・上條末夫『政治心理学』北樹出版, 222-238.

須藤季夫, 2007, 『国家の対外行動　シリーズ国際関係論4』東京大学出版会.

善教将大, 2009, 「日本における政治的信頼の変動とその要因 1982-2008——定量・定性的アプローチによる『政治』と政治的信頼の因果関係の分析」『政策科学』17(1): 61-67.

善教将大, 2010, 「政府への信頼と投票参加」『年報政治学』61(1): 127-148.

善教将大, 2013, 『日本における政治への信頼と不信』木鐸社.

善教将大, 2015, 「日本の社会は「不信社会」か？——サーベイ実験による政治的信頼指標の妥当性の検証」『法と政治』66(1): 109-136.

善教将大, 2018, 『維新支持の分析——ポピュリズムか, 有権者の合理性か』有斐閣.

善教将大, 2021, 「大阪における感情的分極化」『選挙研究』37(1): 18-32.

善教将大, 2024, 「2022年参院選における有権者の選択肢」『選挙研究』39(2): 106-118.

善教将大・大村華子, 2024, 「党派的な情報探索行動——日本を事例とする検証」2024年度選挙学会報告論文.

総務省, 2022, 『令和4年　通信利用動向調査報告書（世帯編）』.

総務省情報通信政策研究所, 2023, 『令和4年度情報通信メディアの利用時間と情報行動に関する調査報告書』.

Song Jaehyun・秦正樹, 2020, 「オンライン・サーベイ実験の方法——理論編」『理論と方法』35(1): 92-108.

高木文哉・吉田貴文・前田和哉・峰久和哲, 2007, 『政治を考えたいあなたへの80問——朝日新聞3000人世論調査から』朝日新聞社.

高橋均, 1972, 「政治的社会化」日本教育社会学会編『教育社会学の展開』東洋館出版社, 11-22.

高橋均, 1974, 「政治的学習と政治的社会化」斎藤耕二・菊池章夫編『ハンドブック社会化の心理学——人間形成のプロセスと基礎理論』川島書店, 241-258.

武重雅文, 1982a, 「アメリカにおける政治的疎外研究の諸問題(1)——理論と仮説命題を中心にして」『六甲台論集』29(1): 1-17.

武重雅文, 1982b, 「アメリカにおける政治的疎外研究の諸問題(2)——理論と仮説命題を中心にして」『六甲台論集』29(3): 68-82.

竹下俊郎, 2019, 「メディア研究における量的研究法の意義」『マス・コミュニケーション研究』95: 3-13.

竹中佳彦, 2014, 「保革イデオロギーの影響力低下と年齢」『選挙研究』30(2): 5-18.

竹中佳彦・遠藤晶久, 2021, 「平等観と保革イデオロギー」竹中佳彦・山本英弘・濱本真輔編『現代日本のエリートの平等観——社会的格差と政治権力』明石書店, 47-64.

竹中佳彦・遠藤晶久・ウィリー・ジョウ, 2015, 「有権者の脱イデオロギーと安倍政治」『レヴァイアサン』57: 25-46.

立岩陽一郎・楊井人文, 2018, 『ファクトチェックとは何か』岩波書店.

田中堅一郎編, 1998, 『社会的公正の心理学——心理学の視点から見た「フェア」と「アンフェア」』ナ

カニシヤ出版.

谷口将紀, 2002, 「マスメディア」福田有広・谷口将紀編『デモクラシーの政治学』東京大学出版会, 269-286.

谷口将紀, 2015, 『政治とマスメディア』東京大学出版会.

谷口将紀, 2020, 『現代日本の代表制民主政治——有権者と政治家』東京大学出版会.

辻大介編, 2021, 『ネット社会と民主主義——「分断」問題を調査データから検証する』有斐閣.

登藤直弥・小林哲郎・稲増一憲, 2016, 「ソフトニュースへの接触は政治的関心を高めるか—— 一般化傾向スコアを用いた因果推論」『行動計量学』43(2): 129-141.

中井遼, 2021, 『欧州の排外主義とナショナリズム——調査から見る世論の本質』新泉社.

中谷美穂, 2025〔近刊〕, 「議会構成と意思決定プロセスが手続き的公正認識に与える影響」『明治学院大学法学研究』118.

永吉希久子, 2020, 「差別の「エビデンス」は示しうるか」『現代思想』48(12): 203-210.

西川賢, 2021, 「アメリカ政治における政治的分極化」『第12回横幹連合コンファレンス予稿集』2021 (A-5-2): 1-8.

西澤由隆, 2008, 「政治的信頼の測定に関する一考察」『早稲田政治経濟學雑誌』370: 53-64.

日本経済新聞, 2019, 「「信頼できる」は自衛隊がトップ　本社郵送世論調査」(2024年4月4日取得, https://www.nikkei.com/article/DGXMZO40237230Q9A120C1905M00/).

長谷川龍樹・多田泰恵・米満文哉・池田鮎美・山田祐樹・高橋康介・近藤洋史, 2021, 「実証的研究の事前登録の現状と実践——OSF事前登録チュートリアル」『心理学研究』92(3): 188-196.

秦正樹, 2013, 「若年層の政治関心に与える政治的社会化の効果——学校と家庭における政治教育に注目して」『六甲台論集　法学政治学篇』60(1): 15-36.

秦正樹, 2016, 「「新しい有権者」における政治関心の形成メカニズム——政治的社会化の再検討を通じて」『選挙研究』32(2): 45-55.

秦正樹, 2017, 「東日本大震災と政治意識——存在脅威管理理論にもとづく保守化現象の検証」東京大学社会科学研究所附属社会調査・データアーカイブ研究センター編『現代日本人の政治意識と投票行動に関するデータの二次分析』, 25-45.

秦正樹, 2022, 『陰謀論——民主主義を揺るがすメカニズム』中央公論新社.

秦正樹, 2023, 「「改革」的な政策とはなにか？——コンジョイント実験による検証」『年報政治学』2023 (Ⅱ): 294-320.

秦正樹, 2023, 「世論は野党に何を求めているのか？——2021年総選挙を事例としたヴィネット実験による検証」『選挙研究』28(2): 20-33.

秦正樹, 2024, 「なぜ野党は勝てないのか？」荻上チキ編『選挙との対話』青弓社, 73-91.

秦正樹・Song Jaehyun, 2020a, 「オンライン・サーベイ実験の方法——実践編」『理論と方法』35(1): 109-127.

秦正樹・Song Jaehyun, 2020b, 「争点を束ねれば『イデオロギー』になる？——サーベイ実験とテキスト分析の融合を通じて」『年報政治学』2020 (Ⅰ): 58-81.

日野愛郎, 2002, 「ニュー・ポリティックスの台頭と価値観の変容」『レヴァイアサン』31: 121-147.

日野愛郎, 2010, 「ニュー・ポリティクス理論の展開と現代的意義」賀来健輔・丸山仁編『政治変容のパースペクティブ〔第2版〕』ミネルヴァ書房, 26-41.

平野浩, 1994, 「政治的評価と経済的評価」『選挙研究』9: 93-104.

平野浩, 1998, 「選挙研究における『業績評価・経済状況』の現状と課題」『選挙研究』13: 28-38.

平野浩, 2002, 「社会関係資本と政治参加——団体・グループ加入の効果を中心に」『選挙研究』17: 19-30.

引用文献

平野浩, 2007a, 「職業と党派的態度: 長期的変動と対立構造の認知」『変容する日本の社会と投票行動』木鐸社, 31-44.

平野浩, 2007b, 『変容する日本の社会と投票行動』木鐸社.

平野浩, 2015, 「職業利益を媒介した政党——有権者関係」『有権者の選択——日本における政党政治と代表制民主主義の行方』木鐸社, 127-148.

広瀬弘忠, 1972, 「政治的社会化過程における〈政治的知識〉と〈政治的態度〉の関連」『心理学研究』43(5): 238-250.

広瀬幸雄編, 2014, 『リスクガヴァナンスの社会心理学』ナカニシヤ出版.

福岡政行, 1987, 『現代政治分析理論』早稲田大学出版部.

古田雄一, 2019, 「子どもの市民性形成への学校風土(school climate)の影響に関する研究動向——政治的社会化を基盤としたアメリカでの実証的研究を中心に」『国際研究論叢——大阪国際大学紀要』32(3): 99-112.

マッケルウェイン, ケネス・盛, 2015, 「株価か格差か——内閣支持率の客観的・主観的経済要因」『レヴァイアサン』57: 72-95.

松林哲也, 2021, 『政治学と因果推論——比較から見える政治と社会』岩波書店.

松本渉, 2021, 『社会調査の方法論』丸善出版.

三浦麻子・小林哲郎, 2015, 「オンライン調査モニタのSatisficeに関する実験的研究」『社会心理学研究』31(1): 1-12.

三宅一郎, 1984, 「職業利益と政党支持」『同志社法学』35(5): 615-663.

三宅一郎, 1985, 『政党支持の分析』創文社.

三宅一郎, 1989, 『投票行動』東京大学出版会.

三宅一郎, 1998, 『政党支持の構造』木鐸社.

三宅一郎・西澤由隆・河野勝, 2001, 『55年体制下の政治と経済——時事世論調査データの分析』木鐸社.

三輪洋文, 2014, 「現代日本における争点態度のイデオロギー的一貫性と政治的洗練——Converseの呪縛を超えて」『年報政治学』2014(Ⅰ): 148-174.

三輪洋文, 2016, 「政治学における部分的観察可能性を伴うプロビットモデルとその拡張——有権者のイデオロギーのモデル化を例として」『行動計量学』43(2): 113-128.

三輪洋文, 2017a, 「現代日本における信念体系の不均質性——混合分布モデルによるアプローチ」東京大学社会科学研究所附属社会調査・データアーカイブ研究センター編『現代日本人の政治意識と投票行動に関するデータの二次分析』, 113-153.

三輪洋文, 2017b, 「Twitterデータによる日本の政治家・言論人・政党・メディアのイデオロギー位置の推定」『選挙研究』33(1): 41-56.

村上剛, 2021, 「保革イデオロギーの理解の世代差——JIGS 2013を用いた再検討」『立命館法学』392: 113-137.

元森絵里子, 2009, 「社会化論という想像力をめぐって——『子ども』の奇妙さと『社会』の強固さ」『年報社会学論集』22: 174-185.

柳至, 2022, 「政策と公正さ——分配的公正研究と手続き的公正研究のレビュー」『立命館法学』399/400: 979-1003.

山田一成編, 2023, 『ウェブ調査の基礎——実例で考える設計と管理』誠信書房.

山田真裕, 2002, 「2000年総選挙における棄権と政治不信」『選挙研究』17: 45-57.

吉藤昌代, 2020, 「細切れのメディア利用をどのように捉えるか——メディア利用の生活時間調査2018から」『放送研究と調査』70(2): 58-63.

執筆者紹介

善教将大 _{ぜんきょうまさひろ} 関西学院大学法学部教授 編　者

太田昌志 _{おおたまさし} 追手門学院大学共通教育機構常勤講師 第1章

秦　正樹 _{はたまさき} 大阪経済大学情報社会学部准教授 第2章

大森翔子 _{おおもりしょうこ} 法政大学社会学部専任講師 第3章

岡田葦生 _{おかだあしゅう} 関西学院大学大学院社会学研究科博士課程後期課程 第4章

中谷美穂 _{なかたにみほ} 明治学院大学法学部教授 第5章

大村華子 _{おおむらはなこ} 京都大学大学院法学研究科教授 第6章

遠藤晶久 _{えんどうまさひさ} 早稲田大学社会科学総合学術院教授 第7章

日野愛郎 _{ひのあいろう} 早稲田大学政治経済学術院教授 第8章〔共著〕

貫井　光 _{ぬくいひかる} 早稲田大学大学院政治学研究科博士後期課程 第8章〔共著〕

松村尚子 _{まつむらなおこ} 神戸大学大学院法学研究科教授 第9章

五十嵐彰 _{いがらしあきら} 大阪大学大学院人間科学研究科准教授 第10章

小椋郁馬 _{おぐらいくま} 一橋大学大学院社会学研究科専任講師 第11章

三輪洋文 _{みわひろふみ} 学習院大学法学部教授 第12章

Horitsu Bunka Sha

政治意識研究の最前線

2025 年 2 月 15 日　初版第 1 刷発行

編　者　　善教将大

発行者　　畑　　光

発行所　　株式会社 法律文化社

〒603-8053
京都市北区上賀茂岩ヶ垣内町71
電話 075(791)7131　FAX 075(721)8400
https://www.hou-bun.com/

印刷：共同印刷工業㈱／製本：㈱吉田三誠堂製本所
装幀：白沢　正

ISBN978-4-589-04378-8

Ⓒ2025 Masahiro Zenkyo Printed in Japan

乱丁など不良本がありましたら、ご連絡下さい。送料小社負担にて
お取り替えいたします。
本書についてのご意見・ご感想は、小社ウェブサイト、トップページの
「読者カード」にてお聞かせ下さい。

JCOPY　〈出版者著作権管理機構　委託出版物〉

本書の無断複写は著作権法上での例外を除き禁じられています。複写される
場合は、そのつど事前に、出版者著作権管理機構（電話 03-5244-5088、
FAX 03-5244-5089, e-mail: info@jcopy.or.jp) の許諾を得て下さい。

坂本治也・石橋章市朗編

ポリティカル・サイエンス入門

A 5 判・240頁・2640円

現代政治の実態を考える政治学の入門書。政治に関する世間一般の誤解や偏見を打ち破り，政治学のおもしろさを伝え，政治を分析する際の視座を提示する。コラムや政治学を学ぶためのおススメ文献ガイドも収録。

勝田美穂著

教育政策の形成過程
―官邸主導体制の帰結 2000〜2022年―

A 5 判・214頁・4950円

2000年代以降，教育政策の領域での新たな制度構築や変更の動向を，首相官邸，政党，族議員，文部科学省，私的諮問機関等，主として中央政府におけるアクター，機関に焦点を当て，官邸主導体制により，教育政策形成過程にどのような変化が生じたのかを明らかにする。

白鳥 浩編著〔現代日本の総選挙 1〕

二〇二一年衆院選
―コロナ禍での模索と「野党共闘」の限界―

A 5 判・330頁・4180円

コロナ禍で行われた異例づくめの21年衆院選。なぜ，野党共闘は不発に終わり，与党は堅調な成果をあげたのか。「複合選挙」「野党共闘」「代議士たちの苦闘」の 3 テーマで全国の注目選挙区での実態を解明する。

三浦まり編

ジェンダー・クオータがもたらす新しい政治
―効果の検証―

A 5 判・272頁・4620円

各国で導入されているジェンダー・クオータが実際にどのような効果を持っているのかを，女性議員の数だけでなく，女性議員の多様性，男女の議員行動の変容，政策の進展，世論の変化等を含めて包括的に論じる。役員クオータとクオータの経済効果の議論も収録。

宮坂直史編

テロリズム研究の最前線

A 5 判・254頁・3740円

世界を揺るがすテロリズムをどう理解し，対処すればよいのか。最新の研究からテロリズムの本質や原因，対応策を分析し，テロリズムがどう終わるのかまで論じる。テロリズムについて調べるためのデータベースも紹介する。

――法律文化社――

表示価格は消費税10%を含んだ価格です